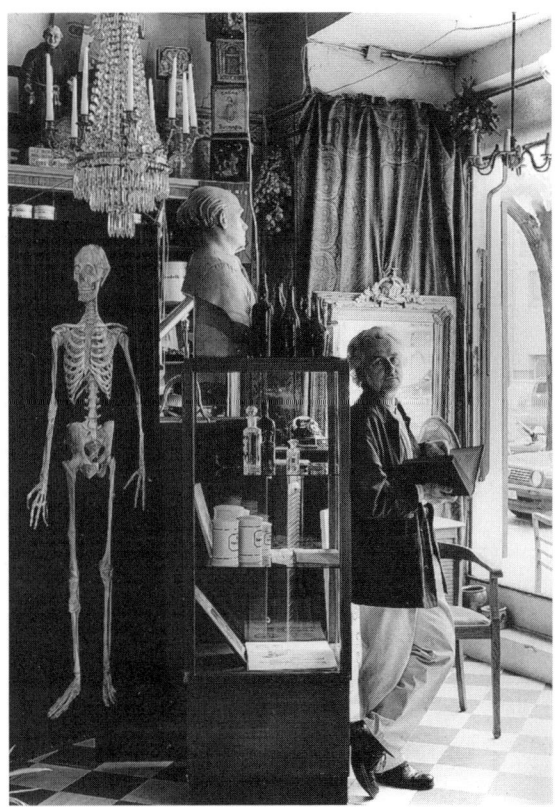

Carl-Peter Steinmann in Lehmanns Colonialwaren, Grolmanstraße 46, Berlin

Für Birgit

Carl-Peter Steinmann

Von wegen letzte Ruhe!

Berliner Ausgrabungen

: TRANSIT

© 2001 by :TRANSIT Verlag,
Gneisenaustraße 2,
10961 Berlin
www.transit-verlag.de

Layout und Umschlagentwurf
unter Verwendung eines Bildes
von Monika Bolte: Gudrun Fröba
Foto Seite 1: Manfred Hamm
Druck und Bindung:
Pustet GmbH, Regensburg
ISBN 3-88747-166-0

Inhalt

DIE VERSCHWUNDENEN KURFÜRSTEN
Von wegen unvergessen

Um die folgende Geschichte zu erzählen, ist es erforderlich, einige Kapitel der Berliner Stadtgeschichte bis in das 15. Jahrhundert zurückzublättern. Das Berliner Stadtschloß war über ein halbes Jahrtausend Residenz der brandenburgischen Markgrafen und Kurfürsten, der preußischen Könige und deutschen Kaiser. Es ging aus einer mittelalterlichen Burganlage hervor, die Kurfürst Friedrich II., genannt Eisenzahn, zwischen 1443 und 1451 längs der Spree erbauen ließ. Einbezogen in diese alte Burganlage war ein mächtiger Rundturm aus der Cöllnischen Stadtmauer, der sogenannte Grüne Hut. Nach Abschluß der Bauarbeiten erhielt die kleine Schloßkapelle durch Papst Nikolaus V. die Rechte einer Pfarrkirche zugesprochen.

Mit Urkunde vom 7. April 1465 gründete der Kurfürst in dieser Kapelle ein Stift, dem die Rechte eines Domstiftes übertragen wurden. Die Kapelle war geweiht der Maria, dem heiligen Kreuz und den Heiligen Peter, Paul und Erasmus, wobei der letztgenannte für den Namen »Erasmuskapelle« verantwortlich war.

Die Zeit der Glaubenskämpfe um die Reformation begann in der Regierungszeit von Kurfürst Joachim I. (1499-1535), der als ältester Sohn von Johann Cicero (1455-1499) die Kurfürstenwürde übernahm. Obwohl er als sehr gebildet beschrieben wurde und zu den kenntnisreichsten Fürsten zählte, schien er die Zeichen der Zeit nicht richtig erkannt zu haben. In einer Zeit, wo an anderen Orten die Klöster bereits aufgehoben wurden, beschloß er, das bestehende Stift noch wesentlich zu vergrößern. Rom wußte das zu schätzen und ließ dem Domstift eine besonders hohe Ehrung zuteil werden. Es erhielt einen Ablaßbrief von 23 Kardinälen, was für Joachim I. die Bestätigung seiner Kirchenpolitik bedeutete.

1535 starb Joachim I., und sein Sohn Joachim II., gerade 30 Jahre alt, wurde der nächste Kurfürst. Er ließ durch den Baumeister Caspar Theyss, der sich durch maßgebliche Mitarbeit am Schloß Hartenfels in Torgau einen guten

Ruf erworben hatte, die Burg in ein repräsentatives, dreistöckiges Renaissanceschloß umbauen. Zu den weiteren Bauplänen des Kurfürsten gehörte auch eine bauliche Erweiterung des Domstiftes. Da er aus Kostengründen keinen Neubau errichten wollte, fiel sein Augenmerk auf das um 1250 errichtete Dominikanerkloster, dessen Kirche und Klosterbauten sich auf der Westseite des Schloßplatzes befanden. Die Bauten waren in gutem Zustand, der Weg zum Schloß war kurz und die Kirche damals die schönste und stattlichste in Berlin-Cölln.

Die Niederlassung der Dominikaner konnte allerdings nur mit päpstlicher Genehmigung verlegt werden, was auch für den Domstift zutraf. Rom war aber bereit, auf die Wünsche des jungen Kurfürsten einzugehen, vermutlich auch deshalb, da man den zunehmenden Einfluß seiner Mutter Elisabeth fürchtete, die lutherisch gesonnen war. Nach kurzer Bedenkzeit stimmte der Papst also den kurfürstlichen Wünschen zu.

Die »Schwarzen Brüder«, wie die Dominikaner wegen ihrer schwarzen Mäntel und Kappen genannt wurden, hatten nun keine andere Möglichkeit, als ihrer Übersiedlung nach Brandenburg an der Havel zuzustimmen. Um ihnen den Umzug etwas zu versüßen, machte Joachim II. den amtierenden Predigermönch des Schwarzen Klosters, Rupert Elgersma, zum ersten Dekan des erneuerten Stiftskapitels. In aller Eile wurde die Kirche nun umgebaut und renoviert, so daß bereits am Pfingstsonntag 1536 die Einweihung der neuen Domkirche gefeiert werden konnte.

Der märkische Chronist Nikolaus Leutinger (1547-1612) beschrieb begeistert die kostbare Ausschmückung der Domkirche: »Kaum anderswo findet man eine so große Ausstattung von Heiligtümern und eine so große Pracht derselben. Man kann die Statuen Christi und der Maria aus gediegenem Gold und kostbarsten Edelsteinen sehen, die Statuen aller Apostel und der Heiligen aus Silber. (…) Die geweihten, bei derartigen Handlungen in Gebrauch befindlichen Gegenstände sind alle in Silber gefertigt und mit Gold überzogen, der Schmuck des Domes sowie die purpurnen Behänge aber, die ganz besonderer Art sind und mit jeder königlichen Pracht wetteifern, werden nur an Festtagen oder bei außerordentlicher Prachtentfaltung des Fürsten gebraucht (…).« Da die vom Kurfürsten berufenen Domherren zu den strengsten Gegnern Luthers gehörten, galt die Domkirche als letzte Bastion des Katholizismus in Berlin. Aber auch dieses Bollwerk erwies sich als zu schwach, um den Sieg der Reformation noch länger aufzuhalten, zumal sich das Volk mehrheitlich bereits entschieden hatte. Die Räte von Berlin und Cölln forderten in einem Schreiben vom 15. Februar 1539 den Kurfürsten auf, in Zukunft das Abendmal entsprechend der lutherischen Lehre gestalten zu lassen. Sieben Monate sollte sich Joachim II. noch zieren, dann hielt am 14. September 1539 der Melanchton-Schüler Georg Buchholz die erste offizielle lutherische Predigt in

Berlin – und das im Beisein von Joachim II. Den Schritt in das Lager der Reformation vollzog er wenige Wochen später, am Allerheiligentage mit dem Abendmahl in beiderlei Gestalt, mit Hostie und Laienkelch. Joachim II. hatte beschlossen, die Dom- und Hofkirche auch als Begräbnisstätte für sich und seine Nachkommen zu nutzen. Der Großvater Johann Cicero sowie sein Vater Joachim I. waren nach ihrem Tod im Kloster Lehnin, dem ältesten Kloster der Mark, beigesetzt worden, das bis dahin Begräbnisplatz der Markgrafen von Brandenburg war. Der märkische Chronist Peter Haffitz, einer der wichtigsten Zeugen der Berliner Stadtgeschichte des 16. Jahrhunderts, überlieferte, daß Joachim II. den Entschluß dazu gefaßt haben soll, als er den Leichenzug seines Vaters in das Kloster Lehnin begleitete. »Fortan sollten die Mitglieder seines Hauses nach dem Tode nicht mehr so weit über Land geschafft werden, sondern in nächster Nähe des Schlosses ihre Ruhe finden.«

Nach dem Ausbau der Gruft (um 1545) ließ der Kurfürst nun die Gebeine seiner beiden Vorfahren und seiner 1535 verstorbenen ersten Gemahlin Magdalena in einer nächtlichen Prozession nach Berlin überführen. Mit den Särgen kam auch das 1530 von dem Nürnberger Bildhauer Peter Vischer für den 31 Jahre zuvor verstorbenen Johann Cicero geschaffene Bronzeepitaph nach Berlin, das bis heute im Berliner Dom zu sehen ist. Theodor Fontane schrieb in seinem Kapitel »Kloster Lehnin, wie es war und wie es ist« über die Folgen: »Jener Tag der Überführung der drei Särge von Lehnin nach dem Dom in Cölln an der Spree war recht eigentlich der Todestag Lehnins. Die Güter wurden eingezogen und innerhalb zwanzig Jahren war die Umwandlung vollzogen – der Klosterhof war ein Amtshof geworden.«

Kurfürst Joachim II. hatte von Anfang an vorgesehen, daß außer den Mitgliedern seines Hauses auch andere Verstorbene im Dom beigesetzt werden konnten. In den Domstatuten von 1536 war die Aufteilung der Begräbnisstellen genau geregelt. Das Mittelschiff der Kirche war den Fürsten und Angehörigen des Hochadels vorbehalten, während in den Seitenschiffen die Toten des übrigen Adels Aufnahme fanden. Darüberhinaus standen je nach Rang und Stellung der Kreuzgang und der Friedhof bei der Kirche zur Verfügung.

In den nun folgenden zweihundert Jahren, in der die Domkirche als Grabgelege der Hohenzollern diente, fanden nach den beiden aus Lehnin überführten Kurfürsten noch sechs Amtsnachfolger sowie deren Frauen und Kinder ihre letzte Ruhestätte. Die Beisetzungen erfolgten in einzelnen Grabkammern unter dem Vorchor des Gotteshauses. Als der Platz im 17. Jahrhundert zur Aufnahme weiterer Särge nicht mehr ausreichte, ließ Kurfürst Friedrich Wilhelm eine zweite Gruft unter dem Chorraum anlegen.

Diese dringend notwendige Erweiterung kam aber für seinen Vater, den Kurfürsten Georg Wilhelm, zu spät. Als dieser am 1. Dezember 1640 in Königsberg starb, konnte er wegen Überfüllung der Fürstengruft nicht nach Berlin überführt werden und fand so seine letzte Ruhestätte im Dom zu Königsberg. Georg Wilhelm war der erste Kurfürst, der seit Anlage der Gruft nicht im Berliner Dom beigesetzt wurde. Gegen Ende des 17. Jahrhunderts hatten die Bauschäden an der Domkirche ständig zugenommen. 1697 sah man sich deshalb gezwungen, die mit Kupfer gedeckten Turmhelme zu entfernen. Sie mußten durch leichtere Giebel ersetzt werden, da die Dachbalken bereits zu morsch waren, um höheres Gewicht zu ertragen. So kam erstmals der Gedanke an einen Neubau auf, zumal eine Schloßerweiterung nach Südwesten für die Zukunft geplant war, der das Gotteshaus im Wege stand. In der Regierungszeit des Preußenkönigs Friedrich Wilhelm I., der für seine Sparsamkeit bekannt war, wurden die Neubaupläne aber erst einmal verschoben und stattdessen der Dom durch den Baumeister Martin Böhme notdürftig repariert.

Da die Baufälligkeit weder mit kleineren noch größeren Reparaturen aufzuhalten war, beschloß Friedrich der Große 1747 den Abriß der Domkirche. Nach einer Skizze, die der König selbst angefertigt hatte, erarbeitete Johann Boumann d.Ä. die Entwürfe für einen neuen Dom, der am Lustgarten, am Ende der neu angelegten Straße Unter den Linden, entstehen sollte. Da auch die Särge der Gruft in den neuen Dom überführt werden sollten, wurde rechtzeitig eine »Expertenkommission« zusammengestellt, die den Umzug der Ahnen vorzubereiten hatte. Mit der Leitung dieser Kommission wurde der Kommandant von Berlin, Graf von Hacke betraut. Das Domkirchenkollegium war bei dieser Aktion vertreten durch den Küster Schmidt. Zusätzlich sollten auch Angehörige des königlichen Hauses ein wachsames Auge auf die Vorbereitungen und den späteren Transport zum Lustgarten werfen. Damit betraut waren Prinzessin Amalie, die Schwester Friedrichs II., der Bruder des Königs, Prinz Heinrich, und der Markgraf von Schwedt.

Vorgesehen war, daß alle Särge vor dem Transport gekennzeichnet werden sollten, um ein späteres Einräumen in der neuen Gruft zu erleichtern. Beschädigte Särge sollten vorher repariert werden und einige Künstler waren dafür zuständig, alle Särge zu zeichnen. Bei so preußisch korrekter Vorbereitung durfte eigentlich nichts schief gehen, zumal es sich ja insgesamt um nur 59 Särge handelte, die zur Überführung vorgesehen waren.

Der Grundstein für den Domneubau am Lustgarten wurde am 8. Oktober 1747 im Rahmen einer großen Feier gelegt. Die Gemeinde mußte während der dreijährigen Bauzeit ihre Gottesdienste in der Französischen Kirche auf dem nahen Friedrichswerder abhalten. Nur wenige Wochen nach der Grundsteinlegung begann der Abriß der alten Domkirche. Die Bauarbeiten kamen zügig voran, so daß 1749 der Rohbau des neuen Domes weitgehend abgeschlossen war. Da zeitgleich mit Erweiterungsarbeiten am Stadtschloß begonnen wurde, diesen Arbeiten aber die Reste der Domkirche, insbesondere die noch bestehende Gruft im Wege war, drängte die Zeit, was vermutlich zu einem vorzeitigen Umzug in die noch nicht völlig fertiggestellte Gruft des Neubaus führte. Als endgültiger Umzugstermin waren die Nächte vom 26. bis 31. Dezember 1749 festgelegt worden. Bei Fackelschein wurden nun die Särge aus der Gruft getragen, vermutlich mit Bestandslisten verglichen und anschließend mit Pferdewagen zum Lustgarten gefahren. Leider geht dazu aus den Domakten dieser Zeit nichts Genaueres hervor. Auch ein Protokoll, das mit Sicherheit angefertigt wurde, ist bisher nicht aufgetaucht. Somit ist auch die Öffnung des Sarkophages des Großen Kurfürsten ungewiß. Vielfach wurde darüber spekuliert, ob es wahr ist, daß Friedrich der Große den Sarg seines Großvaters öffnen ließ, dabei mit der Rechten auf den Leichnam zeigte und sagte: »Messieurs, der hat viel getan.«

Ob wahr oder unwahr, es ist in jedem Fall eine schöne Geschichte, die sich hauptsächlich dadurch verbreitete, daß Adolph Menzel diese Szene 1878 in seinem Gemälde »Friedrich der Große am Sarge des Großen Kurfürsten« sehr schön darstellte. Wie in der Planung vorgesehen, war der Umzug am Sylvestertag des Jahres 1749 abgeschlossen, und alle Särge befanden sich nun in der Gruft des Rohbaus. Mit großer Wahrscheinlichkeit wurden sie nicht sofort an die vorgesehenen Plätze gestellt, da die Arbeiten in der Gruft noch nicht abgeschlossen waren und vielleicht auch der Boden unter Wasser stand. Es hatte sich nämlich schon vor Fertigstellung des Neubaus ein Problem mit dem Grundwasser gezeigt. Da die Gruft, die sich in der nördlichen Hälfte des Kellergewölbes befand, ziemlich tief gebaut war, kam es immer dann, wenn die Spree Hochwasser führte, zu erheblichen Wassereinbrüchen.

Es mochte seit der Überführung ein Jahr vergangen sein, die Bauarbeiten am neuen Dom waren nahezu abgeschlossen und der Termin der feierlichen Einweihung schon festgelegt, als es zur ordnungsgemäßen Aufstellung der Särge in der Gruft kam. Zu diesem Zeitpunkt erlebten die für den Umzug Verantwortlichen eine äußerst peinliche Überraschung. Es stellte sich nämlich heraus, daß die Mitglieder der Kommission offensichtlich nicht bis 59 zählen konnten: nicht weniger als zehn Särge fehlten! Immer wieder wurde nachgezählt und immer wieder ergab das Ergebnis 49 und nicht 59 Särge. Jetzt wurde der vorhandene Bestand mit der vom Domküster Schmidt beim Abtransport erstellten Liste verglichen. Die Anzahl der vorhandenen Särge stimmte mit der Liste überein, diese wies aber auch nur 49 auf. Fazit der vielfachen Zählung blieb: es waren beim Abtransport aus der alten Gruft zehn Särge vergessen worden.

Die unangenehme Situation verschlimmerte sich aber noch, als man endlich festgestellt hatte, wer die vergessenen Toten waren. Es handelte sich bei ihnen um die ältesten in der Gruft bestatteten Hohenzollern, angeführt von den beiden aus Lehnin überführten Kurfürsten Johann Cicero und Joachim I. Auch Kurfürst Joachim II., der einmal die Idee für das landesherrliche Grabgelege hatte, gehörte zu den Vermißten. Wie konnte es trotz preußisch genauer Vorbereitung zu solch einer Fehlleistung kommen? Es wird vermutet, daß dieser alte Teil der »Markgrafengruft«, der bereits Ende des 16. Jahrhunderts voll belegt war, aus baulichen Gründen zwischenzeitlich zugemauert wurde. Der Vorgang konnte im nachhinein nie endgültig geklärt werden. Natürlich wollte man sofort zu Spaten greifen, um die Situation so schnell wie möglich zu bereinigen. Leider war das aber zu diesem Zeitpunkt nicht mehr möglich, da die Stelle, an der sich die Gruft befand, bereits wieder neu bebaut war. Abriß kam nicht in Betracht, so blieb nur Abwarten, bis sich irgendwann eine Möglichkeit ergab, an dieser Stelle wieder zu graben. Zwischenzeitlich geriet dieser Vorgang in Vergessenheit, bis 1873 bei Kanalisationsarbeiten Fundamentreste der Klosterkirche sowie Sargreste und Knochen in einem Gruftgewölbe entdeckt wurde. Obwohl sich bald herausstellte, daß es sich nicht um Teile der »Markgrafengruft« handelte, führten diese Funde zur ersten großen staatlichen Ausgrabung im Jahr 1880, mit dem Ziel, doch noch die vergessenen Kurfürsten zu finden. Man grub zwar da, wo einst die Domkirche stand, aber offenbar nicht an der richtigen Stelle, und so führten die Grabungen nicht zu dem gewünschten Erfolg.

Achtzig Jahre später, das Schloß war inzwischen gesprengt, wurden bei den Ausschachtungsarbeiten für das DDR-Staatsratsgebäude im Jahr 1961 große Mengen menschlicher Knochen und Reste von Särgen an das Tageslicht gefördert. Es handelte sich dabei auch tatsächlich um Verstorbene aus der Zeit der Domkirche, nur diese Toten wurden nicht in einer Gruft, sondern außerhalb der Kirche auf dem angrenzenden Friedhof begraben. Ihre Gebeine wurden vorübergehend auf einem Ruinengelände in der Heiliggeiststraße gesammelt, um sie ein Jahr später, nach Abschluß der Bauarbeiten, auf dem Invalidenfriedhof in Feld A erneut zu begraben.

Als 1997, acht Jahre nach dem Ende der DDR, ein Regenüberlaufkanal der Berliner Wasserbetriebe verlegt werden sollte – er befand sich genau vor dem ehemaligen Staatsratsgebäude gegenüber dem Schloßplatz –, erhielten im Vorfeld der Arbeiten Archäologen die Möglichkeit einer Rettungsgrabung. Sechs Monate hatte man Zeit, und es wurde auch einiges dabei entdeckt. So zum Beispiel die Reste mehrerer Bierflaschen, deren Glasmarken im Flaschenboden auf eine Choriner Glashütte verwiesen und aus dem 18. Jahrhundert stammten. Es kann gut sein, daß die Biere von Bauarbeitern getrunken wurden, die damals mit dem Abriß der Kirche beschäftigt waren. Pfeilersockel der alten Kirche wurden freigelegt und auch Stufen, die einst in die Gruft führten. Außerdem einige Sargteile, verschiedene Münzen und natürlich wieder Knochen. Zwei der aufgefundenen Gräber wiesen noch die kompletten Skelette der Bestatteten auf, und in einem Sarg wurde neben den Halswirbeln eine vier Millimeter starke Goldkugel gefunden, die vermutlich vom Verschluß eines Totenhemdes stammte. An einer anderen Grabungsstelle wurden Bauteile des »Roten Schlosses« (eines Geschäftshauses mit roter Klinkerfassade, erbaut 1866/67) freigelegt. Aber auch bei dieser Grabung gehörten alle aufgefundenen Gebeine zu Adligen, die man 1749 nicht in den neuen Dom hatte überführen wollen.

Die Archäologen sind sich mittlerweile absolut sicher, daß sie die genaue Stelle kennen, wo sich die »Markgrafengruft« befand. Mit den Erkenntnissen der Grabungen aus den Jahren 1873 und 1880, wo ein getreuer Lageplan der Domkirche erstellt wurde, und den Erfahrungen aus einer anderen Grabung von 1929/30 faßte Albert Geyer 1936 alle bisherigen Grabungsergebnisse in einem Lageplan zusammen. Auf diesem Plan ist der Chor des Gotteshauses, unter dem sich einst die Gruft befand, eingezeichnet. Vergleicht man diesen Plan mit einem aktuellen Stadtplan, müßte sich der Chor genau an der Stelle befinden, wo die Breite Straße in die Werderstraße einmündet. Dort, genau in der Kurve, nur zwei bis drei Meter unter dem Straßenpflaster, zwischen dem ehemaligen Staatsratsgebäude, dem Marstall und dem Schloßplatz, da sollen sie noch heute ruhen, die damals »Vergessenen«: Johann »Cicero« (1455-1499): Kurfürst von Brandenburg (1486-99), seit 1476 Statthalter der Mark Brandenburg für seinen Vater Albrecht Achilles; Magdalene (1507-35): Kurprinzessin, erste Gemahlin des späteren Kurfürsten Joachim II. von Brandenburg (1524), Tochter von Herzog Georg der Reiche von Sachsen; Joachim I. (1484-1535): Kurfürst von Brandenburg; Joachim (1544): Sohn von Kurfürst Joachim II., er verstarb kurz nach der Geburt; Sophia (1525-1546): Kurprinzessin, erste Gemahlin des späteren Kurfürsten Johann Georg von Brandenburg; Elisabeth (1485-1555): Kurfürstin, Gemahlin des Kurfürsten Joachim I. von Brandenburg; Georg Albrecht (1555-1557): Sohn von Kurprinz Johann Georg; Joachim II. (1505-1571): Kurfürst von Brandenburg; Hedwig (1513-1573): Kurfürstin, zweite Gemahlin von Kurfürst Joachim II. (1535), Tochter von König Sigismund I. von Polen; Sabina (1529-1575): Kurfürstin, zweite Gemahlin von Kurfürst Johann Georg von Brandenburg (1548), Tochter des Markgrafen Georg der Fromme von Ansbach.

Unvergessen!

IM WEINFASS BEGRABEN
Der König und sein Hofnarr

Ganz in der Nähe von Schloß und Park Sanssouci, getrennt nur durch einen Höhenzug, der in alten Karten als »Galberg« bezeichnet ist, liegt Bornstedt. Am Südhang die Terrassen von Sanssouci und die Orangerie, im Norden der Bornstedter See, daneben das Gut und das Dorf. Schräg gegenüber dem Gutshaus die italienisch anmutende Kirche, mit einem Arkadengang und dem etwas abseits stehenden hohen Turm in Form eines Campanile errichtet. »Die Bornstedter Basilika samt Säulengang und Etagenturm ist ein Schmuck des Dorfes und der Landschaft«, schwärmte Fontane in dem Bornstedt-Kapitel seiner »Wanderungen« und fuhr dann fort: »aber was doch weit über die Kirche hinausgeht, das ist ihr Kirchhof, dem sich an Zahl berühmter Gräber vielleicht kein anderer Dorffriedhof vergleichen kann.« Und tatsächlich, dieser Zustand hat sich bis heute weitgehend erhalten. Wählt man den Weg links des Gotteshauses, offenbart sich dem Besucher einer der idyllischsten Friedhöfe des Havellandes. In diesem ältesten Friedhofteil neben der Kirche stehen, von alten Bäumen beschattet, in ungewohnter Vielfalt kostbare Grabsteine, deren klangvolle Namen die brandenburgisch-preußische Geschichte aufleben lassen. Der Grund, warum hier, auf einem Dorffriedhof, so viele Persönlichkeiten ihr Grab erhielten, ist die Nähe zu Sanssouci, denn hier ruht, wer zuvor auf der anderen Seite der Hügelkette gearbeitet hat. Ob Hofdamen, Generäle, Hofgärtner, Köche und Baumeister, sie alle sind hier zu finden.

Als Theodor Fontane 1870 den Gottesacker besuchte, beschrieb er den »freundlichen Charakter einer Obstbaumplantage«, wo vom Wind abgewehte Früchte noch die Wege bedeckten. Obstbäume sucht man heute vergebens, aber der Charme dieses Ortes hat sich auch ohne sie erhalten. Auf der linken Seite, nah dem Eingang und etwas versteckt unter alten Eiben, das gußeiserne Grabkreuz für Johann Wilhelm Hackel (1743-1796), Kastellan auf Schloß Sanssouci. Links daneben, eine Steinsäule mit einer Urne bekrönt, das Grab der im Alter von vier Jahren verstorbenen Tochter seines Amtsnachfolgers

Droz. Eine liegende Grabtafel erinnert an den königlichen Kammerherrn und Oberschloßhauptmann Ludwig von Meyerinck (1789-1860), ein Familienvorfahr des bekannten glatzköpfigen Schauspielers Hubert von Meyerinck. Wenige Meter entfernt die Familiengrabstätte des Weinhändlers Johann David Mahler, dessen Weine bei Hof geschätzt waren und der, wenn man sich die kostbare Denkmalsgruppe anschaut, nicht schlecht daran verdient hat. Am Grab des Kapitänleutnants Fritz von Sell, der mit seinem leichten Kreuzer »Breslau«, einem Begleitschiff des unter türkischer Flagge operierenden deutschen Schlachtkreuzers »Goeben«, am 20. Januar 1918 unterging, erinnert eine schlichte Gedenktafel auch an Ulrich von Sell. Er überstand unter Hitler neun Monate Einzelhaft und verstarb 1945, nach Kriegsende, in dem russischen Haftlager Jamlitz bei Lieberose. Der damals mitinhaftierte Schauspieler Gustaf Gründgens fand ihn am Morgen des 12. Dezember tot neben seiner Pritsche und hat seinen Leichnam auf dem Lager-Friedhof selbst begraben.

Fontane beschrieb auch das Grab von Heinrich Wilhelm Wagenführer, der 1690 zu Neuwied am Rhein geboren wurde und den es als jungen Mann seiner Körperlänge wegen an die Havel verschlug. Er diente als längster der »Langen Kerls« im Leibbataillon des Soldatenkönigs. Später wurde er Weinhändler und so nennt ihn die Inschrift seiner Grabplatte »einen vornehmen Kauf- und Handelsmann zu Potsdam«. Fontane hatte große Schwierigkeiten, die Inschrift und die Daten zu entziffern, »denn ein alter Ulmenbaum, der zur Seite steht, hat sein Wurzelgeäst derart über den Grabstein hingezogen, daß es aussieht, als läge eine Riesenhand über dem Stein und mühe sich, diesen an seiner Grabesstelle festzuhalten. Gespenstisch am hellen, lichten Tag!« Die Ulme wuchs noch 114 Jahre und wurde immer kräftiger, bis 1984 ein mächtiger Sturm den alten Baum umlegte.

Der eingeschlagene Weg führt zu einem kleinen, abgegrenzten Friedhofsteil, dem Sello-Friedhof. Die Sellos waren mehr als hundert Jahre die Hofgärtner von Sanssouci. Auf ihrem kleinen Gottesacker ruhen auch einige mit ihnen verschwägerte oder befreundete, ehemalige Sanssouci-Bedienstete. Neben dem Geheimen Kämmerier Karl Timm († 1839) und dem Geheimen Cabinetsrat Emil Illaire († 1866) fanden auch der Hofbaurat Ferdinand von Arnim († 1866), der Architekt des Königs, Friedrich Ludwig Persius († 1845) und der große Landschaftsgestalter Peter Joseph Lenné († 1866) hier ihr Grab. Die begonnene Aufzählung wichtiger und großer Namen könnte noch lange fortgesetzt werden.

Um eine Spur des interessantesten Bornstedter Grabes zu finden, muß der Innenraum des Gotteshauses betreten werden. Auf dem Weg dorthin fallen zwei Grabinschriften besonders auf: »Mercke dir mein Wandersmann / daß die Aertzte nebst den Frommen / nur durch ihren Seelen-Artzt / zu dem Heil und Leben kommen.« Und: »Wer du auch seyn magst / Ist Tugend dir werth /

So weile bei diesem Stein / Und traure / Er birgt / Die frühe Asche / Deiner Freundin.« Unter der Orgelempore, zu beiden Seiten des Kircheneingangs, ist jeweils ein Epitaph in die Kirchenwand eingelassen. Das linke erinnert an den Potsdamer Bürgermeister Martin Plümicke (1660-1734). Auf der rechten Seite wird Jacob Paul Freiherr von Gundling mit freundlichen Sätzen anerkennend geehrt:»Allhier lieget begraben der Weyland Hoch- und Wohlgeborene Herr, Herr Jacob Paul Frey-Herr v. Gundling, Sr. Königl. Majestät in Preußen Hochbestalt gewesenen Ober-Ceremonien-Meister, KhammerHerr, Geheimer Ober-Appellations-, Kriegs- und Hof Khammer-Rath, Präsident der Königl. Societät der Wißenschaften, Hof- und Khammer-Gerichts-Rath, auch Historiographus etc., welcher, von allen, die Ihn gekant haben, wegen Seiner Gelahrsamkeit bewundert, wegen Seiner Redlichkeit gepriesen, wegen Seines umgangs geliebet und wegen Seines Todes beklaget worden. Anno 1731.«

Klingt der Text auch sehr liebevoll, so gibt das darunter kunstvoll ausgeführte, freiherrliche Wappen doch zu denken. Der Helm über dem Wappenschilde ist geschmückt mit Pfauenfedern, dem Symbol für Eitelkeit. Als Schildhalter dient auf der rechten Seite die Figur der Göttin Minerva, der Beschützerin des Handwerks und der gewerblichen Kunstfertigkeit. Auf der linken Seite ist ein aufrecht stehender Hase dargestellt. Faßt man diese drei Symbole zusammen, lautet die Aussage kurz und knapp: der hier Beigesetzte war eitel, klug und feige. Der Auftraggeber für das farbig ausgemalte Epitaph war der preußische König Friedrich Wilhelm I., in dessen Diensten der Verstorbene stand.

Jacob Paul Freiherr von Gundling wurde am 19. August 1673 in Hersbruck in Mittelfranken als Abkömmling einer Nürnberger Theologen- und Handwerkerfamilie geboren. Er studierte an mehreren Universitäten und vertiefte sein Wissen anschließend auf zahlreichen Reisen. Als Professor für Geschichte und der Rechtswissenschaft, wurde Gundling, er war damals gerade 32 Jahre alt, vom preußischen König Friedrich I. an die eben gegründete Ritterakademie in Berlin berufen. Seine fundierte, vielseitige Ausbildung sowie erste Veröffentlichungen zur brandenburgischen Geschichte brachten ihm Anerkennung im Kollegenkreis. Ein weiterer Schwerpunkt seiner Arbeit war die Geographie und Verfassung verschiedener preußischer Staatsteile, deren Authentizität auf seinem ständigen Zugang zu den Staatsarchiven beruhte.

Als Friedrich I. 1713 verstarb, löste sein sparsamer Nachfolger Friedrich Wilhelm I. nur wenige Wochen nach der Amtsübernahme die Ritterakademie auf, da sie in seinen Augen unnötig war und zudem viel Geld kostete. Gundling war so von einem Tag auf den anderen arbeitslos. In einem Schreiben bat er den neuen König um ein Amt im Staatsdienst, worauf dieser ihm anbot, sein persönlicher Zeitungsreferent zu werden – allerdings bei stark gekürzten Bezügen. Gundling wird nicht begeistert gewesen sein, zumal diese Tätigkeit in der Praxis bedeutete, dem König täglich aus den unterschiedlichsten Zeitungen des In- und Auslandes vorlesen zu müssen. Das mochte erträglich sein, wenn es aus der Sicht des Königs gute Nachrichten waren. Wie es aber dem Überbringer schlechter Nachrichten ergehen konnte, wußte Gundling als ein Mann, der sich in der Geschichte auskannte, nur zu genau. Obwohl Freunde und Vertraute ihn vor den üblen Launen und dem rücksichtslosen Verhalten des Monarchen warnten, war bei ihm die Angst, brotlos zu bleiben, offensichtlich größer, da er nach kurzer Bedenkzeit das ihm angebotene Amt annahm.

Mit Friedrich Wilhelm I. als Nachfolger des »schiefen Fritz«, wie die Berliner Friedrich I. wegen seiner Verwachsung nannten, kam ein Mann an die Regierung, der Potsdam zu bis dahin ungeahntem Glanz verhalf. Der wegen seiner Vorliebe für alles Militärische auch »Soldatenkönig« Genannte stürzte sich geradezu mit Besessenheit auf den Ausbau seiner geliebten Residenz. Für Schloß und Lustgarten hatte er nicht viel übrig, was sich schon bald daran zeigte, daß er den barocken Lustgarten planieren ließ, um einen Exerzierplatz an dessen Stelle anlegen zu lassen. Das kostbare Mobiliar des Schlosses wurde verkauft und die Orangerie zum Pferdestall umfunktioniert. Er ließ Sümpfe trockenlegen, um Land für die Potsdamer Neustadt zu gewinnen. Die zahlreichen Wassergräben der Stadt wurden begradigt und zahlreiche Straßen neu angelegt. So weit es ging, wurde alles im »rechten Winkel« gebaut, und die in der Neustadt errichteten Gebäude mußten wie seine geliebten Soldaten stramm in gerader Reihe stehen. Die Häuser, ohne jeden Zierrat an der Fassade, wirkten von außen zwar schlicht und nüchtern, waren aber in ihrem Inneren, für damalige Zeiten, komfortabel ausgestattet. Eine Ausnahme bildeten die im Bereich des Stadtkanals repräsentativ gebauten Häuser, die zur Ansiedlung wohlhabender Bürgerfamilien vorgesehen waren.

Lebten bei seinem Amtsantritt nur 1500 Menschen in Potsdam, so waren es 1740, in seinem Todesjahr, immerhin 12 000. Allerdings gehörte jeder dritte Einwohner dem Militär an. Es gab allein 3500 Grenadiere, die in der Stadt untergebracht werden mußten, so daß jedes Bürgerhaus verpflichtet war, die Giebelstube für mindestens sechs Soldaten zur Verfügung zu stellen. Von der Anordnung waren die Hausbesitzer nicht begeistert, zumal sie auch die Versorgung der ungewollten Untermieter übernehmen mußten und die dafür vom König selbst festgelegte Mietentschädigung nur gering war. Die Wirtschaft jedoch begann zu florieren, da die vielen Soldaten Uniformen, Waffen, Gürtel, Mützen und Stiefel benötigten. So entstanden Wollwebereien, Tuchmanufakturen, lederverarbeitende Betriebe, Brauereien und eine Tabakmanufaktur. Die neu errichtete Gewehrfabrik machte Potsdam neben Spandau zum größten Rüstungsbetrieb des Landes. Da der König ein frommer Mann war, wurden allein in Potsdam drei neue Kirchen errichtet. Bermerkenswert ist, daß dieser Soldatenkönig, der in bis dahin unbekanntem Maße Preußens Militär aufrüstete, in seiner Amtszeit keinen einzigen Krieg anzettelte.

Bereits einige Monate nach der Übernahme seines neuen Amtes bereute Gundling seinen Entschluß. Für einen hochqualifizierten Wissenschaftler war die Tätigkeit nicht angemessen. Es war aber nicht die Arbeit, die ihm das Leben schwer machte, es war der König mit seinen derben Umgangsformen und deftigen Scherzen. Friedrich Wilhelm zwang seinen Vorleser, auch an den Zechgelagen des Tabakkollegiums teilzunehmen, wohlwissend, daß dieser Probleme mit dem Alkohol hatte. Schon in seiner Studienzeit hatte er zu viel getrunken. Das passierte zwar nicht täglich, Gundling war aber ein »Quartalssäufer«, der in regelmäßigen Abständen zu viel Alkohol in sich hineinschüttete und danach die Kontrolle über sich und seine Handlungen verlor. Wenn das Tabakkollegium tagte, traf man sich am Nachmittag. Pünktlich um fünf Uhr erschien der König in Begleitung seines Kammerdieners Abt und häufig auch mit seinem Vorleser Gundling. Niemand der Anwesenden durfte das Erscheinen des Königs zur Kenntnis nehmen und kein Gespräch oder Kartenspiel sollte seinetwegen unterbrochen werden. Es gab fünf Zeitungen zu lesen, aus Hamburg, Frankfurt, Wien, Frankreich und Holland, aber nie eine aus Berlin – diese waren unerwünscht, da sie mehrfach für den König unbequeme Artikel druckten. Alle Teilnehmer rauchten aus kurzen Tonpfeifen holländischen Blättertabak, und der König selbst brachte es an einem Abend auf 30 Tabakfüllungen. Dazu trank man Rheinwein oder Bier. Der König schätzte schwedisches Moll-Bier mit leicht herbem Geschmack, das später der Berliner »Molle« ihren Namen gab.

Bei diesen Zusammenkünften ging es rauh und manchmal auch äußerst aggressiv zu. Von den bornierten Junkern und Generälen wurde der unmilitärische Gundling geschmäht, manchmal auch geschlagen. Obwohl der König seine Alkohol-Schwäche kannte, hielt er ihn zu ständigem Trinken an und vertraute ihm zur weiteren Verführung den Schlüssel seines Weinkellers an, den Gundling sichtbar an einer Kette um den Hals tragen mußte. War dieser dann hoffnungslos betrunken, wurden mit dem Hilflosen üble Scherze gemacht. Am ausgelassensten sollen die Zusammenkünfte des Tabakkollegiums gewesen sein, wenn der König sich in seinem Lieblingsschloß Königs Wusterhausen zur Jagd aufhielt.

Gerade zehn Jahre war Kurprinz Friedrich Wilhelm alt, als er am Heiligabend 1698 die Herrschaft über das damals noch Wendisch Wusterhausen genannte Gebiet von seinem Vater geschenkt bekam. Der Kurprinz ließ die Burg in ein Jagdschloß umbauen und mit einem Wassergraben umgeben. Im Schloßhof dienten freilaufende Bären als Wächter und sollten Unbefugte oder nicht gern gesehene Gäste abschrecken. Damit die Bären nur aufrecht laufen konnten und so noch furchteinflößender aussahen, wurden ihnen die Vorderpfoten hinter dem Genick zusammengebunden oder amputiert. So wurde bei einem Treffen des Kollegiums der alte Dessauer fast zu Tode erschreckt, als er bei Mondschein unter irgendeinem Vorwand in den Schloßhof geschickt wurde und plötzlich vor einem dieser furchterregenden Bären stand. Der Schock fuhr dem alten Mann so stark in die Glieder, daß er noch Wochen danach krank das Bett hüten mußte. Über einen weiteren »Scherz« wurde am 3. März 1714 in einem Berliner Zeitungsartikel berichtet: »Sonsten hat der König bey voriger anwesenheit daselbst sich ein divertissement gemachet, indem der ehemalige Professor historiarum bey der Fürsten- und Ritter-Akademie, auch Historiographus bey dem Ober Heralds-Amte namens Gundling, der nunmehro als Commercien-Rath den Handel und Wandel in den kleinen Land-Städten in beßern fortgang bringen soll worin er aber noch nichts effectuiret, nach Potsdam kommen, daselbst auch eine Untersuchung zu thun, so hat der König denselben fordern lassen, und vieles mit ihm gesprochen. Weil der Professor nun sonderliche principia hat und dem Atheismo beypflichtet, so ist er gefraget, ob er Gespenste glaubete? welches er in einer zweistündigen rede gäntzlich widerleget und negiret. Der König hat ihm inzwischen starck zu trinkken, und ihm darauf durch 2 Grenadier nach Hause bringen laßen, zuvor aber einen großen Grenadier mit einem weißen Bettuch verhüllet in eine Kammer stellen laßen. Als nun der Herr Gundling in dieselbe kömpt, erhebt sich in einem Winckel allgemahlig der Grenadier, worauf erster nicht lange wartet und gleich nach dem Schloße läufft und daselbst erzehlet, waß er gesehen, und wie er zum Könige herein gefordert worden, hat er vor furcht und Angst kaum reden können, und gesaget, er wäre nunmehro überzeuget, daß Gespenster wären, und hätte sich eines in seiner Kammer vor ihm präsentiret, und dabei viele sottisen hervorgebracht.«

Das Leben am Hof war für Gundling immer schwerer zu ertragen. Er selbst war zu schwach, etwas gegen diese unwürdigen Behandlungen zu unternehmen. Niemand nahm diesen so intelligenten Menschen noch ernst. Sogar auf den Straßen Potsdams riefen ihm, dem »schwankenden Hofnarren«, die Kinder Spottverse nach. Wurde er am späten Vormittag gerade wieder nüchtern, hielt diese Nüchternheit nicht lange an, da er bereits am späten Nachmittag wieder genötigt wurde, dem Alkohol zuzusprechen. Für das Tabakkollegium mußte er auf Anweisung des Königs in grellbunter Kleidung erscheinen, die ihn schon optisch zum Clown machte. Besonders tragisch war, daß Gundling nach einigen Gläsern von selbst begann, mit äußerst lächerlichen Scherzen auf sich aufmerksam zu machen, vermutlich um den Monarchen milde zu stimmen.

Eines Tages kam der König auf den Gedanken, für Gundling ein großes Weinfaß von einem Zimmermann umbauen zu lassen. Dieses Faß sollte sein Sarg werden. Es erhielt einen aufklappbaren Deckel, wurde außen schwarz angestrichen und innen mit rotem Samt ausgeschlagen. Den Deckel zierte ein aufgemaltes weißes Kreuz. Von nun an mußte Gundling häufig in den Sarg steigen und, mit einem Weinglas in der Hand, den Mitgliedern des Kollegiums freundlich zuwinken, obwohl ihm wahrscheinlich gar nicht zum Lachen zumute war. Einmal soll er sogar im Sarg eingesperrt worden sein, und erst nach Stunden wurde der Deckel auf Anweisung des Königs wieder geöffnet.

Im Februar 1716 war Gundling plötzlich verschwunden, worüber auch die Zeitungen berichteten:»Der ehemalige Professor bey der gewesenen Fürsten- und Ritter-Academie allhier Namens Gundling ist nach Potsdam vor einigen Tagen gegangen, dem Könige ein projekt zu Etablirung einer neuen Ritter-Academie zu präsentiren, ist aber damit übel angelauffen; denn wie er daselbst mit an die Königliche Tafel gezogen und ihm starck zugetruncken, ist er bald aus den Schrancken des respects getreten, worauf er ziemlich railliret, und seltzame Proceduren mit ihm vorgenommen worden und hat man ihm wollen mit der Spanischen Mäntel bekleiden lassen, davon er sich selbst aber mit der Flucht gerettet. Weil er sich aber verlauten laßen, er wollte sich im Spreestrom ersäuffen, auch bis dato nicht zum Vorschein kommen, so ist zu Potsdam durch den Trommelschlag kund gemachet, daß wer eine Nachricht von ihm bringen könnte, eine recompens gewärtiget sey solte.«

»Der Professor Gundling hat sich noch nicht wieder gefunden«, war in den letzten Februartagen in Berlin zu lesen. Ein erstes Lebenszeichen dann nach sieben Wochen, am 4. April 1716:»Der Hofrath Gundling hat sich (…) endlich in Person hier eingefunden«. Der König soll über das Aufsehen, das Gundlings Verschwinden ausgelöst hatte, stark verärgert gewesen sein und zitierte diesen nach Wusterhausen, wo er sich zur Jagd aufhielt. Dem Befehl war der Hinweis beigefügt, daß, falls er nicht komme, sein Name an den Galgen geschlagen werde, ein Vorgang den man mit heutigen Fahndungsaufrufen der Polizei vergleichen kann. Gundling erschien, was blieb ihm auch anderes übrig, und bereits kurze Zeit später setzte sich seine Leidensgeschichte fort.

Daß Friedrich Wilhelm seinen»Hofnarren« aber auch geschätzt haben muß, zeigt sich an Folgendem: Obwohl dieser noch einen zweiten»Fluchtversuch« wagte, erhöhte der König seine jährliche Besoldung und ernannte ihn zum Oberzeremonienmeister. 1718 erhielt er das Amt des Präsidenten der daniederliegenden Akademie der Wissenschaften, und 1724 wurde Jacob Paul Gundling in den Adelsstand erhoben.

Wenige Tage vor Ostern des Jahres 1731 wurde Gundling krank und verfiel zusehends. Am 11. April starb er, im Alter von 58 Jahren, in seinem Zimmer im königlichen Schloß zu Potsdam. Bei der Obduktion seiner Leiche stellten die Ärzte ein ungewöhnlich großes Loch im Magen des Toten fest. Dem Wunsch des Königs entsprechend, sollte Gundling, wie diesem schon zu Lebzeiten angedroht, in dem bereits angefertigten Weinfaß in der Bornstedter

Kirche begraben werden. Theodor Fontane gibt in den »Wanderungen« einen zeitgenössischen Bericht wieder, der die Beisetzungsfeierlichkeit beschreibt: »Sein Leichenbegräbnis war äußerst lustig und seinem geführten Lebenswandel völlig angemessen. (…) Nachdem er tot war, legte man ihn in seinem rotsamtenen mit blauen Aufschlägen besetzten Kleide, desgleichen mit roten seidenen Strümpfen und einer großen Staatsperücke, in dasselbe hinein. Umher stellte man zwölf Guèridons mit brennenden weißen Wachskerzen. In dieser Parade ward er jedermann öffentlich gezeigt. Besonders kamen viele Fremde nach Potsdam, um ihn zu sehen.

Nachdem der Kastellan des Schlosses vom Könige den Befehl erhalten hatte, alles zum Begräbnis Erforderliche zu besorgen, ward dem Verstorbenen die Kirche zu Bornstedt als Ruhestätte bestimmt. Zur Leichenbegleitung wurden mehr als fünfzig Offiziere, Generale, Obersten und andere angesehene Kriegsbediente, die Geistlichen, die Potsdamer Schule, die königlichen Cabinetssecretaire, Kammerdiener und Kellereibedienstete eingeladen. Hierzu kam noch der Rat und die Bürgerschaft der Stadt, welche sich sämtlich, mit schwarzen Mänteln angetan, bei dieser Handlung einfinden mußten. Alle diese Begleiter waren bereit und willig, Gundlingen die letzte Ehre zu erweisen, bis auf die lutherischen und reformierten Geistlichen, die zu erscheinen sich weigerten. Da sie um die Ursache befragt wurden, schützten sie die Gestalt des Sarges vor, welche nicht erlaube, daß sie dabei ohne Anstoß erscheinen könnten. Man fand nicht für gut, sie weiter zu nötigen, und ließ sie weg.

Nun stellte sich aber ein zweiter Umstand dar, welcher neue Schwierigkeiten hervorbrachte. Da die Geistlichkeit, von der ein lutherisches Mitglied die Parentation halten sollte, nicht erschien, so war man verlegen, wer dieses Geschäft nun übernehmen würde. Nachdem man hin und her gesonnen hatte, verfiel man endlich auf des Verstorbenen Erzfeind, auf David Fassmann. Dieser übernahm es und hielt wirklich die Leichenrede.

Nach Schluß derselben wurden Lieder gesungen und alle Glocken geläutet. Der bis dahin offengestandene Sarg ward zugemacht, ein Bahrtuch darübergeworfen, und so ging es in bester Ordnung und unter fortgesetzten Läuten bis vor den Schlagbaum von Potsdam hinaus. Hier blieb die Prozession zurück, und nur wenige folgten der Leiche, die auf einen Wagen gesetzt und nach Bornstedt gefahren wurde. Hier wurde sie abgeladen und inmitten der Kirche eingesenkt.«

So endete der zeitgenössische Bericht und Fontane beschrieb nun das noch vorhandene Epitaph. Im letzten Absatz seines Bornstedt-Kapitels heißt es dann: »Wenn der weiße Marmor so vieler Gräber draußen längst zerfallen sein (…) wird, wird dieses wunderliche Wappendenkmal, mit den Pfauenfedern und dem aufrecht stehenden Hasen, noch immer zu unsern Enkeln sprechen, und das Märchen von ›Gundling und dem Weinfaßsarge‹ wird dann wundersam klingen wie ein grotesk-heiteres Gegenstück zu den Geschichten vom Oger.« Wer wollte da diesem großen Kenner der Mark, seiner Sagen und Geschichten widersprechen? Fontane schrieb das Kapitel über Bornstedt 1870, und seither wurde die Beschreibung von Gundlings Beerdigung im Weinfaß häufig mit der Legende des Oger, diesem menschenfressenden Riesen, belächelnd verglichen. Trotz alledem suchte man in der Vergangenheit, bei Um- und Neubauten des Gotteshauses, immer wieder nach Spuren eines Weinfaßes im Bereich der Kirche. Das erste Gotteshaus, in dem Gundling begraben wurde, war um 1580 als Fachwerkbau errichtet worden. Nach größeren Baureparaturen wurde es 1805 durch einen klassizistischen Neubau des Potsdamer Bauinspektors Quednow ersetzt. Als sich bereits fünfzehn Jahre später starke Bauschäden zeigten, entstanden erste Neubaupläne von Ludwig Persius, die aber verworfen wurden, da man nun aus Kostengründen versuchte, die Kirche zu reparieren. Die Arbeiten brachten aber keinen langfristigen Erfolg, so daß Friedrich August Stüler 1849 eine Entwurfszeichnung einreichte, die die Zustimmung des preußischen Königs Friedrich Wilhelm IV. fand und sechs Jahre später zur Ausführung kam.

Bei all diesen Bauarbeiten und auch späteren Reparaturen wurde kein einziges Stück des Weinfasses gefunden. Erst 260 Jahre nach Gundlings Beerdigung entdeckte Dr. Hannelore Lehmann im Archiv der Franckeschen Stiftungen Halle einen Brief des Pfarrers Johann Heinrich Schubert an Gotthilf August Francke, geschrieben in Potsdam am 16. April 1731, der die Aufklärung dieser unglaublichen Beisetzung brachte.

»Mein theuerster Bruder. Wir stehen anjetzo in betrübten Umständen. Es ist allhier der Geh. R. Gundling gestorben, der, wie ohne Zweifel bekannt ist, in seinem Leben sehr gemißbraucht worden, wozu er auch selber viele Gelegenheit gegeben. Deßen Cörper hat der König in ein dazu verfertigtes großes Faß, mit eisernen Rücken beschlagen, legen, und folgendes an daßselbe schreiben lassen: Hierinn liege ein Wunder-Ding, halb Mensch, halb Schwein doch ohne Haut; in der Jugend witzig, im Alter toll; des Morgens klug, des abends voll etc. etc. Bacchus traure darüber, daß er gestorben, und wenn es der Leser wissen wolle, wer er sey, so sey das traute Kind der Gundeling. Den 11. früh stirbet er; den Nachmittag stehet er schon im Fasse zur Schau, hat eine Perücke auf, die ihm biß an die Lenden reichet, einen gräulich großen Huth, seinen ordentlichen Rock an, brokadene Beinkleider, schwartze Strümpfe mit rothen Bändern geziret etc. etc. etc. etc. Den Nachmittag geht R. [der König] mit einem großen Gefolge in das Hauß, da er stehet, und der, der an des Gundlings stelle kommen, u. eben so, wo nicht aerger, conditioniret ist, muß ihn parentiren, mit ganz entsetzl. Gelächter derer Gegenwärtigen.

Den Abend kriegt Herr Insp. Schultze Ordre, uns Predigern anzudeuten, wir sollten den 12ten alle mit zu Grabe folgen, die Glocken sollten geläutet werden (welches sonst hier in Potsdam bey keiner Leiche geschieht) der ganze Magistrat und Bürgerschaft sollten gleichfalls folgen etc. etc. So bald ihm die Ordre gebracht wird, wird er mit seinem Collegen, Herrn Diac. Kretzschmann, eines, nicht zu folgen, sondern lieber alles zu leyden, kommt zu mir, sagt mir R. Befehl u. ihrer beyder Entschluß. Ich kann nun nicht anders, als, nach meinem Gewißen, mich ihnen confirmiren, wie denn auch der Herr Past. Carstädt gethan. Und, wer hätte doch bey solchem Gräuel anders thun können, zumal, da obgedachter, bey dem Wegtragen der Leiche wieder parentiren sollte, und auch parentiret hat? Wir kamen dann den 12ten früh zusammen bey dem Herrn Insp. Schultze, u. da ward der Castellan von R. wieder an uns geschickt, daß wir mitgehen sollten, wieß uns auch die Namen vieler hoher Officirer, und deren reformirten Prediger, welche auch mitgehen sollten. Wir deklarirten aber uns insgesamt dahin, daß unser Amt u. Gewißen uns das nicht verstatte, u. wir würden mit einem Memorial bey Sr. K. M. einkommen, und bitten, daß wir damit verschont würden. Die Reform. Prediger habens auch alle abgeschlagen, und ist kein einziger mitgegangen. Bald darauf kommt, nobis aliis absentibus, der Herr Ober-Lieuten. von Weyher jussu R. samt dem Castellan zu dem Herrn Inspector, der Castellan meldet, R. habe gesagt: wollen die Priester nicht mitgehen, u. haben Bedenken, so mögen sie zuhause bleiben; der Herr Obrist-L. aber fragt nomine R. nach den Ursachen, aus welchen wir uns weigern mitzugehen. Danach ihm denn folgende gegeben. 1) wir könnten nicht anders, als glauben, es sey nicht R. ernstl. Wille, sondern nur eine Prüfung unsrer, ob wir uns, als rechtschaffenen Lehrern gebührt, verhalten würden; 2) wenn Gundling in einem Sarge begraben würde, wollten wir gerne folgen; 3) da er aber in einem Faße läge, und 4) mit einer solchen Aufschrift, durch welche er aus der Zaal der Menschen ausgemertzet, für ein Wunder-Thier, so halb Mensch, halb Schwein wäre, declariret würde, und 5) das gantze Begräbnis nicht anders als ein Spiel zum Lachen angesehen werden könne, so hätten wir das allerunterthänigste Vertrauen, R. würde nicht verlangen, daß wir unser gantzes Amt an den Zuhörern, durch das mitgehen, sollten unfruchtbar machen, und der gantzen Stadt; ja nicht nur allein der Stadt, sondern allen, die es vernehmen würden, ein unüberwindl. Aergerniß gäben. Dabey blieb es, u. wir sind nicht mitgegangen.

Nun mag die Versündigung vielleicht in dem Gemüthe aufgehen, und weil der Züchtigende Geist G. nicht recht haben soll, wird es uns für einen höchst straffbaren Ungehorsam ausgeleget, und ich in sonderheit werde angesehen als einer, der die anderen alle zu solchem Ungehorsam aufgereizet habe. Ich bin dann den 15. jussu R. von den Herrn Kr.R. Schumachern befraget worden: 1) was ich vor Ursachen gehabt, nicht mitzugehen? 2) warum ich die andern auf-

gewiegelt? Das letzte habe ich gantz verneinet; das erstere habe ich beant-
wortet mit vorigen Gründen. Nun kann ich nicht anders, als entweder meine
höchl. Dimission in Ungnaden, oder wohl gar eine mehrere Beschimpfung erwarten. Ich sehe aber auf den Herrn u. bin gewiß, daß er mich nicht werde ver-
laßen, sondern in seinem Weinberge anderswo aus Gnaden gebrauchen.

Der arme Gundling, der mich auf seinem Todtenbette zu sich bitten laßen,
hat mir mit vielen Jammern und Seufzen erzählet, wie man ihn gemißhandelt
habe, und insonderheit erbärml. darüber geklaget, daß er für Unruhe, daß man
ihn in einem Faße mit solcher Aufschrift begraben wolle, nicht recht zu sich
selber kommen könne. Den 8ten dieses besuchte ich ihn und ging über diese
Sache recht betrübt von ihm. R. hat das erfahren, u. läßt mich den 9ten früh
befragen: warum ich so betrübt von Gundling gegangen wäre? Resp. es hätte
mich sehr gebeuget, daß ich, wegen des Mannes Unruhe, an seiner Seele
nichts ausrichten könnte, ließe R. allerunterthänigst u. demüthigst bitten, Er
möge wie andre Menschen begraben werden sollte. Aber leyder! Diese Bitte
ist höchst ungnädig genommen worden. Die Schule hat (doch haben Rector
und Conrector nicht mitgehen, sondern lieber die Stadt räumen wollen, sind
auch nicht mitgegangen) unter harten Bedrohungen, mitgehen und singen
müßen. Was dabey vor Versündigungen vorgegangen, ist nicht zu sagen. In
Bornstedt ist er in der Kirche vor den Altar eingesenkt worden, und das Lied
hat müßen gesungen werden jußu R.: Nun laßt und den Leib etc. etc. und
man hat die Worte gesungen: Nein, das ist nicht wahr, er hat getragen R. Joch
etc. etc. etc.

So siehets, mein theuerster Bruder, hier aus. Ich bin zwar sehr beklemmt,
ich sehe dabey in Christo auf den Vater, der wird für mich, da ich arm bin und
nichts habe, auch nicht weiß wohin? väterlich sorgen. Halten Sie diesen Brief,
Mein Bruder, geheim; doch schicken Sie ihn an des Herrn Grafen Henckels
Hochgräfl. Gnaden damit Sie von unseren Umständen Nachricht kriegen.
Gott hat mir eine Zeither wunderbar gewinckt, weßhalb ich so manche Predigt nacheinander drücken lassen, u. war immer als ruffe man mir zu: wircke,
weil es Tag ist, es kommt die Nacht, da niemand wircken kann! auch: zum
Zeugniß über Potsdam gieb ihnen auch die Predigt in die Hände! etc. etc. etc.

Sollte ich von hier gehen müssen, und Gott ließe meinen Liebsten Bruder,
oder auch anderen eine Gelegenheit vorfallen, da ich wieder meinem Vater
dienen könnte an denen Seelen im Predigt-Amt, so werden Sie mein nicht
vergeßen. Denn brache läge ich nicht gerne. Wie der Herr will! Beten Sie für
uns! Sollte was mehrers geschehen, will es berichten, nur bitte hertzl. daß kein
unvorsichtiger von meinen Schreiben etwas lese, oder höre, damit es nicht, zu
einem noch größeren Unheil, ausposaunet werde. Wir stehen hier alle vor einem Manne. Weil aber die Hohen meiner gerne loß seyn wollen, so liegen sie
R. an, auf mich allein zu gehen, als wäre ich der Aufwiegler etc. etc. etc. Wü-

sten Sie, was sie mir dadurch vor Gott, den himml. Heerscharen, und warhaftigen Frommen auf der Welt, für Ehre anthäten, sie würden sich besinnen und aus Neyd mir sie nicht erweisen. Aber wie blind ist die Welt! und wie schwer drückt sie anjetzo das gerichte Gottes! Ich bin meines theuersten Bruders H. Schubert. Wollen mein liebster Bruder antworten, so thun Sie es recta, u. zwar nicht unter ihrer Hand u. Siegel, sondern laßen Ihr Schreiben in einem Couvert an Mstr. Metznern, Bürger und Hutmacher hierselbst, bey der Heil. Geist Kirche wohnhaft, abgehen, ohne daß Sie ein Wort an ihn schreiben ließen. Das Papier des Couv. aber muß stark sein, damit die Aufschrift ihres Briefes nicht durchschimmere.«

Mit diesem Brief des verängstigten Pfarrers Schubert steht fest: Gundling wurde doch im Weinfaß begraben!

DER STADTHAUPTMANN UND DIE ARMEN
Das Grab auf dem Koppenplatz

Am Ende der Großen Hamburger Straße, nachdem die Auguststraße überquert ist, erweitert sich das Straßenland zu einem kleinen städtischen Platz, dem Koppenplatz, der sich bis zur Linienstraße erstreckt. Etwas Grün in der Mitte, ein Kinderspielplatz und auf der linken Seite, die, von einem barock anmutenden Türmchen bekrönte, Oberschule »Bertolt Brecht«. Wer erstmals diesen Platz überquert, wundert sich über ein Grabmal aus Sandstein mit Stufenunterbau und vier korinthischen Säulen, die ein gerades Dach tragen. Der Bau erweckt den Anschein, als ob er mit seiner Rückseite an das dahinterstehende Wohnhaus geklebt wurde, um den Bürgersteig nicht noch weiter einzuengen. Blickt man über den brusthohen Staketenzaun, gibt eine Gedenktafel Auskunft:»Herr Christian Koppe Rathsverwandter und Stadthauptmann zu Berlin, widmete diesen Platz und dessen Umgebung im Jahre 1705 als Ruhestätte den Armen und Waisen, in deren Mitte Er selbst mit den Seinigen ruhen wollte und ruht. Sein Andenken ehrt die Stadt Berlin, 1855.«

Nur wenig weiß man heute noch über den Mann, zu dessen Ehre die Tafel einmal angefertigt wurde. Weder sein Geburtsdatum noch den Ort seiner Herkunft konnte ich in der einschlägigen Literatur über das Berliner Armenwesen finden. Der Stadthauptmann war ein angesehener und vermögender Mann, der viele Jahre ehrenamtlich in der Armenkommission tätig war, wo er tagtäglich die stark verbreitete Armut der Stadt vor Augen hatte.

Für die Minderbemittelten Berlins war zu Koppes Zeit das Königliche Armen-Direktorium zuständig. Die notwendigen, aber stets zu knappen Finanzmittel, die für die Linderung der Armut zur Verfügung standen, setzten sich aus gesammelten Spenden, den Zinserträgen unterschiedlicher Armen-Stiftungen und aus Staatsmitteln zusammen. Zu den Einrichtungen, die den in Not geratenen Berlinern helfen sollten, gehörte die 1710 auf Kabinettsorder des Preußenkönigs Friedrich Wilhelm I. als Pest- und Armenkrankenhaus gegründete Charité, das Königliche Waisenhaus sowie das Arbeitshaus.

Es waren zwölf Armenwächter, sogenannte »Bettelvögte«, beim Armen-Direktorium angestellt, die neben der Kontrolle der Bedürftigkeit auch dafür zuständig waren, jegliche Bettelei in der Stadt strikt zu unterbinden. Um ihren Diensteifer anzuregen, hatte die Direktion eine Prämie von 2 1/2 Silbergroschen für jeden aufgegriffenen und der Bestrafung zugeführten Bettler ausgesetzt. Wer erstmals beim Betteln erwischt wurde, kam für vier Wochen ins Arbeitshaus. Der erste Rückfall bedeutete acht Wochen, der zweite bereits ein Jahr Arrest. Bei weiteren Wiederholungen konnte die Strafe sogar bis zu vier Jahren betragen. Diese »Bettelvögte« hatten es nicht leicht bei ihrer Arbeit in der Stadt, da sie in der Bevölkerung ein äußerst schlechtes Ansehen genossen und bei den Betroffenen verhaßt waren. Da sie in ihrer blauen Uniform sofort zu erkennen waren, war es ein beliebtes Spiel der Gassenjungen, ihnen zu folgen und sie mit Spottversen der Lächerlichkeit preiszugeben.

Christian Koppe hatte 1696 vor dem Spandauer Tor das Grundstück des heutigen Platzes gekauft und es 1705 kostenlos für die Anlage eines Armenfriedhofs und den Bau eines Armenhauses zur Verfügung gestellt. Es war der erste Armenfriedhof, der sich in unmittelbarer Nähe der Stadt befand und es machte somit den Angehörigen möglich, ohne lange, umständliche Wege die Gräber der Verstorbenen zu besuchen. Auch die Beisetzung von Selbstmördern war auf diesem Platz, anders als auf kirchlichen Friedhöfen, möglich.

In Friedrich Nicolais »Beschreibung der Königlichen Residenzstädte Berlin und Potsdam von 1786« ist zu erfahren, wer hier begraben wurde: »Auf ihm werden alle Armen, welche nicht Vermögen genug haben, um die Kosten des Begräbnisses zu bezahlen, frey begraben. Wenn der Tod von einem Polizeikommissar bescheinigt ist, so wird von der Armenkasse die Anweisung zum freyen Sarge, Leichenwagen und Beerdigung ertheilet, und die Armenkasse bezahlt alle diese Kosten.« Es soll kein schöner Ort gewesen sein, der zum Verweilen einlud. Nur kahle, unbewachsene Grabhügel dicht nebeneinander. Einige Gräber waren mit einfachen, oft selbst gezimmerten Grabkreuzen aus billigstem Holz versehen, andere zeigten noch nicht einmal den Namen des Verstorbenen. Keine Bäume oder Sträucher standen auf dem Gelände, damit auch wirklich jedes Stückchen Erde für die Armenbestattung genutzt werden konnte.

Das Armenhaus, für das Koppe auch die Baukosten übernommen hatte, befand sich an der Armesünder Gasse, deren Name sich auf den Friedhof und die dort ruhenden Selbstmörder bezog, genau wo heute die Große Hamburger Straße in den Koppenplatz mündet. Friedrich Nicolai beschrieb, daß dort 22 alte Frauen wohnten, die im Winter kostenlos Feuerholz und Kohlen erhielten, sowie täglich einen Groschen für ihren Lebensunterhalt. Das Haus war einstöckig gebaut und auf einem Holzschild über dem Eingang war zu lesen: »Koppe'sches Armenhaus«. Das Dach des Gebäudes war mit einem kleinen Turm versehen, auf dem eine Wetterfahne die Richtung des Windes anzeigte. Im Volksmund trug das Haus den Namen »das Thürmchen«, auch in späterer Zeit, als der Turm wegen Baufälligkeit schon längst abgetragen war.

Im Inneren des Gebäudes befand sich auch die Wohnung des Totengräbers, der für den Friedhof zuständig war und gleichzeitig die Tätigkeit eines Hausmeisters ausübte.

Wenn über »das Thürmchen« gesprochen wurde, meist waren das sehr schaurige Geschichten, dann war damit nicht das Armenhaus, sondern ein kleines, auf dem Friedhof errichtetes Gebäude, das »Obductionshaus« gemeint. Zwischen 1810 und 1840 brachte man die Selbstmörder, Verunglückten, Ertrunkenen und die Opfer von Verbrechen in das Haus, um die Umstände ihres Todes zu klären. Adolph Streckfuß (1823-1895) beschrieb in seinem zweibändigen Werk »500 Jahre Berliner Geschichte« auch den Armenfriedhof, das Armenhaus und das »Obductionshaus« in äußerst drastischer Form. Streckfuß hatte wegen seiner politischen Schriften, die er als radikaler Demokrat 1848 veröffentlicht hatte, die Möglichkeit einer Karriere im Staatsdienst verloren. Nachdem er wegen seines dreibändigen Werkes »Die große französische Revolution und die Schreckensherrschaft, als Hochverräter angeklagt wurde, verdiente er anschließend seinen Lebensunterhalt mit einem kleinen Tabakladen in der Linienstraße. Da er wie kaum ein anderer das Viertel und seine Bewohnerschaft kannte, lassen wir ihn als Zeitzeugen das »Obductionshaus« beschreiben: »Jeder Berliner kannte den Nasenquetscher (den unheimlichen hölzernen Kasten, der von zwei Bettelvögten gezogen und nach dem Thürmchen gefahren wurde); er enthielt die Leiche irgend eines Verunglückten. Mit scheuer Neugier folgte ihm stets eine Schaar von Gassenbuben, die aber eine ganze Strecke vor dem Thürmchen entfernt stehen blieb, um zu schauen, wie der Nasenquetscher nach dem Armenkirchhofe und Obductionshause gefahren wurde.

Die Brutalität mit welcher die fühllosen Bettelvögte die Leichen behandelten, wenn sie sie mit eisernen Haken aus dem Wasser zogen und wie den Cadaver eines Stückes Vieh in den Nasenquetscher warfen, trug wesentlich dazu bei, diese Beamten verachtet und verhaßt zu machen.

Werfen wir jetzt einen Blick in das eigentliche Thürmchen, das damalige, längst verschwundene Obductionshaus: Wir treten in das Haus; zuerst in eine Art Küche mit Rauchmantel und Feuerherd, die aber ihrem eigentlichen Zweck nicht mehr diente, denn hier wurde nichts gekocht. Unser Blick fällt auf einige schmutzige, zusammengeschnürte Bündel von Kleidungsstücken, von denen jedes mit einem Zettel versehen ist. Es sind die Kleider der Verunglückten, welche man hier aufbewahrt; an ihnen allein erkannten oft die Hinterbliebenen die Leichen, deren halb verweste Züge kein Bild des Geschiedenen mehr gaben. Von der Küche führten links und rechts Thüren in innere

Zimmer. Die zur linken Hand befindliche Thür gewährte den Eingang in ein zweifenstriges, weiß getünchtes Gemach, in die Todtenkammer. Drei rohe hölzerne Pritschen standen neben einander, meist waren sie, besonders im Sommer, mit halb verwesten Leichen bedeckt. Hier wurden die aufgefundenen Leichname bis zum Begräbnisse ausgestellt: hier suchten die Verwandten solche Personen, welche plötzlich verschwunden waren und oft genug fanden sie dieselben. Der Geruch, den die Leichen aushauchten, war fürchterlich. Zur Sommerzeit vermochte man es kaum in der verpesteten Atmosphäre einige Augenblicke auszuhalten.

Die andere Thür zur rechten Hand der Eingangsküche führte in ein zweifenstriges Zimmer. Ein großer Tisch von rohem Tannenholz, drei alte Lehnstühle, ein schwarzer gewaltiger Ofen, ein hölzerner Schrank, in dem sich chirurgische Instrumente befanden, und in einer Vertiefung mit gemauertem Estrich eine mannslange Tafel bildeten das Meublement des dürftigen Zimmers, welches theils als Verhörs-, theils als Sectionszimmer diente.

Die Tafel war der Sectionstisch; auf die Lehnstühle setzten sich die Richter, um die Verbrecher zu verhören, welche stets hergeführt wurden, damit sie, von dem Anblick der Leichen der von ihnen Gemordeten erschüttert, leichter zum Geständniß gebracht würden. In diesem Zimmer haben gar manche Verbrecher sich selbst das Todesurtheil gesprochen, indem sie im Angesicht der verstümmelten Leichen nicht ferner zu leugnen wagten.«

1721 verstarb der verdienstvolle Christian Koppe und wurde seinem Wunsch entsprechend, wie später auch andere Familienmitglieder, auf dem von ihm gestifteten Friedhof in einer unscheinbaren Grabanlage beigesetzt. Adolph Streckfuß berichtete auch darüber:»Auf dem Hofe hinter dem Hause linker Hand befand sich das Grabgewölbe der Koppe'schen Familie; eine Berliner Merkwürdigkeit, von der wohl die meisten Bewohner der Hauptstadt jener Zeit gehört, die aber nur wenige gesehen hatten, weil das Grauen vor dem berüchtigten Thürmchen die Neugierigen von dem Besuche desselben abhielt. Das Aeußere des Grabgewölbes war nicht von Bedeutung, es war einfach und schlicht. Ein im Winkel des Hofes bis zur Erde reichendes Zinkdach, starke Mauern von altmodischer Bauart boten weiter kein Interesse. Um so interessanter aber war das Innere.

Wenn man einige unbequeme Stufen hinabstieg, so trat man in ein niedriges Tonnengewölbe, dessen weißgraue Wände von den Salzen, die sich auf denselben krystallisirt hatten, erglänzten. Das kleine Gewölbe erhielt ein dürftiges Licht von zwei Luftlöchern, die in den dicken Wänden angebracht waren. Es herrschte deshalb eine schwüle dumpfige Luft, an die man sich erst gewöhnen mußte, obgleich man von einem eigentlichen Leichengeruch nicht belästigt wurde. Auf dem Boden standen ungeordnet zwölf Särge verschiedener Größe, theils von eichenem, theils von kiehnenem Holz, in ihnen ruhten die Leichen der Koppe'schen Familie, die sich sämmtlich gut erhalten hatten. Durch die im Gewölbe herrschende eigenthümliche Luft waren sie zu einer Art Mumien verdorrt. Besonders gut erhalten war der Leichnam des Rathmanns Koppe selbst. Eine braune pergamentähnliche Haut bedeckte die Knochen, und man konnte noch die Gesichtszüge des Verstorbenen einigermaßen unterscheiden. Auch die übrigen Leichen waren mumienartig zusammengetrocknet. Am meisten hatte die Verwesung die Körper der Frauen ergriffen.« Diese Zeilen belegen, daß Streckfuß nicht nur über die Historie Berlins schreiben konnte, sondern auch ein recht erfolgreicher Krimi-Autor war.

Bis 1839 wurde der Begräbnisplatz für die Armen Berlins genutzt, dann verschwand er 14 Jahre später aus dem Stadtbild. Die Gräber wurden eingeebnet und der planierte Friedhof zu einem Platz umgestaltet, der anschließend den Namen des Stadthauptmanns erhielt. 1855, 134 Jahre nach Koppes Tod, ließ die Stadt nach einem Entwurf von August Stüler das heute noch bestehende Grabmal zur Erinnerung an den Stadthauptmann errichten. Das Gebiet um den Platz herum wurde nun bebaut und auf dem Platz entstand eine Gasbehälteranstalt, die bis zum Ende des 19. Jahrhunderts bestand.

Wie überall in Berlin wurde auch um den Koppenplatz herum immer wieder neu aufgebaut und abgerissen. Erst kürzlich wurde ein im Zweiten Weltkrieg von französischen Kriegsgefangenen gebauter Bunker abgetragen. Obwohl der Boden im Laufe der Jahrzehnte mehrfach umgegraben wurde, tauchen immer wieder Spuren des alten Armenfriedhofs auf. Bei 1964 durchgeführten Tiefbauarbeiten förderten die Bauarbeiter nahezu zwei Zentner Knochen aus dem 18. Jahrhundert an die Oberfläche. Sie wurden nach Abschluß der Bauarbeiten auf dem Invalidenfriedhof in der Scharnhorststraße, in den Grabfeldern A und D, links und rechts des Eingangs erneut beigesetzt.

Heute steht auf dem Koppenplatz ein leerer Küchentisch mit zwei Stühlen, von denen einer umgekippt auf dem Boden liegt. Nein, hier hat sich niemand im Schutz der Dunkelheit entrümpelt, dazu wären die Möbel zu schwer, denn sie sind, wie auch der Parkettboden auf dem sie stehen, aus Bronze gegossen. Nur wer bereit ist, das Ensemble einmal zu umrunden, kann den im Boden eingravierten Text lesen:»O die Wohnungen des Todes, / Einladend hergerichtet / Für den Wirt des Hauses, der sonst Gast war – / O ihr Finger, / Die Eingangsschwelle legend / Wie ein Messer zwischen Leben und Tod – / O ihr Schornsteine / O ihr Finger, / Und Israels Leib im Rauch durch die Luft!«

Die Verse schrieb die in Berlin geborene Dichterin Nelly Sachs (1891-1970), die als Jüdin gemeinsam mit ihrer Mutter im Mai 1940, in allerletzter Minute Berlin verließ und nach Stockholm flüchtete. Die Totenklage»Dein Leib im Rauch durch die Luft« schrieb sie 1944 im Gedenken an den Mann, den sie unglücklich liebte und der von den Nazis ermordet wurde.

»Vor Türken, Pestilenz und Noth, bewahre uns der Herre Gott!«

Der Tod des osmanischen Gesandten Ali Aziz Efendi

Böse Zungen behaupten, die Berliner seien neugierig, denn immer, wenn in ihrer Stadt etwas Ungewöhnliches passiert, strömen Menschenmassen zu dem Ort, an dem dieses Ereignis stattfindet. Das ist heute noch genauso wie vor 200 Jahren und wird vermutlich in weiteren 200 Jahren nicht anders sein. Der Berliner selbst nennt diese Eigenschaft schlicht Interesse.

Schon am frühen Nachmittag des 30. Oktober 1798 hatte sich herumgesprochen, daß im Ephraim'schen Hause am Schiffbauerdamm etwas passiert sein mußte. Es hieß, ein hoher Würdenträger aus einem fernen Land sei in der vergangenen Nacht verstorben. Vor dem Haus stand ein Leiterwagen, der von einigen dunkelhäutigen jungen Männern feierlich geschmückt wurde. Die Arbeiten an dem Wagen zogen sich über einige Stunden hin. In dieser Zeit fuhren etliche Pferdedroschken vor, und zahlreiche Männer, unter ihnen befand sich keine einzige Frau, betraten oder verließen das Gebäude.

Nach Einbruch der Dunkelheit formierte sich nun ein äußerst fremdartig anmutender Trauerzug. Hatten einige Schaulustige schon in den Nachmittagsstunden die Vorbereitungen »interessiert« verfolgt, so beobachteten nun nahezu zweitausend Menschen, wie sich der Zug langsam in Bewegung setzte und, vom Schiffbauerdamm kommend, in die Friedrichstraße einbog.

In gemächlichem Tempo zogen sechs Pferde den mit grünen Decken geschmückten Leiterwagen. Etwas erhöht stand auf der Ladefläche ein schlichter, hölzerner Sarg, der von kostbarem, mit Goldfäden durchwirkten Stoff bedeckt war. Oben auf dem flachen Sargdeckel lag ein gelber Turban. Aus zwei vor und hinter dem Sarg aufgestellten bronzenen Räucherbecken, auf deren Holzkohlenglut geraspeltes Sandelholz verbrannt wurde, stiegen Rauchwolken empor und hüllten die Prozession in eine süßliche Duftwolke. Zu beiden Seiten des Sarges saßen orientalisch gewandte Männer, die von Zeit zu Zeit kleine Geldmünzen in die staunende Menschenmenge warfen, da das Gesetz des Propheten bei dem letzten Weg eines Toten Almosen vorschreibt. Dem offenen Sargwagen folgten zwei geschlossene Kutschen und dahinter weitere farbenprächtig gekleidete Männer, die den Weg zu Fuß zurücklegten. Nun kam Bewegung in die am Straßenrand wartenden Menschen, da jeder versuchte, mindestens eine dieser fremdländischen Münzen zu ergattern. Das dadurch entstandene Gedränge brachte den Trauerzug erst einmal zum Stillstand. Nur das Auftauchen von sechs berittenen Soldaten, die mit den Pferdeleibern die Leute wieder an den Straßenrand zurückdrängten, machte eine Weiterfahrt möglich.

Nach einer guten Stunde war das Große Rondell (heutiger Mehringplatz) am Ende der Friedrichstraße erreicht, und die Prozession verließ nur wenig später die Stadt durch das Hallesche Tor. Nun wurden Fackeln entzündet, in deren Feuerschein die Brücke über den langsam dahinfließenden Floßgraben (heutiger Landwehrkanal) überquert wurde. Am anderen Ufer setzte der Trauerzug auf unbefestigten Feldwegen seine Fahrt fort, vorbei am Königlichen Holzmarkt und dem Johannistisch. Nach einer weiteren Stunde, inzwischen hatte es zu regnen begonnen, erreichte der Leichenzug einen kleinen Begräbnisplatz inmitten der Schlächter Hütung, unweit der Hasenheide.

Der Mann, der einmal den auf dem Sarg liegenden Turban getragen hatte und der nun an diesem ungemütlichen Oktobertag zu Grabe getragen wurde, war der ehrwürdige Ali Aziz Efendi, der erste Ständige Außerordentliche und Bevollmächtigte Botschafter der Osmanischen Hohen Pforte am preußischen Königshof. Sein plötzlicher und unerwarteter Tod am Vortag hatte seine Amtszeit in Preußen nach nur eineinhalb Jahren beendet. Nach Angabe des an sein Krankenbett gerufenen Arztes verstarb der osmanische Würdenträger an der »Wassersucht und einem hinzugekommenen Schlagflusse«.

Ali Aziz war im Auftrag seines Sultans Selim III. mit umfangreichem Gefolge nach Preußen gekommen. Nach einer langen und äußerst anstrengenden Reise erreichte die Delegation am 22. Mai 1797 den preußischen Grenzort Slawko. Nach internationaler Übereinkunft gelten für einen Ständigen Botschafter auf Gegenseitigkeit beruhende Vergünstigungen. Das ist bis heute selbstverständlich. Dazu gehörten die Übernahme der Reisekosten für die gesamte Delegation, militärische Begleitung von der Grenze bis zum Bestimmungsort Berlin, angemessene Unterkunft sowie ein vorgeschriebenes Zeremoniell bei der Ankunft des Diplomaten.

Das preußische Ministerium hatte aber durch eine fehlerhafte Meldung des preußischen Gesandten in Konstantinopel, der den hohen diplomatischen Rang Ali Aziz Efendi's verkannt hatte, die Grenzbeamten falsch informiert. Diese gingen nun davon aus, daß es sich bei dem Osmanen nur um einen einfachen Botschafter und um keinen Ständigen Gesandten handelte und verwehrten die ihm eigentlich zustehenden Ansprüche. Ali Aziz weigerte sich seinerseits daraufhin, seine Kutsche zu verlassen, und drohte damit, so lange den Schlagbaum zu blockieren, bis alle ihm zustehenden Ansprüche erfüllt waren. Dieser unerwarteten Standhaftigkeit des Turbanträgers hatten die Grenzposten nicht viel entgegenzusetzen. Nach stundenlangem Palaver sahen die örtlichen Behörden keine andere Möglichkeit, als entgegen der Anordnung des Ministeriums dem Diplomaten doch noch ein militärisches Geleit zur Verfügung zu stellen und die Kosten für Reise und Unterkunft zunächst vorzustrecken.

Die Delegation setzte daraufhin die Reise über Krakau, Breslau, Posen und Frankfurt fort und zog am frühen Nachmittag des 4. Juni 1797 durch das Frankfurter Tor in Berlin ein, wo sie von einer großen Menschenmenge freundlich begrüßt wurde. Der von den Gästen erwartete offizielle Empfang blieb allerdings aus und, noch schlimmer, Ali Aziz mußte feststellen, daß auch keinerlei Vorkehrungen für eine angemessene Unterkunft in Berlin getroffen waren. Die Oberhofmeisterin Sophie Marie Gräfin von Voß, eine hervorragende Chronistin ihrer Zeit, vermerkte dann auch in ihren Memoiren unter dem 5. Juni 1797: »Der türkische Gesandte ist am vierten des Monats eingetroffen, aber noch nicht empfangen worden.«

Nach tagelangem kleinlichen Hin und Her und der Vermittlung des französischen Gesandten in Preußen wurde Ali Aziz doch endlich von Friedrich Wilhelm II. empfangen. Er überreichte dem König das kunstvoll ausgestattete Beglaubigungsschreiben des Sultan Selims III., welches ihn als Minister des Kaiserlichen Divans, als Oberster Finanzinspecteur der asiatischen Reichsteile sowie als Außerordentlichen und Bevollmächtigten Botschafter der Hohen Pforte am preußischen Königshof auswies.

Auch diesen Empfang beschrieb die Gräfin von Voß: »15 Juni. Der türkische Gesandte hatte seine Audienz beim König, er heisst Aziz Effendi. Vorher waren wir beim König zum Dejeuner mit den Schönhausern, und ich fand den König wieder viel wohler. Gegen 12 Uhr also kam der Gesandte in einem Gala-Hofwagen mit 6 Pferden, der Graf R. fuhr mit ihm; hinter diesem wurde ein Paradepferd des Königs geführt, dann kamen noch ein Hofwagen mit 6 Pferden und einige zweispännige Wagen mit seinem Gefolge. Der Graf Podewils führte den Botschafter ein, alle Minister und Generäle standen neben dem Thron im Rittersaal; der König mit dem Hut auf dem Kopf unter dem Thronhimmel, und die Prinzen ihm zur Seite. Der Türke hielt seine Anrede, die der Dolmetscher übersetzte und auf die der Graf Finkenstein antwortete ...«

Ali Aziz übergab anschließend noch Geschenke des Sultans für den König und die übrigen Mitglieder der königlichen Familie. Im Anschluß entschuldigte sich der Monarch, auch im Namen seines Kabinetts, in aller Form bei seinem Gast für die in den vergangenen drei Wochen erlittenen Peinlichkeiten. Von nun an gab es für den osmanischen Gesandten keinen Grund mehr, sich zu beklagen, denn in der Folgezeit wurde das Protokoll überaus genau beachtet. Anfangs war er im Hause des Bauinspektors Leitner in der Behrenstraße untergebracht, später zog er um in das Ephrahim'sche Haus am Schiffbauerdamm.

Vor der Ankunft von Ali Aziz war Berlin schon zweimal von osmanischen Delegationen besucht worden. 1763 traf erstmals eine Abordnung mit dem Diplomaten Ahmed Resmi Efendi an der Spitze ein, die sich fünf Monate in der Stadt aufhielt. Seine noch frischen Eindrücke übermittelte er damals dem Sultan in seinem ersten Gesandtschaftsbericht:»Am Tage unseres Einzugs waren nicht nur die beiden Seiten der Straßen, wodurch wir zogen, sondern auch alle Fenster der drei bis fünf Stock hohen Häuser mit Zuschauern über und über besetzt, und das Gedränge, um das Schauspiel unseres Einzuges zu sehen, war über alle Beschreibungen, sowie das frohe Gesicht und die Ehren, mit denen sie uns bewillkommten und ihre Freundlichkeit und Leutseligkeit an den Tag legten, alle Maßen übersteigt.«

Hatte in der abendländischen Kultur bis dahin der Vers gegolten:»Vor Türken, Pestilenz, und Noth, bewahre uns der Herre Gott!«, entwickelte sich nun eine regelrechte Türkeneuphorie, so daß selbst der preußische König spöttelnd bemerkte:»Datteln essen gehört jetzt zum guten Ton in Berlin, und die Gecken pflanzen sich einen Turban auf's Haupt.«

28 Jahre waren seit diesem Besuch vergangen, als 1791 erneut ein osmanischer Gesandter namens Ahmed Azmi Efendi Preußen besuchte. Der damalige Leibarzt des Königs, der volkstümliche Ernst Ludwig Heim, schrieb darüber am 14. Februar in sein Tagebuch:»Mittags in Stadt Paris gespeißt. Fuhr meine Frau nach Köpenik wo sie die Ehre gehabt, mit dem türkischen Gesandten zu speisen, und neben ihm bei Tische zu sizzen.«

Zurück zu Ali Aziz. Vor 200 Jahren hatte ein Botschafter kaum mehr zu tun, als seinen Souverän und sein Land durch würdiges Auftreten und persönliche Ausstrahlung zu repräsentieren. Er nahm an zahlreichen Festlichkeiten der Berliner höfischen Gesellschaft offensichtlich gern teil, wie wieder einmal Gräfin Sophie Marie von Voß zu berichten weiß:»Abends war Thee und Ball bei Reck in seinem Garten, wo die Königin ebenfalls war. Der Türke unterhielt sich herrlich. Alles amüsierte ihn.«

Ali Aziz Efendi wurde 1748 oder 1749, so ganz genau weiß man es nicht, in Kandia (heute Iraklion) auf Kreta geboren, wo sein Vater der»Thamisçi« Mehmed Efendi das Amt des Defterdars, eines obersten Finanzverwalters bekleidete. Der Titel»Thamisçi« bedeutet eigentlich»Kaffeeröster«, was allerdings nicht besagt, daß er als hoher Beamter zu dieser Zeit noch mit Kaffee zu tun hatte. Möglich ist aber, das er in früheren Jahren am kaiserlichen Hof mit der Auf- und Zubereitung von Kaffee betraut war, einem Amt, das zu dieser Zeit ein hohes Ansehen genoß und ein Sprungbrett in der höfischen Hierarchie sein konnte, da der Titel auf den tagtäglichen, unmittelbaren Kontakt zum Herrscher anspielte.

Als Mehmed Efendi starb, erbte der Sohn ein beträchtliches Vermögen, daß er durch lebensfrohe und leichtsinnige Lebensweise allerdings in recht kurzer Zeit aufgebraucht haben soll. Er verließ Kreta und ging nun nach Konstantinopel, wo er in der kaiserlichen Schützengarde Dienst nahm. Nach einigen Jahren beim Militär wechselte er in die Beamtenlaufbahn und wurde zum Muhassil, d.h. Steuereinnehmer auf der Insel Sakiz (heute Chios) ernannt. Nachdem die Osmanen 1792 Belgrad zurückerobert hatten, übernahm Ali Aziz im Dienst der Hohen Pforte das Amt des Liegenschaftsverwalters. In dieser Position, die er zwei Jahre innehatte, soll er durch seinen Sachverstand und große Gewissenhaftigkeit aufgefallen sein, so daß man ihn anschließend mit einer wichtigen Position im Kaiserlichen Diwan betraute. 1796 erfolgte dann seine Ernennung zum ersten Ständigen Bevollmächtigten Botschafter am preußischen Königshof. Ali Aziz war aber nicht nur ein hoch angesehener Diplomat, sondern auch ein Dichter und Mystiker hohen Ranges. Er hat vor seinem Amtsantritt neben Gedichten auch mindestens zwei literarische Werke geschrieben, die »Varidât« (Intuitionen) und »Muhayyelât« (Phantasien), das als Grundstein der modernen türkischen Literatur gilt. Es wird vermutet, daß dieser Mann noch weitaus mehr geschrieben hat, diese Werke aber verschollen sind, da seine Nachkommen ihren Wert nicht zu schätzen wußten. Ob er auch in Berlin, neben seiner diplomatischen Arbeit, literarisch tätig war, ist nicht bekannt. Erhaltene Briefe belegen aber, daß er sich mehrfach brieflich mit Goethes »Orientberater«, Heinrich Friedrich von Diez (1751-1817), über literarische Themen austauschte.

Als Ali Aziz Efendi unerwartet in Berlin starb, stand man urplötzlich vor einem Problem, da er der erste Muslim war, der entsprechend seinen Glaubensvorschriften beerdigt werden mußte. Die Bestattung auf einem christlichen Friedhof war unmöglich, und eine Entscheidung mußte innerhalb kürzester Zeit getroffen werden, da das Gesetz des Propheten vorschreibt, daß wer des Nachts oder am frühen Morgen stirbt, noch vor Sonnenuntergang begraben sein muß. Tritt der Tod am Nachmittag ein, soll der Leichnam spätestens am folgenden Morgen der Erde übergeben werden.

Auf Befehl des inzwischen regierenden Friedrich Wilhelms III. wurde noch am Todestag des Gesandten ein Grundstück in der damaligen Tempelhofer Feldmark am Schlächtergraben vom Grafen Podewils für 40 preußische Taler erworben und der diplomatischen Vertretung des Osmanischen Reiches als Begräbnisstätte zur Verfügung gestellt. Der König übernahm auch die anfallenden Kosten für den Bau eines Grabgewölbes, in dem der verstorbene Würdenträger beerdigt werden sollte. Dieser Platz befand sich an der heutigen Urbanstraße in Kreuzberg, gegenüber der Einmündung der Geibelstraße.

In den beiden Kutschen, die dem Leichenzug folgten, saßen neben dem Sohn des Verstorbenen der offizielle Dolmetscher und weitere Mitglieder der Gesandtschaft. Kurz bevor der Trauerzug den Begräbnisort erreichte, waren die Arbeiten an der Gruft fertig geworden. Da für die Beerdigungsfeierlichkeit kein Imam zur Verfügung stand, las der Sohn des Verstorbenen die dem Anlaß entsprechenden Gebete aus dem Koran. Dann wurde der in ein schlichtes Leichentuch gehüllte Leichnam ohne Sarg, »mit dem Gesicht nach Morgen, als der Weltgegend hin gerichtet, wo Mecca, der Begräbnißort des Propheten liegt«, der Erde übergeben.

»So wurde am 30. Oktober 1798 Ali Aziz Efendi, Minister des Kaiserlichen Diwan, Oberster Finanzinspecteur der asiatischen Reichsteile, Außerordentlicher und bevollmächtigter Botschafter der Hohen Pforte am Preußischen Königshof, begabter Dichter und bahnbrechender Schriftsteller – vor allem aber vorbildlicher Muslim und Sufi mit einer sich über zwei Jahrhunderte erstreckenden Ausstrahlung zur letzten Ruhe gebettet.« (H. Achmed Schmiede, Übersetzer der »Intuitionen«)

Die dauerhafte Totenruhe wollte sich aber an diesem abseits gelegenen Ort nicht so recht einstellen, da die Gruft immer wieder von Grabräubern, die auf kostbare Grabbeigaben hofften, heimgesucht wurde. Ein Polizeibericht aus dieser Zeit gibt darüber Auskunft: »… einige Bösewichte, die auf Plünderung und Raub ausgingen, das Gitter, welches das Grab des Gesandten umschließt, erbrochen, und am Grabe selbst den Körper auszugraben, und ihm Juwelen und dergleichen, die sie an ihm vorzufinden hofften, zu rauben gesucht. Es soll ihnen letzteres aber nicht einmal ganz gelungen seyn.«

Nur wenige Wochen später, am 31. Oktober 1800, schrieb der Berliner Polizeidirektor Eisenberg eine Meldung an den Königlichen Kabinettsminister Graf von Alversleben: »Zeige ich hiermit untertänigst an, daß die vor dem Halleschen Thore unweit der Hasenheide befindliche und mit einem Stakkat umgebene Grabstätte des ehemaligen türkischen Gesandten heute früh geöffnet gefunden worden. Es ist ein Teil des Stakkats zerbrochen gewesen und von dem Sarge haben einige Muttern, ferner etliche Knochen und der Bart des Verstorbenen um die Grabstätte gelegen.«

Der Kabinettsminister reagierte empört und ungewöhnlich schnell, gleich am nächsten Tag: »Laut Eurer Anzeige vom 31. v. M. haben Wir den frevelhaften Unfug, welcher an der Grabstätte des ehemaligen türkischen Gesandten verübt worden ist, mit gerechtestem Unwillen erfahren. Wir zweifeln nicht, daß Ihr bey der in Stille zu unserer völligen Zufriedenheit verfügten Wiederherstellung des Grabmales auch auf sorgfältige Miteinscharrung des Leichnams werdet bedacht genommen haben; und sehen Eurer ferneren Anzeigen entgegen, wenn Ihr den Tätern und dem Zusammenhang des Frevels näher auf die Spur gekommen seyn werdet.«

Auch der Amtsnachfolger von Ali Aziz, Mehmed Esad Efendi, wurde nach seinem Tod 1804 in der Grabanlage beigesetzt. Da die schlechten Wegverhältnisse häufige Besuche am Grab behinderten und sich bald auch niemand mehr um die Pflege kümmerte, geriet der kleine Begräbnisplatz vor den Toren der Stadt in Vergessenheit. Die hölzerne Einfriedung verfiel und ein mit einer Inschrift aufgestellter Findling verschwand bald unter üppigem Wildwuchs.

Als der Knecht des Ackerbürgers Grunow im Frühjahr 1836 an der Stelle pflügte, brach sein Pferd in das vergessene Grabgewölbe ein. Bei Nachforschungen stieß man auf Reste der gemauerten Gruft und einige schon stark vermoderte Sargbretter. Der anwesende Förster Christoph erinnerte sich gehört zu haben, daß an dieser Stelle einmal zwei Türken begraben wurden. Er fragte beim Ministerium für Auswärtige Angelegenheiten nach und bat um die Namen der dort beigesetzten »Muselmänner« und um Nachricht, was mit dem Grab geschehen soll. König Friedrich Wilhelm III. wurde so über den Vorfall informiert und beauftragte daraufhin den Prinzen Carl, für eine würdevolle Wiederherstellung der Grabstätte zu sorgen.

Dieser wiederum betraute den Oberbaudirektor Karl Friedrich Schinkel und den Conducteur Dreckhoff mit Entwürfen für die zwei Grabsteine. Beide lieferten im August 1837 jeweils zwei Entwurfszeichnungen, die aber, vermutlich aus Kostengründen, nicht zur Ausführung kamen. Der König entschied sich stattdessen für zwei aufrechtstehende Grabsteine aus Marmor mit eingemeißelten Turbanen, dem Zeichen für Männergräber. Darunter in arabischer Schrift Suren aus dem Koran und in französischer Sprache Namen, Titel sowie Geburts- und Sterbedatum. Die Grabstätte wurde außerdem mit einem schmiedeeisernen Gitter umgeben.

In den folgenden Jahren wurden noch drei weitere Mitglieder der osmanischen Vertretung in der Grabanlage beigesetzt, darunter auch der Gesandtschaftssekretär Rahmi Efendi. Über sein Ableben und die Vorbereitungen zur Beerdigung seines Leichnams gibt ein amtlicher Bericht vom 29. August 1839 Auskunft: »Der bisherige Geschäftsträger der ottomanischen Pforte, Rahmi Effendi, etwa 24 Jahre alt, starb gestern Morgen um 7 Uhr, angeblich an einem Brustübel, im Gesandtschaftshause, Wilhelmstraße Nr. 73. Fünf der hier noch anwesenden Muselmänner ließen sich 6 Eimer Wasser in das Sterbezimmer tragen und vollzogen damit selbst, unter Beachtung türkischer Ceremonien, bei verschlossenen Türen die Abwaschung der Leiche und wahrscheinlich auch, dem Geruch nach zu urteilen, eine Balsamierung mit wohlriechenden Ölen. Selbst die im Gefolge der Gesandtschaft befindlichen Armenier durften dabei nicht gegenwärtig sein.

Ein Tischlermeister hatte einen gewöhnlichen Sarg von rohen und unangestrichenen Brettern anfertigen müssen, welcher aber nur zum Transport der

Leiche aus dem Sterbehause bis zum Grabe diente. Dieser Sarg war nicht zu-geschraubt, sondern der Deckel desselben war mit Tüchern und Schals fest-gebunden, und über dem Kopf der Leiche stand die türkische rote Mütze, Feß genannt. Als gestern Abend Punkt acht Uhr der grün dekorierte und mit vier Pferden bespannte Leichenwagen vor dem Sterbehause vorfuhr, trugen die Muselmänner selbst den Sarg aus dem Hause nach dem Leichenwagen und hatten denselben in eine grüne Tuchdecke eingeschlagen. Über den Lei-chenwagen wurde dann ebenfalls eine grüne Tuchdecke gehängt, und nun fuhr derselbe ab. Die Leidtragenden folgten in zwei Kutschen. Während dieser Zeit hatten sich wohl 600 Zuschauer vor dem Sterbehau-se eingefunden. Die meisten folgten dem Zuge durch die Wilhelmstraße, ih-re Zahl vermehrte sich fast jeden Augenblick, so daß am Grabe wohl über 2000 Zuschauer versammelt waren.

Das Grab innerhalb des eisernen Gitters war 6 Fuß lang, 3 Fuß breit und 4 Fuß tief; ein Gärtner hatte dasselbe machen müssen. Nachdem der Lei-chenwagen an dies Grab herangefahren war, trugen nur Muselmänner den Sarg von demselben in das eiserne Gitter. Sie öffneten den Sarg und nahmen den Leichnam, welcher ganz in Leinwand gewickelt und genäht war, heraus. Sodann legten sie denselben in das Grab, mit dem Gesichte nach der Gegend gerichtet, wohin Mekka liegt, und zwar in schräger Richtung, stellten dichte Bretter, welche zum Teil an Ort und Stelle vom Tischler noch angepaßt und zugeschnitten wurden, schräg über denselben, so daß keine Erde auf ihn fallen konnte, ergriffen hierauf selbst die Spaten und warfen das Grab mit Erde zu.«

Ein Polizeibericht bestätigte die hohe Zahl der anwesenden Menschen und wies darauf hin, daß eine »Störung der Ruhe und des Anstandes in keiner Art bemerkt« wurde.

In unmittelbarer Nähe des ersten türkischen Friedhofs in Berlin war 1863 mit dem Neubau der Kaserne des Kaiser-Franz-Garde-Grenadier-Regiments Nr. 2 begonnen worden. Da auch ein zum Exerzieren ausreichend großer Ka-sernenhof angelegt werden sollte, diesem aber der Begräbnisplatz im Wege stand, dachte man über eine Verlegung des Friedhofs nach. Das Kriegsmini-sterium wandte sich deshalb an die türkische Gesandtschaft mit der Bitte um einen Grundstückstausch. Als nach diplomatischen Gesprächen in der Türkei auch der Sultan, wie er betonte, im Sinn der traditionellen osmanisch-preußi-schen Freundschaft sein Einverständnis signalisierte, kaufte Kaiser Wilhelm I. als Ersatz ein gleichgroßes Grundstück vom Grafen Podewils in der nahen Hasenheide, am heutigen Columbiadamm, direkt neben dem Dennewitz-Friedhof. Dieses Grundstück wurde dem osmanischen Reich geschenkt.

Der alte Begräbnisplatz wurde in den folgenden Monaten aufgelöst und die sterblichen Überreste der dort Bestatteten auf den heutigen Türkischen Fried-hof umgebettet. An der erneuten Beisetzungsfeier am 29. Dezember 1866 nahm neben dem türkischen Gesandten auch eine Abordnung des Kriegsministeriums vom Goldenen Horn teil. Am Ende der Rede des Gesandten hieß es:»Mit Dankbarkeit hebe ich hervor, daß während dieser langen und oft bewegten Zeit die Bevölkerung der königlichen Residenzstadt, sowie es einem großen civilisierten Volke geziemt, stets den mohammedanischen Gräbern die gebührende Achtung und Ehre erwiesen hat und nun widmet Seine Majestät der König Wilhelm I. in seinem Edelsinn und seinem Wohlwollen den Dahingeschiedenen eine schöne irdische Ruhestätte. Bald wird auf Befehl Seiner Majestät des Sultans Abdul-Aziz ein entsprechendes Monument errichtet. Vereinigen wir uns meine Herren im Geiste zum Gebet: daß auch der himmlische König ferner diesen Todten jenen Frieden verleihen möge, nach welchem sich ihre Seele sehnt.«

Der neue Friedhof wurde von einer Mauer aus Klinkersteinen umgeben und erhielt ein von dem Baumeister Gustav Voigtel im maurischen Stil entworfenes Eingangstor. Außerdem entwarf Voigtel eine zweifarbige, acht Meter hohe obeliskartige Grabsäule mit in der March'schen Tonwarenfabrik ausgeführten Terrakotta-Verzierungen. Diese Säule, einst in der Sichtachse zum nicht mehr bestehenden Eingangstor, bildet noch heute den Mittelpunkt der Friedhofsanlage. Grüne Tontafeln zeigen in vergoldeten arabischen Schriftzügen die Namen der fünf überführten Toten.

Erst 25 Jahre später fand die nächste Beisetzung statt, als 1891 Sleman bin Said aus Sansibar im Alter von nur 20 Jahren an Herzschlag, aber wohl auch an Kälte und Einsamkeit in seiner Steglitzer Wohnung verstarb. Er war zwei Jahre zuvor als Lektor für Suaheli an das neu gegründete Seminar für Orientalische Sprachen berufen worden.

In den Jahren nach dem Ersten Weltkrieg nahm die Zahl der Bestatteten stark zu. Lebten um 1900 knapp 300 Türken in der Stadt, so waren es 1917 bereits 2046, so daß erstmals an eine Geländeerweiterung gedacht wurde. Die Grabsteine aus dieser Zeit zeigen, daß hier nicht nur Türken begraben wurden, sondern auch Araber, Perser, Afghanen und Tataren, so daß sich aus dem einstigen»Türken-Friedhof« im weiteren Sinne ein islamischer Friedhof entwickelte, so wie es heute vor dem Friedhofseingang an der Bushaltestelle steht.

Am 19. November 1919 wurde der Vorsitzende der ägyptischen Nationalpartei, Muhammad Farid, beigesetzt, der mit der Hoffnung nach Berlin gekommen war, daß der Sieg der Mittelmächte im Ersten Weltkrieg seinem Volk die Befreiung bringen würde. Auch der Tunesier Muhammad Bas Hanba, der ein Jahr später begraben wurde, teilte diese Illusion. Er wurde 48 Jahre später auf Veranlassung des damaligen tunesischen Präsidenten Habib Bourguiba 1968 in seine Heimat überführt.

Der Tod dreier osmanischer Politiker erregte in Berlin großes Aufsehen. Am 15. März 1921 fiel der ehemalige Großwesir Mehmet Talat einem Attentat zum Opfer, und ein Jahr später wurden auch seine Gesinnungsgenossen Bahaettin Sakir und Cemal Azmi erschossen. Die Täter waren Armenier, die mit den Morden den Genozid an ihrem Volk rächen wollten.

An einer mysteriösen Gasvergiftung verstarben am 27. Oktober 1922 Azzam Sah Muhammad Sah und Yunus Abd al-Wahhab. Beide waren Delegierte der Handelskommission des Obersten Volkswirtschaftsrates der Bucharischen Volks-Räte-Republik in Deutschland. Ihre beiden nebeneinander stehenden schwarzen Grabsteine ließ ihr Nachfolger Yusuf Mukimbaev errichten.

1924 verstarb der Imam der Osmanischen Botschaft, Hafiz Sükrü. 1911 hatte er sein Amt angetreten und war seither auch für den Friedhof verantwortlich. Einen großen Teil aller hier Bestatteten hat er auf ihrem letzten Weg begleitet. An seiner Seite ruht seine deutsche Ehefrau Nuriha Sükrü, geborene Schulz. Zwei Inschriften zieren den Grabstein des beliebten Imams: »Hier ruht in festem Glauben an Gott mein lieber Mann, Obergeistlicher der Türkischen Botschaft und Gründer des Mohammedanischen Friedhofs« und die türkische Inschrift: »Er hat in seiner Eigenschaft als ehemaliger Imam der Osmanischen Botschaft diesen Friedhof erweitert und erneuert«.

Nach dem Zweiten Weltkrieg wandelte sich das Erscheinungsbild des Friedhofs. Mit dem Zuzug zahlreicher »Gastarbeiter«, die seit Beginn der sechziger Jahre in die Bundesrepublik kamen, wurde der Platz knapp. Ein neues Gräberfeld auf dem benachbarten Garnisonfriedhof wurde eingerichtet, was aber bei weitem nicht ausreichte. Bis heute lassen sich rund 90 Prozent der in Deutschland lebenden Türken nach ihrem Tod in die Türkei überführen, da hier der islamische Ritus nicht vollständig eingehalten werden kann. Die 10 Prozent in Deutschland bestatteter Muslime werden auf kommunalen Friedhöfen, meist auf separaten Grabfeldern, beigesetzt. Die Bestattung unterliegt dort den Bestimmungen des kommunalen Friedhofsrechts und der Satzung des jeweiligen Friedhofs, die zum Teil im Widerspruch zu den islamischen Riten und Gestaltungtraditionen stehen. Das vorgeschriebene ewige Ruherecht, das zum Beispiel auf jüdischen Friedhöfen selbstverständlich ist, wird nicht gewährt. Eine Anlage islamischer Begräbnisplätze ist bis heute nicht möglich, da ihre Glaubensgemeinschaft nicht als Körperschaft des öffentlichen Rechts anerkannt ist.

In den achtziger Jahren entstand in Eigenleistung der türkischen Gemeinde eine kleine Moschee. Von dieser ist heute nichts mehr zu sehen, sie wurde 1999 abgetragen, um Platz zu schaffen für einen erheblich größeren, aber auch schöneren Neubau, dessen Grundsteinlegung am 10. September 1999 gefeiert wurde. Im Jahr 2002 soll die Moschee, deren große Kuppel noch von zwei 28 Meter hohen Minaretten überragt wird, eingeweiht werden. Für deutsche Friedhofsbesucher ist immer wieder ungewöhnlich, daß auf dem Friedhof, angrenzend an die Moschee, neben einer Teestube und einem Einkaufsladen auch ein Friseur seine Dienste anbietet. Der Neubau der Moschee forderte allerdings auch seinen Preis. Um Platz zu schaffen, verschwanden in den letzten Jahren mehr als die Hälfte aller Grabstätten – und das, obwohl die ewige Ruhe für Muslime wichtig ist, denn »im festen Glauben an die Auferstehung ist der Tote als Person auch noch im Grab gegenwärtig. Er kann nur nicht mehr aktiv sein, aber die Gebete erreichen ihn«.

So hat Berlin nicht nur einen Buddhatempel in Frohnau, einen russischen Friedhof in Tegel, sondern auch einen türkischen Friedhof, der lange Zeit der einzige Begräbnisplatz für Muslime in Mitteleuropa war. Eingerahmt vom Flughafen Tempelhof und dem Garnisonfriedhof, begrenzt durch den Columbiadamm, ist er türkisches Hoheitsgebiet.

Zur Erinnerung an Ali Aziz Efendi und an den ersten muslimischen Begräbnisort wurde an der Urbanstraße, auf dem Gelände der Carl-von-Ossietzky-Oberschule, 1995 ein Gedenkstein aufgestellt.

Das geplante Ende
Gemeinsamer Selbstmord am Kleinen Wannsee

»Gestorben. Am 21sten November 1811 erschoß in der Machnowschen Haide nahe an der Berliner-Chaussee, Bernd Heinrich Wilhelm von Kleist die Ehefrau des General-Rendanten der Chur-Märkischen Land-Feuer-Societät und Landschafts-Buchhalters H. Friedrich Ludwig Vogel, Adolfine Sophie Henriette geb: Keber, alt 31 Jahr, und dann sich selbst in seinem 34sten Jahre. Beide sind auf der Stelle, wo der Mord und Selbstmord geschah, in zwei Särge gelegt und in ein Grab gelegt worden. o tempora! o mores!!«

Dieser Eintrag des Pfarrers Dreising in das Stahnsdorf-Machnower Kirchenbuch ist der Schlußpunkt einer Tragödie, in deren letzten Akt zwei seelenverwandte Menschen freiwillig diese Welt verließen. Das Echo, das der gemeinsame Selbstmord auslöste, setzte sich noch lange in Wellen fort und blieb nicht nur auf Deutschland begrenzt. Auch das französische »Journal de l' Empire« und die Londoner »Times« berichteten in mehreren Artikeln ausführlich über das Geschehen am Wannsee. Dieses Interesse an seiner Person hätte sich Heinrich von Kleist wohl zu Lebzeiten gewünscht.

Sein Lebenslauf, den er selbst einmal als »verwickelte Begebenheit« bezeichnete, beginnt mit einem unklaren Geburtsdatum. Laut Kirchenbuch und Taufzeugnis ist er am 18. Oktober 1777, um 1 Uhr in der Nacht, auf diese Welt gekommen, nach eigener Aussage soll die Geburt aber bereits am 10. Oktober gewesen sein. Der Sprößling einer alten märkischen Adelsfamilie, deren Stammbaum lückenlos bis ins Jahr 1477 zurückreicht und die siebzehn preußische Generäle und Generalfeldmarschälle hervorgebracht hatte, verbrachte die Jugend in seinem Geburtsort Frankfurt an der Oder.

Sein Vater, der die standesübliche Armee-Laufbahn eingeschlagen hatte und es dort bis zum Bataillonschef brachte, war zweimal verheiratet. Die erste Ehefrau, Karoline Louise von Wulffen, brachte zwei Mädchen, Wilhelmine und Ulrike, zur Welt und verstarb bei der letzten Geburt. Seine zweite Frau, die aus niederlausitzischem Adel stammende Juliane Ulrike von Pannwitz, schenkte ihm fünf Kinder, drei Mädchen und zwei Söhne. In der Reihenfolge der Geburt waren das Friederike, Auguste, Heinrich, Leopold und Juliane. Die Jugendjahre im Kreis der Geschwister sollen für Kleist eine schöne und unbeschwerte Zeit gewesen sein.

Da der Besuch einer öffentlichen Schule als nicht standesgemäß galt, wurden die Kinder in den ersten Jahren durch einen Hauslehrer unterrichtet. Im Alter von elf Jahren wurde Heinrich zur weiteren Erziehung nach Berlin geschickt, wo er in der Privatpension des französisch-reformierten Predigers Samuel Heinrich Catel lebte und von diesem auch unterrichtet wurde. Der frühe und plötzliche Tod des Vaters, der die Familie in finanzielle Schwierigkeiten brachte, beendete aber bereits nach sechs Monaten seinen Berliner Aufenthalt.

Im Juni 1792, drei Wochen vor seiner Konfirmation, trat der Vierzehnjährige auf Vermittlung der Familie in das Potsdamer Garderegiment ein. Nur wenige Monate später, der Junge verbrachte gerade seinen ersten Heimaturlaub in Frankfurt, starb die Mutter »nach einem achttägigem Krankenlager«.

»Sieben unwiederbringlich verlorene Jahre«, so lautete sein eigenes Fazit, als er ein Jahr vor der Jahrhundertwende den ungeliebten Militärdienst quittierte, um sich nun seiner Bildung zu widmen. Am 10. April 1799 wurde Kleist in der philosophischen Fakultät der Universität Frankfurt immatrikuliert und begann mit großem Eifer das Studium. Parallel nahm er noch Privatunterricht, um seine unzureichenden Lateinkenntnisse zu verbessern. Eine wichtige Voraussetzung für das Studium, da Vorlesungen ausschließlich in lateinischer Sprache gehalten wurden. Nach drei Semestern kehrte er der Frankfurter Universität fluchtartig den Rücken. Vermutlich gab es für sein überstürztes Verhalten mehrere Gründe. Er war für die Universität zu alt und seine Vorbildung nicht ausreichend. Er wäre dadurch gezwungen gewesen, sein Studium generale aufzugeben, um einen berufsqualifizierenden Studiengang wie die Jurisprudenz oder Kameralwissenschaft einzuschlagen, wozu er absolut keine Lust hatte. Ausschlaggebend für seinen Entschluß wird aber letztlich seine inoffizielle Verlobung mit Wilhelmine Charlotte von Zenge gewesen sein.

Wilhelmine von Zenge war die älteste Tochter eines Generalmajors, der das in Frankfurt stationierte Infanterieregiment befehligte. Die Verlobung fand im Stillen statt, da die Eltern ihre Zustimmung nur unter der Bedingung gaben, daß die beiden mit einer Heirat so lange warten, bis Kleist ein Amt übernommen habe, das eine junge Familie ernähren konnte. Bald nach seiner Flucht aus Frankfurt begann er zu reisen und bemühte sich nebenher, wenn auch nur halbherzig, um ein Amt. Die Briefe aus dieser Zeit sind Zeugnisse verzweifelter Orientierungslosigkeit. Seiner Verlobten gegenüber machte er mehrfach geheimnisvolle Andeutungen über ihre gemeinsame Zukunft. Kurze Zeit später, oft schon im nächsten Brief, hatte er bereits alle Planungen wieder verworfen.

1801 reiste er gemeinsam mit seiner Schwester Ulrike über Dresden nach Paris. Hatte er zuvor von Paris in höchsten Tönen geschwärmt, wußte er bald nach seiner Ankunft nur eines, daß er hierher nicht wollte. Er widmete sich in der ungeliebten Stadt naturwissenschaftlichen Studien, besuchte unregelmäßig Vorlesungen und nahm etwas Griechischunterricht. Als bald darauf der wissenschaftliche Eifer erlahmte, teilte er seiner Verlobten mit:»Die Wissenschaften habe ich ganz aufgegeben.« Nun rückte die bildende Kunst in den Mittelpunkt seines Interesses und wie von unsichtbarer Macht getrieben hetzte er innerhalb kürzester Zeit durch alle Museen und Kunstsammlungen der Stadt. Aber auch diese Euphorie verflog bald und in einem weiteren Schreiben an Wilhelmine schwärmte er plötzlich:»Ich will ein Bauer werden.« An seinem 24. Geburtstag und der damit verbundenen Volljährigkeit konnte er über ein kleines Vermögen frei verfügen. Er nahm sich vor, dieses Geld für den Ankauf eines kleinen landwirtschaftlichen Guts in der Schweiz einzusetzen.

Auf dem Rückweg von Paris trennte er sich von der Schwester, die nach Frankfurt an der Oder zurückkreiste, während er sich auf den Weg in die Schweiz machte, um seinen neuen Traum in die Tat umzusetzen. Kleist vertiefte sich in Berge landwirtschaftlicher Fachliteratur und sah sich nach einem geeigneten Bauernhof um. Es dauerte aber nicht lange, bis er diese Idee verwerfen mußte, da die politische Lage in der Schweiz explosiv wurde. Es drohte ein Bürgerkrieg, und es gab begründete Befürchtungen einer französischen Okkupation. So beschloß er, die politische Entwicklung erst einmal abzuwarten, und mietete sich eine kleine Insel inmitten der Aare mit einem »wohleingerichteten Häuschen«. Hier, von der Außenwelt weitgehend abgeschlossen, widmete er sich ausschließlich der Dichtung und arbeitete an der bereits begonnenen »Familie Schroffenstein«.

Bald war seine Finanzlage wieder angespannt, denn Paris hatte weit mehr Geld verschlungen, als er eingeplant hatte. Die Familie, in den vergangenen Jahren häufig mit Bittbriefen bedacht, reagierte auf erneute Hilferufe um finanzielle Unterstützung mit alten Vorwürfen und dem Ratschlag, doch umgehend in die Heimat zurückzukehren, um sich endlich ernsthaft um ein Amt zu bemühen. Auch seine Verlobte machte ihm in mehreren Briefen deutlich, daß sie überhaupt nicht daran dächte, ihm in seine vermeintliche Idylle zu folgen. In einem sehr unfreundlichen Antwortschreiben löste Kleist daraufhin die Verlobung. So endete das als merkwürdig und lieblos beschriebene Verlobungsverhältnis zu Wilhelmine von Zenge nach zwei Jahren.

1802 erschien die »Familie Schroffenstein«, Kleists erste Publikation, anonym, was damals bei Erstlingswerken nicht selten vorkam. Die Kritik war durchweg positiv, ein Rezensent lobte das Werk sogar als »Wiege des Genies«. Von diesem Anfangserfolg beflügelt begann er sofort mit einem neuen Schauspiel »Robert Guiskard«, das er in einer späteren Krise verbrennen sollte. Er lernte in Bern den Sohn des Dichters Christoph Martin Wieland kennen, mit dem er im November nach Deutschland zurückkehrte. Kleist mietete sich in Weimar für zwei Monate eine ausgesprochen ärmliche Behausung und arbeitete an dem begonnenen Schauspiel weiter. Als er wenig später dem alten Wieland, der in der Nähe von Weimar auf seinem Gut Oßmannstedt lebte, vorgestellt wurde und dieser von seinem Sohn erfuhr, unter welch schlechten Bedingungen der Freund lebte, bot er Kleist an, die restliche Zeit seines Aufenthalts bei ihm auf dem Gut zu wohnen. Kleist nahm das Angebot dankend und begeistert an. Nach drei Monaten verließ er dann völlig überstürzt das Gut, um nach Dresden weiterzureisen. Später hieß es, er sei der noch nicht vierzehnjährigen Luise, der »sehr hübschen Tochter« Wielands, etwas zu nahe gekommen.

Nach einigen Monaten Aufenthalt in Dresden kehrte er ruhelos in die Schweiz zurück, um wenig später in das von ihm so wenig geliebte Paris weiterzureisen. In dieser Zeit verlieren sich mehrfach Kleists Spuren, bis er 1804 völlig mittellos in Berlin auftauchte. Als die Familie seiner erneuten Bitte um weitere finanzielle Unterstützung nicht nachkam, meldete sich Kleist bei Karl Leopold von Köckeritz, dem Generaladjutanten des Königs, im Schloß Charlottenburg. Er fragte bei Köckeritz nach, ob es Sinn mache, den König brieflich um eine Anstellung im Staatsdienst zu bitten. »Es wird Ihnen nichts helfen. Der König hat eine vorgefaßte Meinung gegen Sie; ich zweifle daß Sie sie ihm benehmen werden. Versuchen Sie es und schreiben Sie an ihn.« Trotz dieser nicht ermutigenden Einschätzung richtete Kleist an Friedrich Wilhelm III. ein entsprechendes Gesuch, das wider Erwarten Erfolg brachte. Kleist wurde zum Januar 1805 im Finanzdepartement angestellt und einige Monate darauf, zur weiteren Ausbildung, auf ein Jahr an die Kriegs- und Domänenkammer nach Königsberg geschickt.

Anfangs widmete er sich eifrig und beflissen seiner neuen Tätigkeit, doch bald schwand sein Interesse. Er simulierte erfolgreich eine rheumatische Erkrankung und erhielt daraufhin einen sechsmonatigen Erholungsurlaub. Seinem Freund Rühle gestand er, daß die vermeintliche Krankheit nur ein Vorwand sei, »um mich sanfter aus der Affaire zu ziehen. Ich will mich jetzt durch meine dramatischen Arbeiten ernähren«.

In der Folgezeit arbeitete er am »Zerbrochenen Krug« und dem »Amphitryon«. Nach der vernichtenden Niederlage Preußens in der Doppelschlacht bei Jena und Auerstedt überschlugen sich die politischen Ereignisse. Kleist wollte unbedingt in dieser Zeit nach Dresden und machte sich mit Freunden zu Fuß auf den Weg. Unterwegs wurden sie unter Spionageverdacht von den Franzosen festgenommen und nach Frankreich in Gefangenschaft gebracht. Nach sechsmonatiger Haft, inzwischen war es zum Frieden von Tilsit zwischen Frankreich und Preußen gekommen, erfolgte ihre Freilassung und die nun mögliche Weiterreise nach Dresden.

Obwohl Kleist permanent unter Geldnot litt, wurde er 1808 Mitbegründer des »Phöbus«, einem Journal für die Kunst, mit Sitz in Dresden. Im Januar erschien die erste Ausgabe in ungefähr 150 Exemplaren. Goethe hielt den »Phöbus« für »Phébus« (Schwulst), eine Auffassung, der sich auch andere Leser anschlossen und so nach drei Monaten das Blatt in eine ernste Finanzkrise stürzten. Nach nur sechs Monaten mußten die Herausgeber aufgeben und verkauften den bankrotten Verlag an einen Dresdner Buchhändler.

Im »Phöbus« veröffentlichte Kleist die Entwürfe zu seinen Erzählungen »Die Marquise von O.« und »Michael Kohlhaas«. In dieser Zeit hatte der »Zerbrochene Krug« in Weimar seine Uraufführung. Das Publikum war nicht begeistert, und das Lustspiel wurde mit sofortiger Wirkung abgesetzt. Kleist hatte das Debakel »zum Glück« persönlich nicht miterlebt (er sah überhaupt keines seiner Stücke je auf einer Bühne).

Es zog ihn nun nach Österreich, wo er sich die Aufführung seiner Schauspiele erhoffte und vergeblich auf die militärische Wende gegen Napoleon wartete. Während eines Aufenthalts in Prag verschlechterte sich sein Gesundheitszustand dermaßen, daß er monatelang im Kloster der Barmherzigen Brüder gepflegt werden mußte.

Anfang 1810 war Kleist wieder in Berlin. Kurz zuvor hatte er an den Tübinger Verleger Cotta das Manuskript seines »Käthchen von Heilbronn« geschickt, mit der Bitte um einen Honorarvorschuß, egal in welcher Höhe, nur schnell sollte er kommen. Cotta war nicht interessiert, schickte somit auch kein Geld. Kleist bezog nun eine winzige Wohnung in der Mauerstraße 53, die sein letztes Domizil werden sollte. Seine Finanznot muß in diesen Monaten unerträglich gewesen sein. Er verbrachte, da er sich kein Heizmaterial leisten konnte, die meiste Zeit im Bett und arbeitete an verschiedenen Manuskripten. Er schrieb eine Ode als Huldigung zum Geburtstag der Königin Luise, für die er als Dank eine kleine monatliche Zuwendung erhielt. Eine seiner Cousinen arbeitete als Kammerdame der Königin und hatte diese auf den armen Dichter aufmerksam gemacht. Sein Pech war allerdings der frühe Tod Luises, der auch diese bescheidene Einnahmequelle versiegen ließ.

Gemeinsam mit seinem Freund Adam Müller und dem ehemaligen Kriminalrat und Verleger Julius Eduard Hitzig begründete Kleist die »Berliner Abendblätter«. Die sechsmal wöchentlich erscheinende Zeitung hatte einen Umfang von nur vier Seiten und glich eher einem »journalistischen Gemischtwarenladen« als einer Tageszeitung. Für einen überraschenden Anfangserfolg sorgte die Rubrik »Polizei-Rapport«, wo in Auszügen aus den täglichen Berichten des Berliner Polizeipräsidenten Gruner zitiert wurde. Die aktuelle Berichterstattung über Brandstifter, Einbrecher und Mordtaten fasziniierte offensichtlich die Leserschaft. Mit dieser völlig neuen Idee war der Boulevardjournalismus in Berlin geboren.

Auf Grund amtlicher Hintertreibungen mußte nach zwei Monaten die beliebte Berichterstattung über die Polizeiarbeit eingestellt werden. Mit dieser Entscheidung war der Reiz der »Abendblätter« bei den Lesern schnell dahin, was alsbald zu Auflagenrückgang und etwas später zum Rückzug des Verlegers Hitzig führte. Zwar gelang es Kleist mit Friedrich August Kuhn einen neuen Verleger zu finden, als aber der Redaktion auch noch verboten wurde, kritische Artikel über Hardenbergs politische Reformen zu verbreiten, war der Zeitung der Boden entzogen. Am 30. März 1811 erschien die letzte Ausgabe der »Berliner Abendblätter«.

Eigenes und geliehenes Geld war nun verloren – Kleist war endgültig bankrott. Er sandte einen Bittbrief an den König, in dem er um »Anstellung im Civildienst« oder ein »Wartegeld« nachfragte, erhielt aber keine Antwort. Einige seiner besten Freunde hatten Berlin verlassen. Es wurde einsam um Kleist. Ein Treffen mit den Geschwistern, Anfang November 1811 in Frankfurt, muß verheerend gewesen sein. Spätestens nach diesem Familientreffen hatte Kleist vermutlich beschlossen, freiwillig aus dem Leben zu scheiden.

Offenbar stand zu diesem Zeitpunkt auch schon fest, daß er diesen Schritt nicht allein zu unternehmen gedachte. Beleg dafür ist ein Abschiedsbrief, an Marie von Kleist adressiert, am 9. November geschrieben, aber vermutlich nicht abgeschickt:»Du bist die Allereinzige auf Erden, die ich jenseits wieder zu sehen wünsche (...) Ich habe dich während deiner Anwesenheit in Berlin gegen eine andere Freundin vertauscht; aber wenn dich das trösten kann, nicht gegen eine, die mit mir leben, sondern, die im Gefühl, daß ich ihr eben so wenig treu sein würde, wie dir, mit mir sterben will.«

Diese andere Freundin, deren Namen er in diesem Brief verschwieg, war die einunddreißigjährige Henriette Sophie Adolphine Vogel geb. Keber. Beide kannten sich seit dem Frühjahr 1810, wo sie sich über Kleists Freund Adam Müller anläßlich einer Kindstaufe kennengelernt hatten. Henriette war die Ehefrau des Feuerversicherungsbeamten Louis Vogel, mit dem sie eine neunjährige Tochter hatte. Die Ehe der beiden war gefühlsmäßig schon seit längerer Zeit erkaltet. Henriette wußte, daß sie unheilbar an Gebärmutterkrebs erkrankt war und der verbleibende Rest ihres Lebens mit viel Leid und großen Schmerzen verbunden sein dürfte.

Einige Zeiträume und Ereignisse in dem kurzen Dichterleben des Heinrich von Kleist blieben trotz intensiver Forschungen verborgen oder unklar. Ganz anders ist es mit den letzten Tagen seines Lebens, die lückenlos belegt sind durch Briefe, Befragungen, Dokumente und Protokolle. Die Vorbereitungen für den Abschied von dieser Welt begannen am Donnerstag, dem 20. November 1811, mit dem Verfassen einiger Abschiedsbriefe, die sie anschließend in der Vogelschen Wohnung hinterlegten. So schrieb Henriette Vogel an die Freunde Adam und Sophie Müller in Berlin: »Doch wie dies alles zugegangen, / Erzähl ich euch zur andren Zeit, / Dazu bin ich zu eilig heut. [Goethe] Lebt wohl denn! Ihr, meine lieben Freunde, und erinnert Euch in Freud und Leid der zwei wunderlichen Menschen, die bald ihre große Entdeckungsreise antreten werden. Henriette.«

Einen weiteren Brief hinterließ sie ihrem Ehemann: »Mein teurer geliebter Louis! Nicht länger kann ich mehr das Leben ertragen, denn es legt sich mir mit eisern Banden an mein Herz – nenne es Krankheit, Schwäche, oder wie Du es sonst magst, ich weiß es nicht zu nennen – nur so viel weiß ich zu sagen, daß ich meinem Tode als dem größten Glück entgegensehe (…) Kleist, der mein treuer Gefährte im Tode, wie er im Leben war, sein will, wird meine Überkunft besorgen und sich alsdann selbst erschießen. (…) Nun mein teurer Louis, tausendmal küsse ich Dich, meine Pauline und den geliebten Vater noch zum Abschied, meine guten Wünsche mögen Euch alle begleiten (…) Die Großmut meines Freundes, womit er alles und sogar sein eigenes Leben für mich aufopfert, was aber noch weit mehr, als alles dies sagen will, die Zusicherung, mich selbst, nach meinem Wunsch zu töten, die derselbe mir gegeben, macht, daß ich nichts sehnlicher wünsche, als daß er nun auch im Tode nicht von mir getrennt werde. – Du mein werter Louis wirst mir diese meine letzte Bitte gewiß nicht abschlagen, und die Gefühle der heiligsten Liebe ehren.«

Gegen Mittag machten sich beide mit einer gemieteten Kutsche auf die Fahrt zum Wannsee und erreichten zwischen zwei und drei Uhr das Gasthaus zum »Neuen Krug«. Bei ihrer Ankunft wurden sie von der Wirtsfrau Friederike Stimming empfangen. Ihrer Bitte entsprechend erhielten sie zwei nebeneinanderliegende Zimmer im oberen Stockwerk. Henriette Vogel zeigte sich erfreut über die schöne Aussicht und erkundigte sich, ob es die Möglichkeit gäbe, mit einem Boot auf die andere Uferseite des Kleinen Wannsee zu fahren. Da es kein Boot gab, beschrieb Frau Stimming den kurzen Fußweg über die Wilhelms-Brücke zur gegenüberliegenden Seeseite. Die Wirtin wurde gebeten, noch zwei weitere Betten vorzubereiten, da noch Freunde am nächsten Tag erwartet würden. Nach den später von der Polizei angefertigten Protokollen erschienen Kleist und Vogel wenig später in der Gaststube und bestellten Kaffee. Anschließend unternahmen beide einen einstündigen Spaziergang über die Wilhelms-Brücke zum anderen Ufer des Sees. Nach ihrer Rückkehr bestellten sie Abendessen und sollen sich nach Aussage des jungen Mädchens, das sie bediente, angeregt unterhalten haben. Nach dem Essen erbaten sie vier Kerzen und Schreibzeug und zogen sich dann auf ihre Zimmer zurück.

Noch spät in der Nacht hörte der Wirt sie oben hin- und hergehen, und auch der Hausknecht, der vom Hof aus das Haus bewachte, sah die beiden

Gäste bei Kerzenschein die ganze Nacht über in Bewegung. Zwei oder drei Flaschen Wein und eine Flasche Rum hatten sie von Berlin mitgebracht, die sie nun tranken, während sie ihre letzten Verfügungen niederschrieben. Henriette Vogel schrieb dabei nochmals an ihren Mann: »Einige Bitten und Vorschläge habe ich Dir mein treuer Vogel noch zu machen, welche Du gewiß bei Deiner anerkannten Milde einsehen wirst. (…) Schulden habe ich nicht (…) auch habe ich zu mehrerer Sicherheit mir noch von allen Leuten, mit denen ich mich erinnere je in Rechnung gestanden zu haben, Quittungen (…) geben lassen, auch Dörte und die Treblin haben nichts zu fordern. (…) Nun mein guter vortrefflicher Vogel, die letzte Bitte welche ich Dir vorzutragen habe. − Trenne Kleist ja nicht von mir im Tode, und mache doch die Auslagen seines gehörig anständigen Begräbnisses, zu deren Wiedererstattung schon Verfügungen von seiner Seite getroffen sind.

Jetzt sage ich Dir und allem, was mir teuer war, auf Erden noch einmal Lebewohl. − Gott gebe seinen Segen zu unserem vorhandenen Entschluß, und erhalte Dich gesund, und mache Dich noch so glücklich mit meiner teuren Pauline, als es Menschen hier auf Erden werden können.«

Am frühen Morgen des 21. November, gegen vier Uhr, betrat Henriette die Küche des Gasthauses und bestellte Kaffee bei der kleinen Feilenhauer. Diese brachte ihn wenig später nach oben und bemerkte dabei, daß »die fremde Dame (…) noch in derselben Kleidung, wie sie angekommen war. (..) als ich aber um 7 Uhr zum zweitenmal Kaffee brachte, hatte sie sich anders angekleidet, und ich mußte ihr auf Verlangen beim Schnüren hülfreiche Hand leisten.«

Am späten Vormittag bezahlten sie die Rechnung und tranken die ihnen angebotene Bouillon. Kleist erkundigte sich nach einem Boten, der einen Brief nach Berlin besorgen könnte. Als es dem Wirt nach einiger Zeit gelungen war, einen Boten aufzutreiben, übergab Kleist ihm einen Brief an den Kriegsrat Ernst Friedrich Peguilhen, der neben anderem gebeten wurde, die spätere Beerdigung zu veranlassen. Kleist schrieb noch einen Vermerk auf den Umschlag »Der Bote bekömmt noch 12 gr. Courant!« Als der Mann sich auf den Weg machte, »zogen sich die beiden Herrschaften wieder auf ihre Zimmer zurück.«

Kleist schrieb nun noch einige Zeilen an seine Schwester Ulrike: »Ich kann nicht sterben, ohne mich, zufrieden und heiter wie ich bin, mit der ganzen Welt, und somit auch, vor allen anderen, meine teuerste Ulrike, mit Dir versöhnt zu haben. Laß sie mich, die strenge Äußerung, die in dem Briefe an die Kleisten enthalten ist, laß sie mich zurücknehmen; wirklich, Du hast an mir getan, ich sage nicht, was in Kräften einer Schwester, sondern in Kräften eines Menschen stand, um mich zu retten; die Wahrheit ist, daß mir auf Erden nicht zu helfen war. Und nun lebe wohl; möge Dir der Himmel einen Tod schenken, nur halb an Freude und unaussprechlicher Heiterkeit dem meinigen gleich: das ist der herzlichste und innigste Wunsch, den ich für Dich aufzubringen weiß. Stimmings bei Potsdam, d. am Morgen meines Todes, Dein Heinrich.«

Gegen zwei Uhr nachmittags erschienen die beiden Gäste wieder unten und gingen längere Zeit vor dem Hause auf und ab. Der Wirt trat vor die Tür und sie wechselten einige belanglose Sätze. Später kamen beide in die Küche, wo die Wirtin am Herd stand. Kleist sagte zu ihr, daß die beiden am Vortag erwähnten Freunde für den Abend erwartet würden. Dann fragte Henriette, ob es möglich sei, den Kaffee an dieser schönen Stelle am anderen Seeufer serviert zu bekommen. Auf den Einwand der Wirtin es sei doch Winter und viel zu kalt und der Weg außerdem so lang, erwiderte Kleist, daß er die Mühe gern zusätzlich bezahlen würde. Als Frau Stimming letztlich zustimmte, bestellte er noch »für acht Groschen Rum« dazu.

Beide machten sich nun auf den Weg zu dem hoch über dem Wasser liegenden Platz am anderen Seeufer. Als nach einiger Zeit die Frau des Tagelöhners Riebisch Kaffee und Rum auf einem Tablett servierte, fragte Henriette, ob sie nicht auch einen Tisch und zwei Stühle bringen könnte. Da Henriette auf den Einwand: »Aber der Kaffee wird ja vorher kalt!« nicht einging, blieb Frau Riebisch keine andere Wahl, als den langen Weg wieder zurückzugehen, um einige Minuten später mit Hilfe ihres Mannes einen Tisch und zwei Stühle zu bringen. Wie die späteren Polizeiprotokolle zeigen, war es aber nicht der letzte Weg, den die Frau zurücklegen mußte, da Kleist noch nach einem Bleistift und der Rechnung für den Kaffee verlangte. Mit dem Geld und dem Geschirr kehrte sie abschließend wieder zur Wirtschaft zurück. Vom Wasser aus begannen erste Nebelschwaden aufzusteigen, als Frau Riebisch wieder die Wilhelms-Brücke erreicht hatte. In diesem Moment durchbrach ein Schuß die Stille, dem wenig später noch ein zweiter folgte. Da sie dachte, daß ein Jäger dafür verantwortlich sei, kehrte sie in den »Krug« zurück.

Als sie vor Einbruch der Dunkelheit nochmals zu der Stelle zurückkehrte, um Tisch und Stühle zu holen, machte sie eine furchtbare Entdeckung: »…als ich die Dame (…) leichenblaß auf dem Rücken liegend erblickte. (…) Auf das heftigste erschreckt, rannte ich sogleich, ohne (…) weiter hinzublicken, nach meinem Hause.« Dort angekommen, berichtete sie ihrem Mann und später auch dem Gastwirt, was sich ereignet hatte. Stimmings und Riebisch machten sich daraufhin gemeinsam auf den Weg zur anderen Seeseite. Der Tagelöhner berichtete später der Polizei: »Ich kam zuerst auf den Berg und sah die beiden Fremden in der dort befindlichen Grube sitzen, die Dame hinten über, auf dem Rücken liegend, die Mannsperson aber mit dem Unterkörper etwas eingesunken, und mit dem Kopf neben der rechten Lende der Dame auf dem Wall der Grube. Seine Hände lagen auf seinen Knien, und ein kleines Pistol zu seinen Füßen, in der Grube. Ein großes Pistol lag auf dem Rand der Grube, zu seiner linken Hand, und ein drittes kleines Pistol auf dem Tisch

(…) Noch muß ich bemerken, daß die Hände der Dame über ihrem Leib ausgestreckt, hart aneinander lagen. Ich richtete die Mannsperson auf, damit dieselbe in dieser Stellung nicht steif werden, und dadurch die Grablegung erschweren möchte …«.

Der Wirt veranlaßte, daß zwei Wächter bei den Toten blieben, damit diese nicht von Fremden berührt oder beraubt wurden. Danach schickte er einen Boten ins Polizeidirektorium nach Potsdam, der den Vorfall dort melden sollte. Es war gegen 18 Uhr, als eine Kutsche aus Berlin kommend vor dem »Neuen Krug« hielt. Henriettes Ehemann Louis Vogel und sein Freund, der Kriegsrat Peguilhen, hatten die Abschiedsbriefe erhalten und sich unverzüglich auf den Weg nach Wannsee gemacht. Sie erfuhren nun, daß Kleist und Henriette Vogel ihre Ankündigung wahrgemacht hatten. Der Ehemann sah sich außerstande, die beiden Leichen anzusehen. Da die Polizei vermutlich erst am nächsten Tag eintreffen würde, übernachteten beide, wie von Kleist am Vortag angekündigt, im »Neuen Krug«.

Am nächsten Morgen, es war Freitag, der 22. November, konnte sich Vogel noch immer nicht entschließen, den Ort, an dem die Toten noch unverändert lagen, zu besuchen. Er bat deshalb Peguilhen, dorthin zu gehen und ihm eine Locke seiner Frau mitzubringen. Als dieser bei dem Hügel ankam, veranlaßte er, daß die beiden aufgestellten Wächter schon mit dem Ausheben zweier Gräber beginnen sollten, damit sofort nach Freigabe durch die Polizei die Leichen dem Wunsch der Verstorbenen entsprechend beigesetzt werden konnten. Wieder zurück im »Neuen Krug«, übergab er Vogel die gewünschte Haarlocke, verbunden mit dem Rat, er solle mit der Kutsche nach Berlin zurückfahren. Louis Vogel ließ sich nicht lange bitten, nahm den Rat des Freundes dankend an und Peguilhen blieb allein zurück, um die Ankunft der Polizei abzuwarten. Am Nachmittag trafen endlich die Vertreter der Polizei, der Hoffiscal Felgentreu und der Stadtgerichts-Referendar Mevius sowie Chirurgus forensis Greiff mit dem Teltowschen Kreis-Physikus Dr. Sternemann in Wannsee ein. Zuerst wurde der Tatort mit den beiden Leichen in Augenschein genommen und anschließend, wieder im »Krug«, die anwesenden Zeugen verhört und ihre Aussagen zu Protokoll genommen.

Unmittelbar nach der Besichtigung durch die Vertreter der Polizei begannen die Mediziner mit ihrer Arbeit. Zuerst wurde Kleists Leichnam in ein neben dem Gasthaus stehendes, halb verfallenes Bauernhaus gebracht, um dann bei Kerzenschein die Obduktion durchzuführen und die dazugehörigen Berichte anzufertigen. Darin heißt es: »Diese Obduction begann nun mit der männlichen Leiche (…) Denatus [der Verstorbene] wurde sogleich ganz entkleidet, und zuvor genau besichtigt, wobei sich folgendes ergab. (…) Der Mund war fest geschlossen, beide Reihen guter Zähne waren unverletzt, auch die Zunge, nur mit der größten Gewalt eines eisernen Hebels konnte die

Kinnbacke von einander gebracht werden, um den Schlund untersuchen zu können, in welchen wir nichts vom Schusse weiter gewahr wurden, aber am hintersten Theile des Veli palatini hinter der Uvula, konnte man mit dem Finger eine kleine Knochen-Rauhigkeit und Vertiefung fühlen, in welchen das 3/4 Loth schwere Stückchen Bley eingedrungen ist.« Der Kreisphysikus Dr. Sternemann und der Chirurgus forensis Greiff öffneten nun den Körper und befanden alles für normal: »Nur die Leber war widernatürlich groß, der Lobus minor ging über den Magen herüber, die Substanz derselben war widernatürlich fest und ließ sich nur mit Mühe zerschneiden, wobey viel schwarzes Bluth herausfloß. Vorzüglich groß war auch die Gallenblase, sie enthielt viel verdikte Galle. (…) Nach abgesägter Galea capitis sahen wir den ganzen Hirnschädel, aus- und inwändig unverletzt. (..) Was die Substanz des Gehirns anbetrift, so fanden wir solche viel fester wie gewöhnlich, doch ohne Verhärtungen, beim Zerschneiden des Gehirns, welches nur schichtweise geschah, fanden wir am globo dextro des Gehirns ohngefähr 4 Linien tief in der Substantia medulari, ein unförmliches Stückchen Bley 3/4 Loth an Gewicht; (…) Aus der mit Vorsicht angestellten Obduction und Besichtigung als auch aus denen eruirten Nebenumständen ergiebt sich ganz evident: daß der Denatus von Kleist die geladene Pistole im Munde angesetzt, und sich selbst damit getödtet habe, von der zu schwachen Ladung ist das 3/4 Loth wiegende Stückchen Bley im Gehirn stecken geblieben.« Der Bericht der »mit Vorsicht angestellten Obduction« verschweigt, daß beim Öffnen des Kleistschen Schädels die Säge zerbrach. Mit preußischer Genauigkeit taucht sie in der Rechnung des Chirurgus forensis Greiff an das Preußische Kammergericht unter Punkt »d.« auf. »Reparatur der Instrumente 1 Reichstaler 12 Groschen«.

Als Kleists Leichnam wieder »kunstmäßig« geschlossen war, wurde er dem wartenden Peguilhen übergeben, der ihn in den bereitstehenden Sarg legen ließ und diesen »sofort zur Erde bestattete«. Die Mediziner gönnten sich im Wirtshaus eine Pause, bevor sie mit der Obduktion von Henriette Vogel begannen. Im späteren Bericht heißt es: »Ihr Alter wurde auf 34 Jahre angegeben (sie war erst 31), das Gesicht war von Pockennarben marquirt. Sie hatte blaue Augen, bräunliches Haar, eine blendende weisse Haut, starcke Brüste, ausser denen im ersten Bericht angegebene Kleidungsstücke, feine baumwollne Strümpfe, feines Hemde, schwarze Corduane-Schuhe mit schwarzen Bande, um den Fuß gebunden, und blau seidene Strumpfbänder angethan; ihr Körper war proportionirlich groß und stark, auch war sie mit Unterbein-Kleider versehn (…) und hatte sehr feine Leibwäsche. (…) Noch in angekleidetem Zustand der Denatae fanden wir unter der lincken Brust ein mit Schieß-Pulver gebranntes rundes Loch, der hineingebrachte Finger des Physikus drang bis in die Brusthöhle.« Nach Öffnung des Leibes befanden die beiden Mediziner auch hier alles »im Normal-Zustande«. Abschließend heißt es im

Obduktionsbericht: »Wegen der am denato v. Kleist zerbrochenen Kopf-Säge konnten wir das Cavum cranii hier nicht besichtigen, auch war es nicht durchaus nothwendig, da Causa Mortis hinlänglich ausgemittelt worden, eine fehlerhafte Organisation im Gehirn ließ sich darum nicht supponiren, weil Denata überall viel Geistes-Cultur verrieth. Es constiret demnach aus diesem Viso reperto, daß denata Vogeln an einem unheilbaren Mutter-Krebs gelitten, und aus Furcht für einen langsam sehr schweren Tod, sich diesen leichten Tod gewählt hat.«

Es war gegen zehn Uhr nachts, als auch Henriette in ihren Sarg gelegt wurde. Einige Tagelöhner aus der näheren Umgebung trugen ihn über die Wilhelms-Brücke und dann den steil aufwärts führenden Weg auf die Anhöhe hinauf. Wenig später wurde die Freundin an der Seite des Dichters im Schein mehrerer Laternen begraben. Aus einer Rechnung des Stahnsdorfer Pfarrers Johann Gottlob Dreising geht hervor, das neben dem Prediger auch der Küster anwesend war. Merkwürdig ist, daß für Kleists Beerdigung ein Betrag von 5 Reichstalern und 6 Groschen in Rechnung gestellt wurde, für Henriette Vogel aber nur 2 Reichtaler und 21 Groschen. Die ausführlichen Befragungen durch die Polizei erstreckten sich bis tief in die Nacht. »Da bereits Mitternacht verflossen und die übrigen Personen zu ihrer Vernehmung nicht sistiert werden können, so ist die Verhandlung hiermit geschlossen. Gez. Felgentreu.«

Am 26. November 1811 waren in der Spenerschen Zeitung zwei Todesanzeigen zu lesen: »Mit dem schmerzhaftesten Gefühl mache ich allen meinen Freunden und Verwandten das am 21. November 1811 erfolgte Ableben meiner innigstgeliebten Gattin, Adolphine Henriette geborene Keber, hiermit bekannt. Ihr Tod war rein, wie ihr Leben. Von der Bürde dieses krankhaften Lebens niedergedrückt, ging sie dem Tode nach ihren eigenen mir schriftlich hinterlassenen Worten: Weine oder traure nicht – denn ich sterbe einen Tod, wie sich wohl wenige Sterbliche erfreuen können, gestorben zu sein, da ich von der innigsten Liebe begleitet, die irdische Glückseligkeit mit der ewigen vertausche. (...) Fr. Louis Vogel«

»Adolphine Vogel geborene Keber und Heinrich von Kleist haben am 21. November gemeinschaftlich diese Welt verlassen, aus reinem Verlangen nach einer bessern. Beide hinterlassen Freunde und Freundinnen, und dazu gehören nicht bloß diejenigen, welche so glücklich waren, mit ihnen zu leben, sondern die verwandten Geister aller Jahrhunderte; der Vergangenheit, der Gegenwart und der Zukunft. (...) Peguilhen, als Vollstrecker des letzten Willens der beiden Verewigten.«

So makaber es auch klingen mag, der Tod Heinrich von Kleists, war sein größter Erfolg. Plötzlich, wie nach einem dröhnenden Paukenschlag, waren die Menschen aufgerüttelt, die Nachricht von dem gemeinsamen Freitod hatte sich nicht nur in Berlin wie ein Lauffeuer verbreitet. In einem Ablagekorb der Staatskanzlei zu Berlin ruhte seit dem 19. September unbeantwortet Kleists Darlehensgesuch um zwanzig Louisdor, das er damals in größter finanzieller Not an den Staatskanzler Hardenberg gerichtet hatte. Bereits einen Tag nach seinem Tod wurde eine Aktennotiz angeheftet:»H. v. Kleist bittet um ein Privatdarlehen von 20 St. Fr. d'or. Zu den Acten, da der p. v. Kleist 21. 11. 11 nicht mehr lebt. Berlin, den 22. Nbr. 11. Hardenberg.« Bis ins königliche Schloß war die Erregung über den Vorfall gedrungen. Einen Tag nach Erscheinen der beiden Todesanzeigen beschwerte sich Friedrich Wilhelm III. in einem Brief an Hardenberg:»Ich habe mit großem Missfallen in dem gestrigen Blatte der Voßischen Zeitung die öffentliche Anpreisung eines in der vorigen Woche begangenen vereinten Mordes und Selbstmordes gelesen. Wenn es jedem, dessen sittliches Gefühl erstorben ist, freystehen soll, seine verkehrten Ansichten in Blättern, die in jedermanns Hände kommen, laut und mit anmaßender Verachtung Besserdenkender zu predigen; so werden alle Bemühungen, Religiosität und Sittlichkeit im Volke neu zu beleben, vergebens seyn (…) und ich trage Ihnen deshalb auf, diese Meine Gesinnung gehörigen Ortes zu eröfnen und aufs nachdrücklichste einzuschärfen, damit überhaupt bei der Aufsicht auf die öffentlichen Blätter, der Missbrauch derselben zur Verbreitung der Immoralität aufs sorgfältigste verhütet werde; auch will ich, daß der Censor einen ernstlichen Verweis empfange …«

Nach dieser königlichen Drohung wurde der Ton der Berichterstattung in den Zeitungen schärfer, wie der Artikel»Öffentliche Seeligsprechung und Vergötterung des Mordes und Selbstmordes in Deutschland« von F.C. Weisser aus dem Verlagshaus Cotta deutlich macht, in dem dieser Kleist als»Karfunkelpoet, einer der berüchtigsten Jünger der berüchtigten romantisch-mystischen Schule« bezeichnet, der seinen Namen»mit großer Unehre« geführt.

Kleists Familie hatte in keiner Zeitung eine Todesanzeige veröffentlicht und sich auch später nicht um das Grab des»schwarzen Schafes der Familie« gekümmert. Auch Louis Vogel, der bereits im Mai 1812 die Witwe Eberhardi heiratete, hat an ihrem Grab keinen Gedenkstein für seine Frau errichten lassen. So blieben zwei karge Grabhügel zurück, die ab und an von der Tochter des Gastwirts Stimming mit frischen Blumen bepflanzt wurden. Vergessen wurde das Grab aber nicht, denn viele, die auf dem Weg nach Potsdam waren, machten einen kleinen Umweg zu der Stelle, von der man einst einen wunderschönen Blick über den Wannsee bis hin nach Spandau hatte. So schrieb auch Ernst Moritz Arndt in seinen Erinnerungen über seinen Besuch im Oktober 1814. Ich »wanderte auf die Residenzstadt Potsdam und hielt auf halbem Wege nach Berlin an der Stelle, wo ganz hart an der Heerstraße ein Busen des großen Havelmeeres anspült, in einem ganz stattlichen Gasthause mein Mittagessen. Dies war die Stelle, wo der genialische Heinrich von Kleist, den ich im Winter 1809, während meines Inkognito in Berlin oft mit

Freuden gesehen hatte, sich unten am See mit einer älteren Dame durch einen gegenseitigen Schuß entleibte. Ich ließ mir den Fleck zeigen, wo sie gefallen waren; die Bäume standen ruhig da, das Gras wuchs saftig und grün, sogar einige Stengelchen Quendel konnte ich mir noch pflücken.«

Eine Anmerkung muß hier erlaubt sein: die »ältere Dame« war 31 Jahre alt und somit drei Jahre jünger als Heinrich von Kleist.

Auch Ferdinand Grimm besuchte mehrfach das Grab und schrieb in einem undatierten Brief an seine Brüder: »Wenn ich an seinem verwitterten Grabhügel vorbeigehe, so tut er mir allemal leid, der Arme, den schändliche Verwandtenbehandlung dahin brachte, mit dem Herzen voll rechter Vaterlandsliebe; er soll nicht schön gewesen sein.«

In den folgenden Jahren verschwanden die Grabhügel nach und nach unter Büschen und jungen Bäumen, so daß man schon länger suchen mußte, um sie noch zu entdecken. 37 Jahre nach dem Tod der beiden hier Bestatteten suchte auch Eduard von Bülow, der 1848 »Heinrich von Kleist's Leben und Briefe« herausgab, die Stätte auf und war über deren Zustand entsetzt: »Diese Gleichgültigkeit gegen eine so bedeutungsvolle Stelle schien mir Deutschlands unwürdig zu sein, da der unglückliche Dichter mit seinen Dichtungen und seinen Verdiensten die deutsche Poesie den Irrtum seines Todes gewiß zur Genüge aufgewogen hat.«

Diese Ansicht drückte er auch in einem ausführlichen Artikel in der Berliner »Allgemeinen Zeitung« aus und rief gleichzeitig zu einer Sammlung für einen würdigen Grabstein auf. Der Aufruf fand bei vielen Kleist-Verehrern große Zustimmung, und es kamen innerhalb weniger Wochen ausreichend Spenden für einen unbehauenen Granitwürfel zusammen, der Kleists Namen sowie sein Geburts- und Sterbedatum trug. Henriette Vogel blieb auf dem Grabstein allerdings unerwähnt. Was den Kleist-Verehrern bei der feierlichen Aufstellung des Grabsteins nicht auffiel, war das falsch angegebene Geburtsdatum. Bei dem Tag hatte man sich vermutlich bewußt für Kleists eigene Angabe, den 10. Oktober, entschieden und nicht für das im Kirchenbuch angegebene Datum 18. Oktober. Das Geburtsjahr auf dem Stein zeigte 1776, obwohl der Dichter erst 1777 geboren wurde.

Dreizehn Jahre später war der Zustand der Grabstätte abermals unwürdig und verwahrlost. 1861 organisierte daraufhin der Arzt und Schriftsteller Max Ring gemeinsam mit dem Schauspieler Dawison in Dresden eine szenische Lesung des »Prinz von Homburg«, um mit dem Erlös dieser Veranstaltung das Grab herzurichten. Im Beisein des sächsischen Thronfolgerpaares war die Lesung ausgesprochen erfolgreich. Es kamen mehr als einhundert Taler zusammen, um das Grab (niemand sprach mehr von den Gräbern) mit einer eisernen Umfriedung zu umgeben. Außerdem wurde zusätzlich ein zweiter, kleinerer Grabstein aufgestellt. Neben dem Namen, Geburts- und Sterbedatum standen die von Max Ring gedichteten Verse: »Er lebte sang und litt / in trüber schwerer Zeit, / er suchte hier den Tod /und fand Unsterblichkeit. Matt. 6 V. 12.« Da in den vergangenen Jahren offensichtlich niemandem das falsche Sterbejahr aufgefallen war, wurde es auf dem zweiten Stein einfach übernommen.

Mit den Jahren war die ehrwürdige Stätte abermals arg verwildert, so daß 1885 die Kleistsche Familienstiftung versprach, sich ihrer anzunehmen. Dieser gute Vorsatz wurde dann aber doch nicht umgesetzt. Erst zum hundertsten Todestag des Dichters, am 21. November 1911, legte die Familie, die ihn einst als das »ganz nichtsnutzige Glied der menschlichen Gesellschaft, das keiner Teilnahme mehr wert« beschimpfte, an seinem Grab einen Kranz nieder. Auf der Kranzschleife stand nun zu lesen: »Dem Besten ihres Geschlechts«.

Anläßlich der Olympiade 1936 in Berlin sollte den ausländischen Besuchern des nationalsozialistischen Deutschlands ein gepflegtes Dichtergrab gezeigt werden. Eine neue schmiedeeiserne Umfriedung wurde errichtet, der Bülow'sche Stein durch einen anderen ersetzt, diesmal mit der Geburtstagsangabe aus dem Kirchenbuch und dem richtigen Sterbejahr. Der zweite, kleinere Grabstein wurde entfernt, aber die Verse von Max Ring auf den neuen Stein übernommen. Es war den Verantwortlichen vermutlich nicht aufgefallen, daß deren Autor Jude war.

Zum 130. Todestag des Dichters, im Jahr 1941, veranlaßte das Propagandaministerium eine erneute Umgestaltung der Grabstätte. Die Verse des jüdischen Dichters Ring wurden nun entfernt und durch eine Zeile aus dem »Prinz von Homburg« ersetzt: »Nun o Unsterblichkeit bist du ganz mein.« Bei dieser Erneuerung entschied man sich dann auch wieder für das falsche Geburtsdatum.

In den fünfziger Jahren wurde die Jahreszahl korrigiert, und so blieb es bis zum Anfang der sechziger Jahre. Wieder einmal sollte die Grabstätte eine Auffrischung erfahren, und ein Steinmetz erhielt den Auftrag, den von Kleist angegebenen Geburtstag durch den »offiziellen« zu ersetzen. Gleichzeitig wurde das stark verrostete Gitter samt Sockel entfernt und der Grabstein, der besseren Sicht wegen, um 90 Grad gedreht.

Mehrfach haben in den vergangenen Jahren zahlreiche Bürger gefordert, an dieser Stelle auch Henriette Vogels sichtbar zu gedenken, bisher allerdings ohne Erfolg. Den einzigen Hinweis auf die Kleist-Freundin findet der Besucher, wenn er vom S-Bahnhof Wannsee, in Richtung Bismarckstraße gehend, nach dem Überqueren der Potsdamer Chaussee auf eine Bronzetafel achtet, die sich linkerhand am Bahnbrückenviadukt befindet.

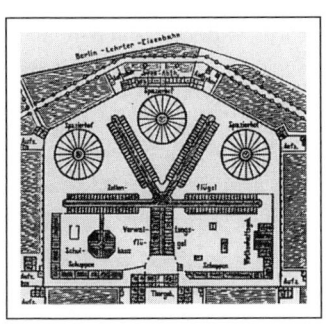

DREI HÄUSER, EINE MAUER UND EIN FRIEDHOF
Aus der Geschichte einer preußischen Anstalt

Als Friedrich Wilhelm IV. 1840 König von Preußen wurde, war er ein Herrscher mit Visionen. Geprägt durch die Romantik, verstand er sein Amt als Mittelpunkt aller christlich-ständischer Traditionen und Reformbestrebungen. Nur wenige Monate nach seiner Thronbesteigung leitete er als ersten Schritt eine Gefängnisreform ein. Seiner Vorstellung nach waren »kriminelle Elemente« nur unter unnachgiebigen Haftbedingungen von ihrer »Krankheit« zu heilen. Die theoretischen Grundlagen für einen neuen Strafvollzug lieferte ihm der Hamburger Armenarzt Dr. Nikolaus Heinrich Julius, der als »Vater der europäischen Gefängniskunde« galt. Dem Wunsch des Monarchen entsprechend sollte außerhalb der Berliner Stadtmauer ein erstes preußisches Mustergefängnis erbaut werden, dem, wenn es sich bewährte, weitere folgen sollten.

Der für den Bau ausgewählte Architekt, der Schinkel-Schüler Carl Ferdinand Busse, wurde nun gemeinsam mit Dr. Julius auf Reisen geschickt, um im Ausland neu errichtete Gefängnisse zu besichtigen. Alle ihm vorteilhaft erscheinenden Neuerungen sollte Busse bei seinen späteren Bauplänen berücksichtigen. Nach dem Besuch diverser Anstalten, führte eine ihrer letzten Reisen die beiden nach London, wo einige Monate zuvor, im Vorort Pentonville, ein neues Gefängnis eingeweiht worden war. Der Bau war nach dem sogenannten panoptischen System errichtet, was bedeutet, daß von einem runden, mit einer Kuppel versehenen Zentralbau fünf Zellenbauten sternförmig abzweigen. Der Vorteil dieses Bautyps war die personalsparende Überwachung der Anstalt. Von den Fenstern der Kuppel aus konnte ein Beamter die gesamten Außenmauern aller Zellentrakte beobachten, um eventuelle Fluchtversuche zu vereiteln. Auch im Inneren reichte ein Wächter in jeder Etage aus, um von einem Podest in der Mitte des Zentralbaus, alle abzweigenden Flure und deren Zellentüren im Auge zu behalten.

Ferdinand Busse war von dem, was er in Pentonville sah, so begeistert, daß er nach seiner Rückkehr den König davon überzeugte, eine Kopie dieser englischen Strafanstalt vor den Toren Berlins nachzubauen und nur die Fassaden architektonisch zu verändern. Mit Kabinettsorder vom 26. März 1842 an den Minister des Inneren ordnete der König, wie von Busse empfohlen, den Bau an. Darin heißt es: »Was nun die einzelnen in Vorschlag gebrachten Bauten betrifft, so will ich, daß eine Strafanstalt hier in Berlin ganz übereinstimmend mit den Einrichtungen des Mustergefängnisses in London, mithin auch rücksichtlich der Zellengröße, des Ventilationssystems, der Wasserleitung, der Water-closets, Spazierhöfe, der Kapelle und der Korridore erbaut und solche auf 520 Köpfe eingerichtet werde ...« Als Standort für das zu errichtende Mustergefängnis bestimmte Friedrich Wilhelm, nach Gesprächen mit Peter Josef Lenné und Friedrich Schinkel, das Gelände der ehemaligen Königlichen Pulverfabrik, die 1839 nach Spandau verlegt worden war, da es zuvor in Moabit mehrfach zu Unfällen kam. Die Bauarbeiten in der heutigen Lehrter Straße, nah der Kreuzung mit der Invalidenstraße, begannen 1844 und erstreckten sich über einen Zeitraum von fünf Jahren.

Dr. Julius hatte inzwischen sein Anstaltskonzept für die »Besserung« von Straftätern entwickelt. Anfangs hatte er sich am sogenannten »Scheidesystem«, wie es im amerikanischen Zuchthaus von Auburn bei New York praktiziert wurde, orientiert. Dort lebten alle Gefangenen in Einzelhaft, arbeiteten tagsüber aber gemeinsam bei strengem Sprechverbot, was die Entwicklung von sozialen Beziehungen zwischen den Gefangenen verhindern sollte. Bei einer längeren Studienreise in die USA stellte Julius aber fest, daß die Idee in der Praxis nicht durchführbar war. Er besuchte daraufhin noch einen weiteren Gefängnisneubau in Philadelphia, wo man die totale Isolation der Gefangenen praktizierte. Dort durften die Gefangenen über die Einzelhaft hinaus untereinander, auch bei der Arbeit, keinerlei Gesprächs- oder Blickkontakt haben. Wieder zurück in Europa, setzte Julius dieses Prinzip der Isolation praktisch um. Die Gefangenen in Einzelzellen unterzubringen, war das geringste Problem. Schwieriger wurde es aber dadurch, daß der Gefangene während der Haft selbstverständlich hart arbeiten sollte und außerdem eine allmorgendliche Andacht, an den Sonntagen Gottesdienst und für alle Straftäter auch regelmäßiger Schulbesuch vorgesehen war. Der Moabiter Gefangene mußte, wenn er seine Einzelzelle verließ, eine maskenähnliche Mütze tragen. Die Mütze war mit einem langen und breiten Schirm versehen, der heruntergeklappt das Gesichtsfeld des Trägers verdeckte, der nun weder nach vorn noch zur Seite blicken konnte. Das einzige, was er so noch sah, war ein kleines Stück des Bodens vor seinen Füßen. So konnte er sich bewegen und auch Treppen begehen, ohne sich dabei der Gefahr des Stolperns auszusetzen. Für die Kirche und die Schulräume waren nach den Vorstellungen von Dr. Julius spezielle Kabinenstühle gebaut worden. Diese waren an den Seiten, oben und hinten mit Holz verkleidet. Wie in einer nach vorne offenen Holzkiste saß der Häftling darin und konnte nur geradeaus, zum Lehrer oder Pfarrer, blicken. Die Reihen der einzelnen Kabinenstühle waren hintereinander aufsteigend, wie in einem Amphitheater angeordnet. Hatte der Gefangene Platz genommen, durfte er die Mütze vom Kopf nehmen.

Drei der zwischen den sternförmig angeordneten Zellenbauten liegenden Höfe wurden zum Hofgang der Insassen genutzt. Um auch dabei die Isolation zu gewährleisten, wurden in der Anfangszeit die Gefangenen, die auch hier ihre Mützen tragen mußten, aneinandergekettet. Immer rechtes Bein an rechtes Bein, dazwischen eine drei Meter lange Kette. Im Gleichschritt mußte so die dreieckige Hoffläche abgeschritten werden, wobei die Kette straff zu halten war und nie den Boden berühren durfte. Passierte das dennoch, waren unangenehme Strafen die Folge. Aus dieser Zeit hat sich ein Begriff in unseren Sprachgebrauch eingeschlichen, von dem kaum einer weiß, woher er stammt. Hatten wir einen hektischen, konfliktreichen Arbeitstag, so erzählen wir vielleicht am Abend: »Was bin ich heute wieder im Dreieck gesprungen«, ein Bild, das sich von diesem Hofgang ableitet.

Da es trotz starker Überwachung dennoch immer wieder zu geflüsterten Gesprächen kam, wurden nach einigen Jahren »Einzelspazierhöfe« angelegt. Das waren kreisrunde, von einer Mauer umgebene Hof-Flächen, die wie eine Torte in 20 Stücke unterteilt waren. Jedes einzelne dieser Stückchen war durch Mauern abgetrennt. In der Mitte des Kreises stand ein kleiner Turm, von dem aus ein Wärter alle Kreissegmente übersehen konnte. Der Aufenthalt der Gefangenen in diesen winzigen Höfen betrug 15 Minuten am Tag.

Als 1856 eine Zunahme der Fälle von Selbstmord und Wahnsinn zu verzeichnen waren, übergab man das Direktorium Johann Hinrich Wichern (1808-1881), einem Schüler von Nikolaus Heinrich Julius. Dieser hatte bis dahin das »Rauhe Haus« in Hamburg, eine Erziehungsanstalt für Arbeiterkinder, geleitet. Das gesamte bisherige Personal wurde nun ausgetauscht und durch Angehörige seiner Bruderschaft ersetzt. Die Isolationshaft der Gefangenen wurde noch konsequenter als zuvor durchgeführt. Jegliche Kommunikation war nun verboten, »es sei denn mit gesitteten Menschen«. Nach sechs Jahren unerbitterlicher Härte durch die »rauhen Brüder« regte sich Widerstand bei der Mehrheit der Abgeordneten des Preußischen Landtages, die diese Haftbedingungen als unmenschlich ansahen und eine weitere Ausbildung von Brüdern des »Rauhen Hauses« ablehnten und somit Wicherns Reformversuch als gescheitert betrachteten.

Einer der Gefangenen aus dieser Zeit, der die beschriebenen Haftbedingungen in diesem preußischen Mustergefängnis erlebte, war Wilhelm Voigt, der spätere »Hauptmann von Köpenick«. Er war als Siebzehnjähriger wegen Fälschung von Postanweisungen zu zwölf Jahren Gefängnis verurteilt worden. Ab 1866 verbüßte er die ersten drei Jahre seiner Strafe in Moabiter Einzelhaft, wo er auch seine Ausbildung zum Schuhmacher absolvierte. In seinem später verfaßten Buch »Wie ich zum Hauptmann von Köpenick wurde« berichtete er ausführlich über den erlittenen Gefängnisalltag. Voigt war heilfroh, als er nach drei Jahren in das Gefängnis Sonnenburg in der Nähe von Frankfurt an der Oder verlegt wurde, wo die Haftbedingungen etwas humaner waren.

Gegen Ende des Jahrhunderts setzte sich endgültig die Meinung durch, daß diese unmenschlichen Vollzugsbedingungen keine Besserungen im Verhalten von Kriminellen gebracht hatten und auch die Rückfallquote unverändert hoch blieb. Dafür hatte in den zurückliegenden Jahren die Anzahl von Selbsttötungen und Selbstmordversuchen im Gefängnis ungewöhnlich stark zugenommen. Diese gewonnenen Erkenntnisse führten zu einer Lockerung der Haftbedingungen. So entfiel nun das Tragen der maskenähnlichen Mützen, und die Kabinenstühle in Schule und Kirche wurden ebenso wie die Einzelspazierhöfe aufgegeben. Auch Verwandte durften nun häufiger die Inhaftierten besuchen, monatlich 15 Minuten.

Zwischen 1866 und 1878 fanden im Zellengefängnis auch Hinrichtungen statt, darunter die des arbeitslosen Schreiners Max Hödel. Dieser hatte am 11. Mai 1878 ein Attentat auf Kaiser Wilhelm I. verübt. Hödel gab auf den einundachtzigjährigen Monarchen drei Schüsse ab, als dieser während seiner täglichen Ausfahrt in offener Kutsche die Straße Unter den Linden entlangfuhr. An seiner Seite saß an diesem Vormittag seine Tochter, die Großherzogin von Baden, als aus der Richtung der russischen Botschaft plötzlich die Schüsse fielen, die aber sämtlich ihr Ziel verfehlten. Der Attentäter wurde noch am Tatort festgenommen. Bei Hödel, der später von Zeugen als politischer Wirrkopf beschrieben wurde, fand die Polizei die Tatwaffe, einen Revolver und einige Mitgliedsausweise sozialdemokratischer Vereine. Ohne ordentlichen Gerichtsprozeß wurde der Attentäter einige Wochen später in Moabit mit dem Handbeil geköpft. In den darauffolgenden Jahrzehnten fanden Hinrichtungen nur noch im Gefängnis Plötzensee statt.

Schon bald nach der Machtübernahme durch die Nationalsozialisten veränderte sich die Belegungsstruktur der Berliner Gefängnisse. Seit 1940 wurden in der Lehrter Straße eine Reihe von Gebäuden dem allgemeinen Strafvollzug entzogen. Ein kompletter Gebäudeflügel wurde der Wehrmacht unterstellt, die dort ein eigenes Untersuchungsgefängnis betrieb. Ein weiterer Gebäudeteil diente ab 1941 als Gestapo-Kerker, da der Platz in den berüchtigten Kellern der Hauptstelle der Gestapo, in der Prinz-Albrecht-Straße, schon zu diesem Zeitpunkt nicht mehr ausreichte. Neben vielen anderen Oppositionellen gehörte der Sänger und Schauspieler Ernst Busch zu den hier unter schlimmsten Bedingungen Eingekerkerten. Ihm warfen die Nazis »Vorbereitung zum Hochverrat« vor, da er durch seine »Gesangsvorträge den Kommunismus in Europa verbreitet habe«. Busch, einst Spanien-Kämpfer auf republikanischer Seite, hatte Glück, daß sich Gustaf Gründgens als Fürsprecher tatkräftig für ihn einsetzte und ihm auch auf seine Kosten gute Verteidiger besorgte, die ihn vor einem noch schlimmeren Schicksal bewahrten. Die Anwälte erreichten ein für damalige Verhältnisse geringes Urteil von vier Jahren Haft, die er im Zuchthaus Brandenburg absaß, wo ihn und die anderen Gefangenen am 27. April 1945 sowjetische Soldaten befreiten. Eine lebenslang bleibende Erinnerung an die Zeit in der Lehrter Straße war eine Gesichtslähmung, als Folge eines Schädelbruchs, den er bei einem Bombenangriff erlitt.

Ein anderer Künstler, der letztlich auch »Glück« hatte, war der Schauspieler, Dramaturg und Schriftsteller Wolfgang Borchert, der 1944 in Block C des Wehrmachtsuntersuchungsgefängnis eingeliefert wurde. Mehr als neun Monate verbrachte er wegen »Zersetzung der Wehrkraft« in Einzelhaft. Borchert hatte sein eigener Leichtsinn in eine lebensbedrohliche Situation gebracht. Schon einmal hatte er 1941 vor einem Militärrichter gestanden. Damals war er als Panzergrenadier an die Ostfront geschickt worden und hatte daraufhin versucht, sich eine »Rückfahrkarte« zu besorgen. Der Verdacht, sich selbst eine Schußverletzung an der linken Hand beigebracht zu haben, führte zu monatelanger Untersuchungshaft. Er wurde von diesem Vorwurf zwar freigesprochen, gleichzeitig aber wegen kritischer Äußerungen »gegen Staat und Partei« zu vier Monaten Gefängnis verurteilt. Wenig später wurde die Strafe dann abgewandelt zu sechs Wochen verschärfter Haft mit anschließender Frontbewährung.

Im November 1943, nach monatelangem Frontbewährungs-Einsatz in Rußland, wurde er in eine Durchgangskompanie versetzt, die in der Hindenburg-Kaserne in Kassel stationiert war. Dort wurde am Abend des 30. November feucht-fröhlich im Casino gefeiert. Nach einigem Alkoholgenuß kam es zu einer verhängnisvollen Darbietung. Borchert konnte überzeugend andere Menschen parodieren – nur ist es zumindest leichtsinnig, wenn man in einer Kaserne im Kameradenkreis ausgerechnet den Reichspropagandaminister Joseph Goebbels parodiert. Noch schlimmer wird es, wenn sich später herausstellt, daß die anwesenden Kameraden keine guten Kameraden waren. Borchert wurde denunziert und landete zum zweiten Mal vor dem Gericht der Wehrmachts-Kommandantur.

In der Anklageschrift wurden die Texte seiner verhängnisvollen Parodie folgendermaßen wiedergegeben: »Das deutsche Volk kann ruhig sein, Lügen haben kurze Beine, aber es ist meinem Orthopäden gelungen, mein rechtes Bein auf die normale Länge zu bringen. (...) Volksgenossen und Volksgenossinnen, unser Führer hat euch luftige und helle Wohnungen versprochen, wir haben unser Versprechen gehalten, die Wohnungen habt ihr jetzt. (...) Der deutsche Soldat wird kämpfen bis zur letzten Patrone, dann wird er das große Laufen kriegen. Ihr werdet erlauben, daß ich schon jetzt vorauslaufe, da ich am Gehen behindert bin.« Der Denunziant, ein Grenadier von Grünwald, hatte den Text heimlich mitgeschrieben und Borchert am nächsten Tag bei seinem Vorgesetzten angezeigt.

Borchert wurde festgenommen, und sein Anwalt versuchte nun möglichst viele Leumundszeugnisse zu finden, die seinen Mandanten in einem günstigeren Licht zeigen sollten. Zunächst erwies sich diese Strategie als Erfolg, denn der Angeklagte wurde freigelassen. Am 3. Januar 1944 erging aber erneuter Haftbefehl und einige Tage später erhielt der Anwalt von seinem Klienten ein Telegramm: »Bin heute in das Wehrmachtsuntersuchungsgefängnis Berlin NW 40 Lehrter Straße überführt.« Hier saß er nun in Einzelhaft, und der graue Gefängnisalltag wurde zusätzlich durch tägliche Fliegerangriffe überschattet. Am 21. August kam es zur Hauptverhandlung vor dem Zentralgericht des Heeres in der Charlottenburger Witzlebenstraße. Borcherts Anwalt versuchte, den Vorgang der Parodie herunterzuspielen, indem er darauf verwies, daß es dem Schauspieler darum ging, »bessere Vortragskunst« vorzuführen, bei der nicht der Inhalt, sondern die Form im Vordergrund stand. Mit dieser Argumentation konnte er die Richter aber nicht wohlwollend stimmen. Das nach kurzer Verhandlung verkündete Urteil brachte dem Angeklagten neun Monate Gefängnis wegen »Zersetzung der Wehrkraft«, wobei die fünfmonatige Untersuchungshaft angerechnet wurde. Sein »Glück« war, daß er wenig später »Strafaufschub zwecks Feindbewährung« erhielt.

»Der Mond lügt (Moabit) / Der Mond malt ein groteskes Muster an die Mauer. / Grotesk? Ein helles Viereck, kaum gebogen, / von einer Anzahl dunkelgrauer / und schmaler Linien durchzogen. / Ein Fischernetz? Ein Spinngewebe? / Doch ach, die Wimper zittert, / wenn ich den Blick zum Fenster hebe: / Es ist vergittert! / W. Borchert.«

Ein erst vor einigen Jahren wiederentdecktes Haftbuch belegt, daß sich in der Lehrter Straße am 7. Oktober 1944 insgesamt 306 Häftlinge befanden, die zu den Verfolgten des nationalsozialistischen Regimes zählten und von denen nur 35 das Kriegsende erlebten. Ende April 1945, der Kampf um Berlin tobte noch immer, obwohl jedem nun klar sein mußte, daß der Krieg verloren war, wurden die Gefängniszellen geöffnet und die Häftlinge nach Hause geschickt – allerdings nicht die politischen Gefangenen. In der Nacht zum 23. April hieß es, daß einige der Häftlinge, verteilt auf zwei Gruppen, verlegt werden sollten. Hierbei handelte es sich ausnahmslos um Mitverschwörer des »20. Juli« sowie Mitglieder des »Kreisauer Kreises«. Nur einer der zur Verlegung aussortierten Häftlinge, Herbert Kosney, überlebte diese Nacht und konnte nach Kriegsende über die nächtliche Aktion berichten. Aus einem Ermittlungs-Bericht vom 2. Juni 1945 geht folgendes hervor: »Der entkommene Herbert Kosney gibt über die Vorgänge (…) folgendes an: K., dessen Bruder am 22.4. mit einigen anderen vom SD schon entlassen und für seine eigene Heimkehr aufs beste vertröstet worden war, hörte gegen 23 Uhr in seiner Luftschutzzelle, wie einige Namen aufgerufen wurden und die Betreffenden zum Sachenempfang nach vorn gingen. Er erinnert sich, Schleicher gehört zu haben. Es war die bereits seit 2 Tagen vom SD an die Justiz abgegebene Gruppe (Rüdiger Schleicher, Klaus Bonhoeffer, Hans John, Friedrich-Justus Perels, Wilhelm zur Nieden, Karl Marks, Hans Ludwig Sierks, Richard Kuenzer) (…) Diese bezeichneten 8 haben dann im C-Flügel des Lehrter Zellengefängnisses ordnungsgemäß ihre Effekten erhalten, wie der diensttuende Kalfaktor Jonas berichtet. Nach Jonas ist ihnen hier gesagt worden, sie würden nach Plötzensee verlegt. Etwas später, etwa 23 Uhr 30, hörte Kosney mit einigen anderen seinen eigenen Namen. Es handelte sich um 8 Personen aus den noch unter SD-Kommando befindlichen Häftlingen: A. (Albrecht) Haushofer, (Hans Viktor) von Salviati, (Carlos) Moll, (Ernst) Munzinger, (Wilhelm) Staehle, (Max) Jennewein, (Herbert) Kosney und (Sergej) Sossimow, der mit Kosney zusammengearbeitet hatte.

Sämtlichen Häftlingen beim SD waren in den Abendstunden des betreffenden Tages ihre persönlichen Papiere und Wertsachen ausgehändigt worden, was die allgemeine Freude auf die kommende Entlassung mächtig angefacht hatte. (…) Als K. nach vorn in den Zentralbau kam, stand dort schon rechts die zuerst gerufene Gruppe. Ein fremder Sturmführer war anwesend und fragte: ›Welche nehmen wir zuerst heraus?‹, worauf Kosney's Gruppe den Beginn machte und man sie zu zweit nebeneinander durch die Pforte in den langen dunklen Gang zum Gefängnistor hinausließ. K. ging mit Jennewein vorn. In diesem Gang empfing sie ein zweiter Sturmführer, der offenbar das Kommando der ganzen Angelegenheit hatte und nach K's Eindruck alle weiteren Befehle gab. Dieser Sturmführer sagte: ›Ihr werdet verlegt, wer einen Fluchtversuch macht, wird erschossen.‹ Bei dem Weg durch den langen Gang bemerkte K., daß rechts und links je eine Reihe von SS-Leuten mit Stahlhelm und Maschinenpistolen stand, die nun immer zwei Häftlinge neben sich nahm. Er schätzte 30 SS-Leute.

Auf der Straße angekommen, eröffnete man ihnen, daß der Weg zum Potsdamer Bahnhof gehe. Sie sollten ihre Koffer und sonstige Sachen auf den bereitstehenden Kübelwagen legen, der zum Bahnhof vorausführe. (…) An der Ecke Lehrter Str.-Invalidenstraße angelangt, hielt man wieder an und forderte die Häftlinge auf, alle bei sich geführten Wertsachen und Papiere abzugeben. (…) Der neben K. gehende SS-Feldwebel nahm die Uhr ab, welche zu diesem Zeitpunkt genau 1 Uhr anzeigte. Als Jennewein darauf verwies, daß in seiner Brieftasche 1800,- Mark lägen, meinte der Feldwebel, das würden sie bald in der Eisenbahn klären können. Dann rief der Feldwebel dem Sturmführer zu, man könne den Weg zum Potsdamer Bahnhof gut abkürzen, indem man gleich gegenüber durch das Tor und über die Trümmer des ULAP (Universum Landesausstellungspark)-Geländes ginge. Der Sturmführer gab den Befehl, so zu gehen. Gleich hinter dem Tor wurde K. mit dem hinter ihm Gehenden nach links abgedrängt. K. hörte den Befehl des Sturmführers: ›Fertigmachen, los!‹ Nach der Salve vernahm er, ganz stilliegend, noch weitere Schüsse, kann aber Richtung und Entfernung nicht genau angeben. Vielleicht rührten sie von der zweiten Gruppe her. Er hörte den Sturmführer rufen: ›Beeilen, wir haben noch mehr zu tun, sonst wird es hell‹. Als die SS verschwunden war, meint K. noch 5 Minuten gewartet zu haben. Dann kroch er in Richtung der Straße, verband sich selbst den Einschuss im Genick und gelangte nach Hause.«

Seine sieben getöteten Mithäftlinge konnten später durch seine Angaben identifiziert werden. Auch die Leichen der zweiten Gruppe wurden auf dem ehemaligen Ausstellungsgelände entdeckt. Die Mordaktion in den letzten Kriegstagen war damit aber noch nicht beendet. Auch in der nächsten Nacht wurde eine weitere Gruppe von Gefangenen, darunter der Gewerkschaftsführer Ernst Schneppenhorst, aus dem Gefängnis geführt und von der SS erschossen. Die letzten noch im Gefängnis verbliebenen Häftlinge wurden wenige Stunden vor dem Eintreffen der sowjetischen Truppen, aus Furcht vor Zeugenaussagen, von den Wachmannschaften heimtückisch ermordet.

Albrecht Haushofer, der sich in Kosneys Gruppe befand, hatte 1940 eine Professur für politische Geographie und Geopolitik erhalten und war außerdem als Mitarbeiter des Auswärtigen Amtes auch politischer Berater von Rudolf Heß. 1941 wurde er nach Äußerungen gegen die Kriegspolitik aus seinem Amt entlassen und erhielt Redeverbot. Wegen seiner späteren Teilnahme an der Verschwörung des 20. Juli 1944 wurde er in der Lehrter Straße inhaftiert. Beim Auffinden seiner Leiche fand man in seiner Kleidung ein blutverschmiertes Manuskript, bestehend aus 80 Gedichten, alle im Gefängnis geschrieben. Sie wurden 1946 unter dem Titel »Moabiter Sonette« veröffentlicht: »Doch schuldig bin ich anders als ihr denkt, / ich mußte früher meine Pflicht erkennen, / ich mußte schärfer Unheil Unheil nennen – / mein Urteil hab ich viel zu lang gelenkt … « [A. Haushofer, aus dem Gedicht »Schuld«].

Lange sollte das Moabiter Zellengefängnis nicht leer bleiben. Bereits im Oktober 1945 übernahm die von den Alliierten eingesetzte Justizverwaltung den Bau und nutzte ihn wieder als Haftanstalt. Seit Januar 1947 war das Gefängnis auch wieder Richtstätte. In seltener Eintracht hatten sich die vier Alliierten geeinigt, gemeinsam für alle vier Sektoren der Stadt einen Scharfrichter einzustellen und zu bezahlen. Sie wählten unter zahlreichen Bewerbern Gustav Völpel aus. Erst später sollten sie feststellen, daß sie mit diesem Mann den »Bock zum Gärtner« gemacht hatten.

Die Hinrichtungen wurden in der Lehrter Straße, bis zum Mai 1949, mit dem Fallbeil durchgeführt. Mit dem Inkrafttreten des Grundgesetzes war die

Todesstrafe in der Bundesrepublik abgeschafft. Als Gustav Völpel am 11. Mai 1949 zum letzten Mal den Mechanismus der Guillotine in Gang setzte, traf es den vierundzwanzigjährigen Schlosser Berthold Wehmeyer, der im Winter 1947, auf einer »Hamsterfahrt« in der Nähe von Königs Wusterhausen, eine Frau wegen ihrer gehamsterten Lebensmittel überfallen hatte. Anschließend vergewaltigte Wehmeyer die Frau und brachte sie um.

Am Tag der Hinrichtung hatte Völpel selbst eine Vorladung für das Moabiter Gericht in der Tasche. Bei der späteren Verhandlung stellte sich heraus, daß er unter seinem Spitznamen »Henkerhannes« in Ganovenkreisen stadtbekannt war und zahlreiche Verbrechen auf sein Konto gingen. Als Hehler der einst berüchtigten Gladow-Bande, wurde er zu einer mehrjährigen Haftstrafe verurteilt, die er anschließend dort absitzen mußte, wo er zuvor das Fallbeil bediente: in der Lehrter Straße.

1955 wurde das einst modernste Gefängnis Preußens geschlossen und drei Jahre später begannen die Abrißarbeiten des sternförmigen Hauptbaus. Geplant war, Platz zu schaffen für eine Schnellstraße. Eine sogenannte Westtangente, im Verlauf der Lehrter Straße, sollte entstehen, und genau an der Stelle des Gefängnisbaus war ein großer Verkehrsknotenpunkt geplant. Erheblicher Widerstand der Anwohner, die sich zu einer Bürgerinitiative zusammenschlossen, führte 1988 zur endgültigen Aufgabe der Planung.

Was blieb von dem einstigen Mustergefängnis übrig? Schaut man vom S-Bahnhof Lehrter Straße über die Invalidenstraße hinweg, sieht man schon einen großen Teil der noch erhaltenen, fünf Meter hohen Gefängnismauer. Von der Invalidenstraße zweigt nach wenigen Schritten rechts die Lehrter ab. Auf der rechten Straßenseite, kurz vor der Seydlitzstraße führt ein kleiner Weg nach rechts, gut erkennbar an den alten Bäumen, die den Weg säumen. Nach einigen Metern zeigt sich rechts die alte Gefängnismauer, an die sich im Verlauf des Weges drei schlichte Wohnhäuser, erbaut wie auch die Mauer aus roten Backsteinen, anlehnen. Sie stehen jetzt an der Außenseite des Gefängnisses. Die drei Gebäude sind ehemalige Beamtenwohnhäuser, in denen die Aufseher mit ihren Familien lebten. Alle Fenster der Wohnungen befinden sich auf dieser Seite, zum Gefängnis hin nur eine kahle Mauer. Zu den Wohnungen gehörte ein kleines Waschhaus im Hof, und jede Familie hatte einen kleinen Gemüsegarten im Schatten der Gefängnismauer.

Ein kleines Geheimnis verbirgt sich mitten in der Laubenkolonie, links des Weges. Zwischen den Lauben taucht unvermittelt ein kleiner, von einem Gitter eingefaßter Friedhof auf. Es gehörte zu den Privilegien des beamteten Gefängnispersonals, nach dem Tod auf einem Beamtenfriedhof begraben zu werden. Das war nicht nur hier so, auch die Gefängnisse Plötzensee und Tegel verfügten über einen entsprechenden Begräbnisplatz, nur sind diese bereits eingeebnet und somit aus dem Stadtbild verschwunden. Ein von seinem

Sockel gestürzter, schwarzer obeliskartiger Grabstein erinnert mit seiner Inschrift an Ernst Vetter (1858-1918) »Aufseher der Königlichen Strafanstalt«. An der westlichen Friedhofsseite grenzt ein weiteres Gitter einen kleinen Friedhofteil ein. Diese Fläche war den Direktoren der Strafanstalt vorbehalten, die sich so über den Tod hinaus von dem einfachen Wachpersonal abgrenzen konnten.

Ein Blick auf einen alten Geländeplan zeigt, daß es ursprünglich noch einen weiteren Friedhof für Strafgefangene gab, der heute verschwunden ist. Er grenzte an diesen Begräbnisplatz und erstreckte sich in Richtung der Lehrter Straße, wo heute der größte Teil der Lauben steht. Die Gefangenen, die dort ihre letzte Ruhe fanden, waren in der Strafanstalt verstorben. Gab es keine Verwandten oder Freunde, die sich um eine Beerdigung kümmern konnten – oder wollten, wurden sie hier begraben, ohne Grabhügel oder Stein, namenlos.

1958 wurden beide Friedhofteile entwidmet, ein Vorgang der sich über einen längeren Zeitraum erstreckte. 25 Jahre muß der Friedhof begehbar und für die Angehörigen offen gehalten werden. Danach kann der Platz verwildern, bis letztlich nach weiteren 25 Jahren seine vollständige Einebnung erfolgen kann. Bei meinen Besuchen an diesem Ort kam ich in der Vergangenheit auch mehrfach mit Pächtern der Laubenparzellen ins Gespräch. Diese waren zum Teil entsetzt, als sie erfuhren, daß sich unter ihrem gepflegten Zierrasen zahlreiche Grabstätten befinden. Es kam dann auch sehr schnell die Frage auf, wie es möglich sei, daß diese Friedhofsfläche nur kurze Zeit nach Abriß des Gefängnisses parzelliert und mit Lauben bebaut werden konnte, während der Beamtenfriedhof erhalten bleiben mußte? Der Unterschied wird letztlich durch das Strafrecht bestimmt.. Paragraph 45, Abs. 1 besagt: »Wer wegen eines Verbrechens zu Freiheitsstrafe von mindestens einem Jahr verurteilt wird, verliert für die Dauer von fünf Jahren die Fähigkeit, öffentliche Ämter zu bekleiden und Rechte aus öffentlichen Wahlen zu erlangen.« An diesen Paragraphen 45 knüpfen sich aber noch »weitere Rechtsfolgen«, darunter auch die, daß für den Verurteilten die Ruhefrist, die auf »normalen« Friedhöfen für jeden gilt, für Gefängnisfriedhöfe entfällt.

Auch die Spuren der hinterhältigen Erschießungs-Aktion der SS in den letzten Kriegstagen lassen sich verfolgen und führen zu einer erstaunlichen Entdeckung. Dazu müssen Sie zurück zur Kreuzung der Lehrter Straße/Invalidenstraße, wo damals die Gefangenen von der SS aufgefordert wurden, ihre Wertsachen abzugeben. Dort nach rechts einbiegen und etwas später nach links in die Straße Alt-Moabit. Gleich hinter der S-Bahnbrücke, auf der linken Seite, gegenüber dem Restaurant »Paris-Moskau«, ist eine kleine Tür in einem Maschendrahtzaun. Dahinter ein kleines, wildgewachsenes Wäldchen – Steinstufen führen nach unten in eine Senke. Diese im Dickicht kaum noch erkennbare Treppe führte einst zum »Glaspalast«, dem großen Ausstellungsgebäude des »Universum Landesausstellungspark« (ULAP). In dem zerbombten Gebäude waren die Leichen der fünfzehn Ermordeten einen Tag nach der Hinrichtung entdeckt worden. Die Toten wurden in das Leichenschauhaus in der Hannoverschen Straße transportiert und dort in den Kellern gelagert. Als der Leiter des Leichenschauhauses, Kriminalinspektor Ernst, NS-Parteimitglied und Sturmbannführer, am 8. Mai 1945 von den Russen verhaftet wurde, erteilte der Bürgermeister selbst den Auftrag, die vielen im Leichenschauhaus verbliebenen Leichen so schnell wie möglich zu begraben. Bei Dunkelheit, um jedes Aufsehen zu vermeiden, wurden die Toten auf den an das Gebäude des Leichenschauhauses angrenzenden Friedhof der Dorotheenstädtischen und Friedrichswerderschen Gemeinde transportiert und in einem Bombentrichter, nah der Mauer, vergraben. Die Stelle ist heute auf dem Friedhof durch einen Gedenkstein gekennzeichnet.

Warum Albrecht Haushofer nicht auch an diesem Ort begraben wurde, ist unklar. Er wurde auf einem kleinen »Notfriedhof« in der Wilsnacker Straße beigesetzt oder etwas später dahin überführt. Dieser auf einem ehemaligen Schulhof in aller Eile angelegte Begräbnisplatz wurde in den sechziger Jahren in einen würdevollen Kriegsopferfriedhof umgestaltet. Das Grab von Albrecht Haushofer wurde zum Ehrengrab der Stadt Berlin.

Was wurde aus der Guillotine? Als das Gefängnis abgerissen wurde, durfte sie noch nicht verschrottet werden. War auch die Todesstrafe in der Bundesrepublik abgeschafft, in West-Berlin wären Hinrichtungen aber noch möglich gewesen – allerdings nur nach alliiertem Recht. So mußte sie erhalten bleiben, wurde aber auseinandergebaut und in mehrere Kisten verpackt. Diese Kisten wurden im Keller des Kriminalgerichts Moabit gelagert. In regelmäßigen Abständen erschien ein beauftragter Schlosser, überprüfte den Mechanismus des Fallbeils und fettete alle Teile sorgsam ein. Anschließend wurde alles wieder ordnungsgemäß verpackt – bis zur nächsten Inspektion. Erst 1990, mit der Wiedervereinigung und dem Ende des Viermächte-Status für Berlin, wurde die Guillotine überflüssig und steht heute da, wo sie auch hingehört: im Deutschen Historischen Museum.

KNOCHEN AM LEHRTER BAHNHOF
Bagger schaufeln Geschichte

»Egal, an welcher Stelle der Stadt Sie einen Spaten in den Boden stechen, um ein Loch zu graben, Sie werden bald auf Knochen stoßen«, erklärte auf einer Vortragsveranstaltung der Chef des Berliner Landesinstitutes für gerichtliche und soziale Medizin, Professor Schneider. Vor allem bei den Großbaustellen der letzten Jahre wurden einige Gebiete der Stadt fast vollständig umgegraben und dabei das Unterste nach oben bewegt. Ob Potsdamer Platz, Regierungsviertel oder die neuen Tunnelröhren zum Lehrter Bahnhof, kaum ein Stückchen des Untergrunds blieb von riesigen Baggern und Kränen verschont, die bis zu einer Tiefe von zwanzig Metern in den Berliner Boden eindrangen. Vieles, was Jahrzehnte oder länger im Untergrund verborgen blieb, taucht so wieder auf: unzählige Fliegerbomben, sorgsam von ihren einstigen Trägern vergrabene Waffen und Uniformen – und immer wieder menschliche Skelette.

So gab es auch keine größere Aufregung, als am 7. Mai 1997 Knochen in der Nähe des Lehrter Bahnhofs gefunden wurden. Bauarbeiter waren in diesen Tagen dabei, zwischen der Straße Alt-Moabit und dem Lehrter Bahnhof den Baugrund vorzubereiten, auf dem später hohe Betonstützen errichtet werden, die dann das Gleisbett der Bahn im Bereich des neu entstehenden Bahnhofs tragen sollen.

Die Tiefbaufirma informierte den Vorschriften entsprechend die Polizei, die den Fundort weiträumig absperrte, bevor die Damen und Herren der Gerichtsmedizin eintrafen. Die Knochen hatten die Bauarbeiter beim Entfernen einer alten Fundamentplatte, unweit der Straße Alt-Moabit, neben den alten Bahnviadukten, entdeckt. Der Leser des Kapitels über das Zellengefängnis in der Lehrter Straße wird sich an den Ort, wo Albrecht Haushofer und andere Gefangene in den letzten Kriegstagen des Jahres 1945 heimtückisch ermordet wurden, noch erinnern. Das Fundament, unter dem in zwei Metern Tiefe die Gebeine auftauchten, gehörte zu dem zerbombten Glaspalast des »Universum

Landesausstellungsparks« (ULAP), der 1883 für die Hygiene-Ausstellung errichtet und 1886 für die Große Jubiläums-Kunstausstellung nochmals umgebaut wurde. Der Knochenfund erwies sich als ungewöhnlich umfangreich und wurde von den Gerichtsmedizinern auf ungefähr 30 Skelette geschätzt. Die Polizei schloß, da Massenmorde in dieser Größenordnung zum Glück selten sind, ein Verbrechen aus und zog ihre Experten zurück. Die eingesammelten Knochen transportierte ein Leichenwagen in das nahe Leichenschauhaus, wo die Mediziner nun Alter und Herkunft klären sollten.

Erst am 21. Mai berichteten die Berliner Tageszeitungen ausführlich über die »mysteriösen« Knochenfunde am Lehrter Bahnhof. »Der Tagesspiegel« berichtete: »Der Chef des Landesinstitutes Professor Volkmar Schneider hält den Knochenfund trotz seiner Größe nicht für besonders spektakulär. (...) In der Regel können die Gerichtsmediziner zumindest Alter, Geschlecht und Körpergröße bestimmen. Dann kommt es darauf an, wie weit man gehen will, sagte Schneider. (...) Für den Fund bieten sich viele Erklärungen an: ermordete Häftlinge, russische Soldaten oder Bombenopfer. (...) Zu den Spekulationen, daß am Lehrter Bahnhof auch Knochen vom Bruder des Theologen Dietrich Bonhoeffer, Klaus, geborgen werden konnten, wollte sich Schneider nicht äußern. (...) Der Leiter des Heimatmuseums Tiergarten, Bernd Hildebrandt, bietet gleich mehrere Möglichkeiten für den Fund am Lehrter Bahnhof an: Auf dem Gelände des Landesausstellungsparks habe sich während der Nazi-Zeit ein wildes Konzentrationslager befunden. (...) Rund um den Fundort sind Hildebrandt zufolge auch viele russische Soldaten gestorben, als sie um das damalige Innenministerium kämpften.«

Ich hatte den Artikel mit Interesse gelesen und fragte mich, da ich den Fundort kannte, wie es möglich sei, unter den Fundamenten des schon 1883 errichteten Glaspalastes Tote des Zweiten Weltkrieges zu finden. Ich beschloß der Frage selbst nachzugehen. Mein Telefonat mit dem den Fall bearbeitenden Gerichtsmediziner stieß auf eine unausgesprochene, verordnete Zurückhaltung: »Dazu darf ich keine Auskünfte geben. Bitte wenden Sie sich schriftlich bei Herrn Professor Schneider, der dann entscheiden wird.«

Das tat ich umgehend und begründete mein Interesse damit, daß ich seit Jahren an der Dokumentation ehemaliger Begräbnisplätze arbeite. Bereits eine Woche später wurde ich zu einem Besuch im Landesinstitut in der Invalidenstraße eingeladen. Im Verlauf des Gesprächs mit dem zuständigen Gerichtsarzt stellte sich bald heraus, daß die Skelettfunde diverse unvorhersehbare Schwierigkeiten für die Gerichtsmedizin mit sich gebracht hatten. Die frühzeitige Festlegung »vermutlich Kriegsopfer« hatte zum zeitweiligen Baustop auf der Großbaustelle geführt. Die Arbeiter durften daraufhin in diesem Bauabschnitt, der die Größe von drei Fußballfeldern hatte, nur noch ohne Bagger und schweres Gerät, d.h. mit dem Spaten weitergraben, um festzustellen, ob sich noch weitere Knochen im Erdreich befänden. Diese sollten dann gesammelt und anschließend in das Landesinstitut gebracht werden.

Der Erfolg dieser Suche ließ nicht lange auf sich warten, und da sich das Institut nur 600 Meter vom Fundort entfernt befindet, lieferten die Bauarbeiter selbst an – mit einem Lastwagen. In den folgenden Tagen wurden 171 große Plastiksäcke, gefüllt mit geschätzten 35000 Knochen, abgegeben. Eine Menge mit der natürlich niemand gerechnet hatte. Die Folge war, daß der zuständige Mediziner, umgeben von mehreren Tapeziertischen und blauen Plastiksäcken, etliche Wochen lang, in mühseliger Kleinarbeit, die angelieferten Knochen sortierte.

Eine vollständige Zuordnung einzelner Skeletteile war bei dieser großen Menge nicht möglich. Es stellte sich heraus, daß es sich bei dem Fund insgesamt um die Gebeine von ungefähr 500 Toten handelte, von denen der weitaus größte Teil Männer waren. Die Möglichkeit, daß es sich um Opfer des Krieges handeln könnte, kam bald nicht mehr in Betracht. Hätte es sich um die Entdeckung eines Massengrabs gehandelt, wären die Skelett-Teile in einer geordneten Lage aufgetaucht. Das war aber nicht der Fall, auch war der Fundort für ein Grab dieser Größe viel zu klein.

Bei den Untersuchungen wurden an vielen Knochen Reste von Löschkalk gefunden, was die Spekulation eröffnete, daß die Menschen als Opfer einer Seuche oder Epidemie verstarben. Das würde die Beigabe von Kalk bei der Beerdigung erklären, nicht aber, warum fast ausschließlich Männer von der Seuche betroffen waren. Eines war nach den ersten Untersuchungen aber sicher: die Gebeine waren mindestens 140 Jahre alt. Diese Eingrenzung war recht einfach vorzunehmen, nachdem die Mediziner sich die Zähne der Toten genauer angeschaut hatten – kein einziger der aufgefundenen Zähne besaß eine Zahnfüllung. Das in der Vergangenheit meistverwendete Mittel, um Zahnplomben herzustellen, war Amalgam, eine Silber-Zinnlegierung, die der Zahnarzt mit Zusätzen von Kupfer, Zink und Quecksilber anrührte. Dieses zunächst sehr weiche Material war leicht zu verarbeiten und härtete anschliessend hervorragend aus. Amalgam war nicht die Erfindung eines einzelnen Forschers. Zahnmediziner in London, Paris und New York entwickelten fast zeitgleich dieses Füllmaterial, mit nur geringen Unterschieden in der Zusammensetzung. In Deutschland wurde Amalgam erst um 1850 eingeführt, ein Beweis dafür, daß die Gebeinfunde älteren Datums sein mußten.

Diese Erkenntnis war für das Landesinstitut für gerichtliche und soziale Medizin nicht angenehm. Hätte es sich bei den Toten um Soldaten oder Zivilisten gehandelt, die an den Folgen des Weltkrieges starben, hätte der Bund alle Kosten der Grabung, Untersuchung und später erneuter Bestattung übernommen. Auch eventuelle Regreßforderungen, verbunden mit der Einstellung der Bauarbeiten am Fundort, wären so abgesichert. Für ältere Knochen ist aber die Stadt oder der Bezirk zuständig und muß also alle entstehenden Kosten selbst tragen.

Die wenigen Reste von Kleidungsstücken, die zwischen den Gebeinen noch gefunden wurden, waren zur Bestimmung des Alters und der Herkunft unbrauchbar. Der einzige aufgefundene Gegenstand, von dem man sich Aufklärung erhoffte, war ein aus Kupfer hergestellter Knopf, der aber so stark vom Löschkalk verkrustet war, daß er anfangs auch nicht weiterhalf. Er wurde den Restauratoren des Deutschen Historischen Museums übergeben, die ihn nach und nach von seiner Kruste befreiten. Nach dieser Reinigung zeigte sich auf der Knopfoberfläche die Zahl »13«. Ein Militäruniform-Experte des Museums stellte daraufhin fest, daß dieser Knopf einmal zu der Uniform eines französischen Soldaten des 13. Linien-Infanterie-Regiments gehörte, der in der Zeit der Befreiungskriege auf französischer Seite kämpfte.

Zur weiteren Aufklärung konnte auch ich etwas beitragen. Von meiner Arbeit für die »Interessengemeinschaft Historische Friedhöfe« war mir bekannt, daß im Jahre 1813 vier Friedhöfe eingerichtet wurden, um mehr als 9000 Soldaten der Befreiungskriege zu begraben, die in Berliner Lazaretten an den Folgen ihrer im Krieg erlittenen Verletzungen verstorben waren. Einer dieser Begräbnisplätze, auf dem zirka 2700 Soldaten begraben wurden, befand sich an der Hasenheide in Neukölln, fast genau an der Stelle, wo später die »Neue Welt« errichtet wurde. In Kreuzberg, zwischen Schleiermacher-, Blücher-, Baerwald- und Gneisenaustraße, fanden zirka 2800 Soldaten, zumeist Franzosen ihr Grab. Auch im heutigen Treptower Park, nah den S-Bahngleisen, gab es einen Friedhof, er war der kleinste mit nur 328 Toten. Der vierte und größte Begräbnisort mit zirka 3000 Soldatengräbern befand sich zwischen dem heutigen Friedrich-List-Ufer, der Invalidenstraße und der Straße Alt-Moabit. Der Friedhof bestand bis 1868 und war dann dem geplantem Lehrter Fernbahnhof im Wege, der, 1871 fertiggestellt, im Zweiten Weltkrieg zerstört und 1959 abgerissen wurde.

Bei der Auflösung dieses Friedhofs wurden alle noch aufgefundenen Gebeine gesammelt, in mehrere Kisten verpackt und unweit vom Bahnhof erneut zur »letzten Ruhe« begraben. Bis zu dem Tag, an dem Bagger die Geschichte ans Licht schaufelten, war mir die genaue Lage des Umbettungsortes nicht bekannt.

Der Bezirk Tiergarten kaufte nach Abschluß der Untersuchungen 55 Särge, auf die alle Knochen gleichmäßig verteilt wurden. Eigentlich wäre der Bezirk auch für ein erneutes Begräbnis zuständig gewesen. Da Tiergarten aber der einzige Stadtbezirk ist, der keinen eigenen Friedhof mehr innerhalb seiner Grenzen hat, sprang der Bezirk Wilmersdorf ein, der außerhalb der Berliner Stadtgrenze, in Stahnsdorf, noch den Wilmersdorfer Waldfriedhof besitzt. So begleiteten am frühen Morgen des 11. September 1998 Vertreter der evangelischen Landeskirche, des Bistums Berlin und der Jüdischen Gemeinde 55 schlichte Särge auf ihrem Weg zur dritten und hoffentlich letzten Ruhe. Als die Gebete des Generalsuperintendenten Martin-Michael Passauer und von Monsignore Michael Töpel beendet waren, sang Kantor Estrongo Nachama ein hebräisches Totengebet.

Auf dem Weg von der kleinen Trauerfeier wieder zurück nach Berlin beschäftigte mich noch eine letzte Frage. Nach den Untersuchungen der Gerichtsmedizin wurden die freigelegten Knochen ungefähr 500 Personen zugeordnet – wo aber blieben die Gebeine der restlichen 2500 Soldaten, die ebenfalls im Jahr 1813 auf dem einstigen Friedhof an der Invalidenstraße bestattet wurden?

FENSTER IM SARG
Die Angst der Rahel Varnhagen

Zu den weitverbreiteten Ängsten der Menschen gehört seit dem Mittelalter die Furcht, lebendig begraben zu werden. Der französische Mediziner Jacques Jean Bruhier sammelte zahlreiche Scheintot-Fälle, die er im Jahre 1742 veröffentlichte. Zwölf Jahre später erschien sein umfangreiches Werk »Abhandlung von der Ungewissheit der Kennzeichen des Todes, und dem Misbrauche, der mit übereilten Beerdigungen und Einbalsamirungen vorgeht« auch in Deutschland, wo es weite Verbreitung fand. In der deutschen Literatur und in den Zeitungen wurde fortan dieses Thema häufig aufgegriffen und dabei mehr oder weniger seriös behandelt. Edgar Allan Poe brachte mit seiner meisterhaften Erzählung »Lebendig begraben« ganze Generationen um den Schlaf, und die Lyrikerin Friederike Kempner reimte: »Wißt Ihr nicht, wie weh das tut, wenn man wach im Grabe ruht …«.

Unberechtigt war diese Angst aber nicht ganz, da Scheintot-Fälle immer wieder vorkamen. Da sich mit der Angst der Menschen schon stets gute Geschäfte machen ließen, wurden bald vorbeugende Gegenmittel angeboten. Sargtischler boten ihren verängstigten Kunden Särge mit kleinen Fenstern an, und ein süddeutscher Tüftler entwickelte eine Vorrichtung, die es dem scheintot Begrabenen erlaubte, sich aus dem Untergrund bemerkbar zu machen. Der Tote bekam eine Schnur um das Handgelenk gebunden, die dann durch eine Bohrung im Sarg und mit Hilfe eines dünnen Rohres durch das Erdreich nach oben geführt wurde. Dort befand sich an einer Halterung ein kleines Glöckchen, das läutete, falls der vermeintlich Tote doch noch einmal seine Hand bewegen sollte.

Andere leisteten selbst Vorsorge, indem sie zu Lebzeiten ihren Hausarzt aufforderten, nach ihrem Ableben den Tod durch einen Stich in das Herz oder durch einen Pulsaderschnitt sicherzustellen. So verfügte beispielsweise der schwedische Chemiker Alfred Nobel in seinem Testament die Öffnung seiner Pulsadern nach dem vermeintlichen Eintritt des Todes.

Auch die 1833, im Alter von 61 Jahren, verstorbene Salonière Rahel Varnhagen litt unter dieser Angst. So hinterließ sie genaue Anweisungen für den Sterbefall. Sie wünschte sich einen einfachen Sarg, dessen Deckel nicht zugenagelt und mit einem Glasfenster versehen sein sollte. Auch sollte der Sarg in den ersten Wochen nach ihrem Ableben oberirdisch in einem Raum gelagert werden. Ihr Ehemann, der Publizist und Schriftsteller Karl August Varnhagen von Ense, berücksichtigte ihre Wünsche und beauftragte einen Tischler mit der Anfertigung eines entsprechenden Sarges. Nach der Trauerfeier, bei der Philipp Marheineke, Pfarrer der Dreifaltigkeitsgemeinde, die Trauerrede hielt, wurde Rahels Sarg in einem oberirdischen Grabgewölbe aufgestellt. Nach zwei Wochen wurde, den Bestimmungen der Bestattungsordnung entsprechend, der Holzsarg in einen äußeren Zinksarg gestellt und dieser anschließend verlötet, um ein Freisetzen von »schädlichen Leichengasen« zu verhindern.

Der Übergangszeitraum der oberirdischen Aufstellung war in ihrem Fall allerdings ungewöhnlich lang – es kann sein, daß Rahel Varnhagens Sarg zwischenzeitlich in Vergessenheit geriet. Erst 1867, vierunddreißig Jahre nach ihrem Tod, wurde sie an der Seite ihres Gatten, der bereits neun Jahre zuvor verstorben war, erdbestattet. Die Grabtafel auf dem I. Kirchhof der Dreifaltigkeitsgemeinde am Kreuzberger Mehringdamm trägt die Worte Rahels: »Gute Menschen. / Wenn etwas Gutes für die Menschheit geschieht, / dann gedenkt freundlich in / Eurer Freude auch meiner.«

Da, nach Rahels Tod, immer mehr Menschen eine »Zwischenlagerung« vor der endgültigen Erdbestattung wünschten, sahen sich die Behörden gezwungen, darauf zu reagieren. Es ergingen nun Anweisungen an Ärzte und Leichenbestatter zur Behandlung und Rettung Scheintoter. Die Kommunen wurden angewiesen, Leichenhallen zur Verfügung zu stellen, in denen eine kontrollierte Beobachtung der Verstorbenen möglich war. Die Stiftung eines Berliner Stadtrats machte es möglich, daß 1838 mit dem Bau einer Leichenhalle auf dem Friedhof der Jerusalem- und Neuen Kirchengemeinde, vor dem Halleschen Tor am heutigen Mehringdamm, begonnen werden konnte. Die Halle verfügte nach ihrer Fertigstellung über je einen Raum für männliche und weibliche Leichen. Zwischen diesen befand sich ein kleines Zimmer für den Wächter, der durch zwei gegenüberliegende Glastüren die Vorgänge in den Leichenkammern aufmerksam beobachten sollte. Die Aufgaben des Leichenwächters wurden durch das »Statut für die Benützung des Leichenhauses auf dem Begräbnißplatz der Jerusalem und Neuen Kirche vor dem Halleschen Thore« vom 5. Juni 1840 vorgegeben:

»§ 7: Die ganze Anstalt wird unter ein Curatorium gestellt, welches, außer dem genannten Herrn Stifter derselben, dem bei den Bewachungen über die Leichenhausangelegenheiten, auch für die Folge eine entscheidende Stimme verbleiben muß, – gebildet wird aus: a) den Geistlichen und b) dem Vorstande beider Kirchen und c) dem Arzte, der aus Menschenliebe bewogen, seine Bemühungen der Anstalt widmet.

Nach einer zu bestimmenden Reihenfolge, werden monatlich ein weltliches und ein geistliches Mitglied des Curatorii, die specielle Beaufsichtigung führen, und wenn namentlich Leichen vorhanden sind, es an häufigen Besuchen nicht fehlen lassen.

§ 8: Die nächste Aufsicht über das Leichenhaus wird in die Hand des Todtengräbers gelegt, demnach insbesondere die Controlle des Wächters, welcher auch ein geeigneter Gehülfe des Todtengräbers sein kann, obliegt.

§ 9: Da die nächste Sorge für die Erhaltung der Anstalt und was dazugehört, dem Curatorium zusteht, so hat dasselbe darauf Bedacht zu nehmen, einen Fonds zu diesem Zweck zu bilden, der theils aus Schenkungen, zu denen bereits der Anfang gemacht worden ist, theils aus Beträgen, welche von Wohlhabenden oder für Leichen von dem § 2 bezeichneten fremden Personen gegeben werden, zusammenfließt.

§ 10: Der bei der Anstalt anzustellende Wächter, der wegen der Wichtigkeit seiner Stellung, vereidigt werden wird, muß verheirathet sein, weil es zweckmäßig ist, der Frau insbesondere die Beaufsichtigung der weiblichen Leichen zu übertragen. Beide Personen müssen einen unbescholtenen nüchternen Lebenswandel und ein wohlgeordnetes Familienleben führen. Für den Fall, daß der Leichenwächter Wittwer werden, oder von seiner Ehefrau geschieden werden sollte, sorgt bis zur weiteren Entscheidung des Magistrats, das Curatorium für die Beschaffung weiblicher Aufsicht bei den weiblichen Leichen.

Hinsichtlich der dienstlichen Stellung des Leichenwächters und seiner Verrichtungen pp., wird, wie auch die demselben zu ertheilenden anliegenden Dienst-Instruction ergiebt, Folgendes festgesetzt: 1. Steht der Wächter unter dem Curatorium und speciell unter der Aufsicht des Todtengräbers, und hat den zu machenden Anordnungen unbedingt Folge zu geben. 2. Sind Leichen in den Zimmern aufgestellt, so muß bei Tageszeit er, oder wenn er anderweitig auf dem Begräbnißplatze beschäftigt ist, seine Frau im Hause anwesend sein und fleißig nach den Leichen sehen. Bei Nacht hat er seinen Schlafort in dem zwischen den Leichenzimmern liegenden Gemach, um sogleich bei der Hand zu sein, wenn bei einem Leichnam die leisesten Lebenszeichen sich äußern sollten. 3. In diesem Falle hat er unverzüglich dem Todtengräber die Anzeige zu machen, der alsdann das Weitere veranlaßt, namentlich zunächst den Arzt der Anstalt zu berufen hat und bei den anzustellenden Wiederbelebungsversuchen Hülfe leisten muß. Bis zur Ankunft des Arztes muß, damit keine Zeit verloren geht und der vielleicht noch mögliche Erfolg der Belebungsversuche nicht vereitelt wird; indeß auch der Wächter selbst zu Belebungsversuchen schreiten, und wird deshalb mit der erforderlichen sachgemäßen Instruction Seitens des Arztes der Anstalt versehen werden. 4. Der Wächter ist verpflichtet, die höchste Reinheit im Hause zu erhalten. In seiner Familie muß es ruhig und anständig zugehen, es dürfen in seiner Wohnung unter keiner Bedingung Zusammenkünfte fremder Personen stattfinden, und es darf Niemand von ihm beherbergt werden. 5. Die Leiche hat der Wächter mit der größten Schicklichkeit und Ehrbarkeit zu behandeln, auch darf er durchaus nicht fremden Personen den Zutritt zu den Leichenzimmern gestatten. Nur den Angehörigen oder deren Beauftragten, wenn sie sich durch Legitimation von Seiten des Todtengräbers darüber ausweisen, kann solches erlaubt sein. 6. Sein Dienst wird ihm mit einer vierteljährlichen Kündigung übertragen, wenn er jedoch seine Pflichten und Obliegenheiten nicht erfüllt, so kann er von dem Curatorium sofort entlassen werden, ohne irgendeinen Anspruch auf Entschädigung machen zu dürfen. 7. Für seine Dienstleistung erhält der Wächter eine freie Wohnung im Leichenhause, bestehend in Stube, Küche, Boden und Kellergelaß, nebst einem Haufen Holz und 25 Pfund Oel, zur Heizung und Erleuchtung der Leichenhallen und der Wohnstube, und ein Gehalt von zwanzig Thalern jährlich, wofür er aber auch verpflichtet ist, die nächtliche Bewachung der Begräbnißplätze mit zu besorgen. 8. Dagegen darf er unter keiner Bedingung an die Angehörigen der im Leichenhause aufbewahrten Leichen irgendeine Forderung machen. 9. Sollte ein unter seine Obhut gestellter Scheintodter wieder ins Leben zurückgeführt werden, soll ihm eine Belohnung von Fünfzig Thalern aus dem Fonds der Anstalt gezahlt werden. Was in solchem Falle die Angehörigen ihm als Geschenk machen möchten, soll hierbei nicht in Betrachtung kommen.«

Die hohen moralischen Anforderungen und das nicht gerade üppig zu nennende Jahresgehalt, machten es der Kirchenverwaltung schwer, geeignete Wächter-Ehepaare für das Leichenhaus zu finden. Die letztlich eingestellten Paare blieben meist nicht sehr lange, was dazu führte, daß zwischenzeitlich über einen längeren Zeitraum kein Wächter zur Verfügung stand.

Tatsächlich fehlten bis ins 19. Jahrhundert hinein die Methoden, den Tod mit Sicherheit festzustellen. Der berühmte Pariser Arzt René Théophile Hyazinthe Laënnec konstruierte 1819 das erste Stethoskop. Das von ihm damit eingeführte Abhorchen des Körpers setzte sich erst Mitte des 19. Jahrhunderts als ärztliche Untersuchungsmethode durch. Der große Mediziner Christoph Wilhelm Hufeland wies wiederholt auf die unzureichende Ausbildung der Ärzte hin, die oft nicht sorgfältig genug die angeblich Verstorbenen untersuchten.

Hatte bereits 1796 der Berliner Arzt Johann Ludwig Formey gefordert, »daß kein Mensch beerdigt werden soll, ohne von einem Arzt vorher besichtigt worden zu seyn«, so dauerte es noch mehr als einhundert Jahre, bis sich langsam die Verhältnisse besserten. Der 28. Deutsche Ärztetag forderte im Jahre 1900 in einer Resolution, die gesetzliche Einführung einer ärztlichen Leichenschau, die dann einige Jahre später Vorschrift in Deutschland wurde. Trotzdem nehmen bis heute viele Hausärzte, die zu einem Verstorbenen gerufen werden, die Leichenschau auf die leichte Schulter. So klagt der Gerichtsmediziner Gunther Geserick, Institutschef an der Berliner Charité: »bis zu 65 Prozent der Totenscheine sind falsch«. Bequemlichkeit, Scheu oder Unvermögen der Ärzte führen häufig zu erstaunlichen Fehlleistungen. So kam es bereits vor, daß trotz Einschußlöchern in der Brust der untersuchende Arzt »Herzversagen« diagnostizierte oder als Todesursache »Infarkt« angegeben war, obwohl der Tote Würgemale an der Kehle trug.

Neben Rahels Fenster im Sarg gab es übrigens weitere Beispiele, wie man der Angst, lebendig begraben zu werden, begegnen konnte. Frédéric Chopin bestimmte in seiner letzten schriftlichen Notiz, daß ihm zur Sicherheit vor seiner Beerdigung das Herz entnommen werden solle. Und der über jeden Aberglauben erhabene Bertolt Brecht verfügte in seinem Testament, daß sein Tod nicht nur von einem, sondern von mehreren Ärzten bestätigt werden müsse ...

Tod im Duell
Vom Reaktionär zum Volkshelden

»Berlin, 12. März 1856. Folgendes geht uns zur Veröffentlichung zu: Mehrere Zeitungen erwähnten bereits gestern ausführlicher die näheren Umstände des traurigen Vorfalls, welcher dem Leben des General-Polizei-Direktors v. Hinckeldey ein Ende gemacht hat. Insbesondere sind selbst die Motive des Zweikampfs speciell erörtert worden. Wie wir hören sind dieselben noch keineswegs aufgeklärt und möge das Publikum daher mit der Aufnahme aller derartigen Nachrichten vorsichtig verfahren. Jedenfalls wird es zweckmäßig sein, in dieser Beziehung die Resultate der eingeleiteten Untersuchung abzuwarten.«

Beim Lesen dieser kurze Meldung in der »Vossischen Zeitung« beschleicht einen das Gefühl, daß der Zensor dem Artikelschreiber während seiner Arbeit sehr intensiv über die Schulter geschaut hat, wofür letztlich der oben erwähnte Herr von Hinckeldey selbst verantwortlich war.

Am 14. November 1848 hatte der preußische König Friedrich Wilhelm IV. den 43jährigen Carl Ludwig von Hinckeldey, der bis dahin als Dirigent der inneren Abteilung bei der Regierung in Merseburg tätig war, zum Berliner Polizeipräsidenten ernannt. Hinckeldey, Abkömmling eines alten Meininger Adelsgeschlechts, galt als loyaler und äußerst energischer Beamter. Dem König schien er genau der richtige Mann zu sein, dem er es zutraute, daß er die schwierige politische Lage, entstanden durch die Niederschlagung der bürgerlichen Revolution von 1848, meistern könnte.

Bereits wenige Tage nach seinem Amtsantritt in Berlin begann der neue Polizeichef, frei nach dem Motto, daß neue Besen besonders gut kehren, die disziplinlose Schutzmannschaft auf Vordermann zu bringen. Die »Konstabler« wurden ab sofort nach militärischen Prinzipien gedrillt und hatten in der folgenden Zeit nicht viel zu lachen. Gleichzeitig wurde auch die Arbeit der Politischen Polizei intensiviert. Unnachsichtig wurden nun Republikaner, Liberale und Kommunisten verfolgt und überwacht. Zu dieser Strategie gehörten Hausdurchsuchungen schon bei geringstem Anlaß, ständige Paßkontrollen auf den Bahnhöfen und die Beschlagnahme von Zeitungen. Ohne Rücksicht auf Rang und Namen wurden politisch Andersdenkende bespitzelt, und Ausweisungen aus der Stadt waren an der Tagesordnung. Zu den Bespitzelten gehörte auch Otto Fürst von Bismarck, dessen politische Laufbahn erst ein Jahr zuvor mit seinem Eintritt in den Vereinigten Preußischen Landtag begonnen hatte. Hinckeldey wurde innerhalb eines Jahres zum »Hauptvertreter des rücksichtslos durchgreifenden, alles überwachenden Polizeisystems« (Otto Hinze).

Der neue Polizeipräsident war aber kein sturer Bürokrat oder Paragraphenreiter. Er galt als äußerst ehrgeizig und als intelligenter Stratege, der nicht davor zurückschreckte, mit seinen rüden Methoden auch selbst die Gesetze zu übertreten. Geschickt erwarb er sich die Gunst des Königs, der seit den Barrikadenkämpfen in ständiger Furcht vor einem Umsturz lebte, indem er ihm mehrfach von Attentatsdrohungen und vereitelten Verschwörungen berichtete, die sich zum Teil überhaupt nicht ereignet hatten. Einer dieser dubiosen Attentatspläne sah vor, daß Friedrich Wilhelm in seiner Badewanne getötet werden sollte und zwar, man mag es kaum glauben, durch einen Dolchstoß, von unten durch das Abflußrohr geführt, in den After des Königs. Eine Geschichte, die dem König Schweißperlen auf die Stirn trieb. In einem anderen Fall, bei der sogenannten »Pulververschwörung«, die einige revolutionäre Republikaner vorbereitet hatten, hieß es später, daß Hinckeldey die Verschwörer lange Zeit unbehelligt gelassen und die Gruppe sogar mit Geld aus der Polizeikasse versorgt haben soll, damit diese sich die notwendigen Waffen beschaffen konnten. Bevor es zum Attentat kam, ließ er die Verschwörer dann verhaften.

Man würde dem Polizeipräsidenten aber Unrecht tun, wenn man ihn nur darauf reduzierte. Er trieb wie keiner seiner Amtsvorgänger die Entwicklung der Stadt voran, sei es als Initiator der modernen Berufsfeuerwehr oder durch die erfolgreiche Neuorganisation der Straßenreinigung. Zahlreiche Berliner Straßen wurden gepflastert und ein Heer von Strafgefangenen eingesetzt, um neue Chausseen anzulegen. Er unterstützte die Einrichtung des elektrischen Telegraphensystems, ließ Gefängnisse, Badeanstalten, Markthallen und Schlachthäuser bauen, letztere um die Lebensmittelversorgung der stark wachsenden Stadt zu verbessern. Es entstanden Gesindeherbergen für stellungsloses Dienstpersonal und sogenannte »Suppenanstalten« zur Volksspeisung für die Armen. Auch die Einwohnermeldeämter wurden in seiner Amtszeit eingerichtet, das allerdings auch mit dem Hintergedanken, die Überwachung unliebsamer Personen zu vereinfachen.

Da der Magistrat der Stadt nur wenig Initiative entwickelt hatte, um die Wasserversorgung Berlins zu verbessern, verhandelte Hinckeldey persönlich, auf Anordnung des Königs, mit den englischen Unternehmern Thomas Russel Crampton und Sir Charles Fox wegen der Errichtung einer Wasserleitung. Seine zielstrebigen Verhandlungen führten am 14. Dezember 1852 zur Vertragsunterzeichnung und nur drei Monate später zur Grundsteinlegung für das erste Berliner Wasserwerk, das dann in dreijähriger Bauzeit vor dem Stralauer Tor errichtet wurde. Dieses ungewohnte Tempo, gefaßte Entscheidungen auch umzusetzen, machten den Polizeipräsidenten bei führenden Kreisen der Bürgerschaft populär. Die Grundsteinlegung wurde mit einem großen Fest, zu dem 1100 Gäste geladen waren, im Krollschen Etablissement gefeiert.

Ein Mann, der durch Hinckeldey Reichtum und Berühmtheit erlangte, war der Buchdrucker Ernst Litfaß, der sich um die Genehmigung für die Aufstellung von 150 Anschlagsäulen in Berlin bemühte. Sein Plan sah vor, daß diese Säulen, gleichmäßig auf das Stadtgebiet verteilt, ausreichen würden, alle Plakate, Bekanntmachungen und sonstige Anschläge aufzunehmen. Für das damals noch von einer Stadtmauer umgebene Berlin mit nahezu 400 000 Einwohnern sollte das zunächst ausreichen. Es gelang Litfaß, den Polizeipräsidenten von seiner Idee zu überzeugen, da das Vorhaben die Stadt nichts kostete und gleichzeitig eine hervorragende Kontrollmöglichkeit bot, unliebsame politische Plakate mit staatsfeindlichem oder aufrührerischem Inhalt zu unterdrücken. Litfaß, der auch auf eine zukünftige Aufstellung weiterer Säulen spekulierte, würde schon selbst alles in seiner Macht Stehende tun, um seinen wichtigen Befürworter nicht zu verärgern. Allerdings hatte bei dieser Genehmigung die Stadtverwaltung auch noch ein Wörtchen mitzureden, wodurch die runden Säulen fast zum Streitobjekt wurden. Den Magistrat interessierte das öffentliche Anschlagwesen weniger, ihn beschäftigte mehr die Verbesserung der Hygiene auf den Straßen, womit Trinkwasserbrunnen und öffentliche Pissoirs gemeint waren. Da der Polizeipräsident schon mehrfach mit dem Spottvers »Ach lieber Vater Hinckeldey, mach uns für unsere Pinkelei doch bitte einen Winkel frei«, konfrontiert wurde, sah er sich zu einer amtlichen Stellungnahme veranlaßt: »Nun gibt es also in der That, wie heute allgemein anerkannt wird, gewisse Bedürfnisse eines großstädtischen Publikums, welche auf den öffentlichen Straßen befriedigt sein wollen und auf denselben in geregelter, den Abstand und die Ordnung nicht verletzender Weise nur durch Herstellung öffentlicher Einrichtungen befriedigt werden können.«

Um das gesamte Vorhaben nicht zu gefährden, erklärte sich Litfaß bereit, in seine Säulen 50 öffentliche Trinkbrunnen einzubauen und außerdem auf seine Kosten auch noch zusätzlich 30 Pissoirs aufzustellen. Am 5. Dezember erhielt der Buchdrucker die gewünschte Genehmigung, und in den nächsten Tagen sah man überall in der Stadt seine Werbeplakate, die nebeneinander drei Säulen mit unterschiedlicher Funktion zeigten. In der Mitte die einfache Säule ohne »Innenleben«, rechts die Brunnensäule mit dem Sinnspruch: »Innen Wasser rein und hell / Ohne all' Gemisch! / Außen bunter Lebensquell / Alle Tage frisch!« Auf der linken Plakatseite eine Säule mit integriertem Steh-Pissoir und dem Hinweis:»Was Noth thut zu so mancher Zeit, / Nicht gut sich thut mit Offenheit / Und weh' thut durch Versäumlichkeit, / Das thut gar wohl in Heimlichkeit.«

Die Erfolge in dieser Zeit reichten Hinckeldey aber bei weitem nicht, er strebte auch nach politischem Einfluß und forderte für sich eine präfektenartige Stellung. Die Minister und die höhere Beamtenschaft waren dagegen, da es der kollegialen Behördenverfassung widersprach. Der König war dafür, da er die Unabhängigkeit der Krone besser durch mit Sondervollmachten ausgestattete Vertrauensleute geschützt sah. Hinckeldey, der in der Gesellschaft als Günstling des Königs galt, da er von diesem jederzeit empfangen und auch gehört wurde, gelang es gegen erheblichen Widerstand, vor allem gegen den Innenminister Ferdinand von Westphalen, mit Unterstützung des Monarchen diese herausgehobene Position zu erlangen. Er wurde zum »General-Polizeidirektor« ernannt, der für alle Polizeiangelegenheiten zuständig war. Um dieses übergeordnete Amt zu schaffen, mußte das Innenministerium zweigeteilt werden, was den starken Widerstand des Ministers verständlich macht. Das Amt des Berliner Polizeipräsidenten übte Hinckeldey in Personalunion ebenfalls weiter aus.

Hinckeldey hatte gerade den Höhepunkt seiner Macht erreicht, als der Krimkrieg ausbrach. Preußen wahrte nach außen hin seine strikte Neutralität, im Inneren aber war man sich wenig einig. Die Liberalen forderten die Unterstützung der Westmächte, die Konservativen wollten Rußland zum Sieg verhelfen. In dieser Zeit wurden für Hinckeldey auch die Konservativen zu »subversiven Elementen«, die er nun ebenfalls verfolgen und durch die Geheimpolizei bespitzeln ließ. Als deren »Kreuzzeitung« wieder einmal in einem Leitartikel gegen die Neutralitätspolitik polemisierte, ließ er sie kurzerhand beschlagnahmen und schuf sich so unter den Ultrakonservativen erbitterte Feinde. Solange er Liberale und Linke drangsalieren ließ, war es ihnen recht gewesen. Daß nun aber auch Militärs und Junker mit den gleichen Waffen geschlagen wurden, wollten sie nicht hinnehmen und suchten nun einen Weg, diesen Mann endgültig loszuwerden. Man rächte sich anfangs damit, daß die Offiziere Einladungen zu Festlichkeiten im Hause Hinckeldey nicht folgten, und traf man sich dennoch bei Hoffesten, wurden er und seine Familie geschnitten. Das ging so weit, daß es allen Offizieren untersagt war, mit der »Konstabler-Göre« zu tanzen.

In dieser angespannten Situation befahl der König seinem Polizeipräsidenten, etwas gegen die illegalen Spielklubs der Stadt zu unternehmen, da zunehmend jüngere Offiziere der Spielleidenschaft verfallen waren, dabei oftmals ihr ganzes Vermögen verloren und daraufhin den Dienst quittieren mußten. Er sollte die berüchtigten Klubs ausheben lassen, um so insgesamt das Glückspiel zu verdrängen. Die wildesten Spieler der Stadt trafen sich regelmäßig Unter den Linden, im »Hôtel du Nord«, wo sich der feudale »Jockey Klub« etabliert hatte. Hier beliebten die hochadligen Offiziere die Nächte bei Spiel und Trank zu verbringen. Hinckeldey wollte den Wunsch des Königs zügig umsetzen und beauftragte den zuständigen Polizeileutnant Damm mit der Durchführung einer Razzia. Der Termin war für die Nacht vom 23. zum 24. Juni 1855 vorgesehen und erschien besonders günstig, da am Nachmittag ein großes Pferderennen in Berlin stattfand und man davon ausgehen konnte, daß an diesem Abend im Klub Hochbetrieb sein würde.

Gegen 22 Uhr stürmte Damm mit den Worten: »Ich will sehen, was hier vorgeht!« den Klub. Alle Spieltische waren gut besetzt und gespielt wurde, wie zu erwarten, mit hohen Einsätzen. Als Damm mit seinen Polizisten einschreiten wollte, setzten sich einige der adligen Zocker zur Wehr. Dem Polizeileutnant wurde der Helm vom Kopf gestoßen, zwei Offiziere sollen sogar ihren Degen gegen die Polizisten gezogen haben. Das Geld auf den Spieltischen wurde beschlagnahmt und mehrere Spieler festgenommen, darunter auch das Herrenhausmitglied Hans von Rochow-Plessow, der die Räume im »Hôtel du Nord« gemietet hatte. Die festgenommenen Spieler, allesamt Offiziere, mußten zwei Stunden später wieder freigelassen werden, da sowohl Generalfeldmarschall Wrangel als auch der »Kartätschenprinz«, der spätere Kaiser Wilhelm, sich auf die Seite der Offiziere stellten. König Friedrich Wilhelm IV., der den Befehl zur Razzia gegeben hatte, knickte nun ein und stimmte auf Nachfrage ebenfalls der Freilassung der zuvor Festgenommenen zu.

Am nächsten Tag erschien Hans von Rochow-Plessow in Begleitung des Grafen Wilhelm Pourtales in Hinckeldeys Büro, um sich über die Razzia im »Hôtel du Nord« zu beschweren. Der Polizeipräsident betonte, daß er auf ausdrücklichen Befehl des Königs gehandelt habe, entschuldigte sich aber gleichzeitig für das Fehlverhalten des Polizeileutnants Damm, der später noch einen Verweis und eine Geldstrafe erhielt, bevor er in die Provinz versetzt wurde. Der ganze Vorgang wurde nun von Hinckeldey als bedauernswertes Mißverständnis dargestellt, da die Razzia angeblich nur den Offizieren von Schmeling und Heydebrandt galt, die als stadtbekannte Spieler einige Wochen zuvor dem Herzog Wilhelm von Mecklenburg, einem Neffen des Königs, viel Geld beim Spiel abgenommen haben sollen. Diese beiden Offiziere befanden sich aber zum Zeitpunkt der Razzia überhaupt nicht im »Jockey Klub«.

Spätestens jetzt hätte Hinckeldey klar sein müssen, daß er seine Position nicht überschätzen durfte. Er verließ sich aber auch in der Zukunft auf das Vertrauen und Wohlwollen des Königs und ging einem nun ausbrechenden Kleinkrieg zwischen der Polizei und dem Militär keinesfalls aus dem Weg. Die Konstabler erhielten die Anweisung, die ständigen Paßkontrollen auf den

Bahnhöfen nun auch auf die Offiziere auszudehnen, ein Vorgang, der zu ständigen Reibereien führte, da diese sich den neuen Bestimmungen nicht unterwerfen wollten.

Auch die Auseinandersetzungen um die Razzia im Spielklub flammten nach einiger Zeit wieder auf, als Hans von Rochow-Plessows Vater, der amtierende Hofmarschall, den König abermals auf den Vorfall ansprach. Dieser erklärte in dem Gespräch, daß er nie einen Befehl zum Einschreiten gegen die Spieler gegeben habe. Am 18. Dezember 1855 stellte daraufhin der Offizier von Schmeling beim Stadtkommandanten von Berlin den Antrag, den Fall vor den Ehrenrat der Armee zu bringen. Hinckeldey wurde vom Kommandanten aufgefordert, eine entsprechende Erklärung abzugeben, in der dieser, vermutlich aus Loyalität zum König, sich nicht wie zuvor bei der Beschwerde des Herrn von Rochow auf dessen Befehl berief, sondern jetzt nur noch von einer unglücklichen Verkettung von Mißverständnissen sprach. Als Rochow nun von Hinckeldeys Erklärung erfuhr, richtete er eine Beschwerde an den Innenminister von Westphalen, in der er den Polizeipräsidenten beschuldigte, »amtlich eine Lüge ausgesprochen« zu haben. Die Affäre eskalierte endgültig, als Hinckeldey von dieser Bezichtigung erfuhr und nun keine andere Möglichkeit der Ehrenrettung mehr sah, als Hans von Rochow-Plessow zum Duell auf Pistolen zu fordern.

Es kann mit großer Wahrscheinlichkeit davon ausgegangen werden, daß Hinckeldey die Pläne Rochows und seiner Freunde durchschaute und davon ausging, daß diese ihn vernichten wollten. Ihm mußte auch klar sein, daß er ein Duell nicht gewinnen konnte gegen einen an Waffen geschulten und erheblich jüngeren Offizier, zumal er selbst über keinerlei Erfahrungen im Umgang mit Schußwaffen verfügte und zudem noch stark kurzsichtig war. Vielleicht hoffte er darauf, daß der König rechtzeitig von dem Vorhaben Kenntnis bekam und das vom Gesetz verbotene Duell untersagte. Am 5. März legte er jedenfalls alle seine Ämter vorübergehend nieder, da es unmöglich war, daß ein Polizeipräsident in aller Öffentlichkeit gegen bestehende Gesetze verstieß.

Friedrich Wilhelm hatte auch bereits von der Zuspitzung der Situation Kenntnis erhalten und daraufhin den Staatsanwalt Nörner beauftragt, die Kontrahenten zu einem Vergleich zu bewegen. Auch Innenminister von Westphalen blieb nicht gänzlich untätig und ordnete am 9. März die Überwachung der Rochow'schen Wohnung an.

Am frühen Morgen des 10. März 1856 trafen sich im Haus des Geheimen Oberregierungsrats Freiherr von Münchhausen Hinckeldey und sein Arzt und Freund Ludwig Hassel. Münchhausen sollte als Sekundant fungieren. Nach seiner Aussage stärkte sich der General-Polizeidirektor noch mit einer Buttersemmel und zwei Gläsern Rotwein, bevor sich alle drei mit einer Kutsche auf den Weg in die Jungfernheide aufmachten, wo das Duell stattfinden sollte. Als sie nach einer guten Stunde Fahrt den Waldrand unweit des Forsthauses Königsdamm erreichten, wurden sie von der Gegenpartei bereits erwartet. Beide Kontrahenten, begleitet von ihren Sekundanten, gingen nun zu Fuß in den Wald bis zu einer großen Lichtung. Freiherr von Münchhausen berichtete später, daß Hinckeldeys Nerven stark angespannt waren und er leicht schwankend die letzten Schritte durch den Wald lief.

Am Ort des Zweikampfs angekommen, begrüßten sich die Gegner den Regeln entsprechend. Als unparteiischen Schiedsrichter hatte man den Freiherrn von der Marwitz gewonnen, der nun noch einen letzten Versöhnungsversuch machte, der aber auf beiden Seiten keine Zustimmung fand. Hinckeldey und Rochow-Plessow nahmen Aufstellung und gingen dann mit erhobenen Pistolen aufeinander zu. Hinckeldey, der als Beleidigter das Anrecht auf den ersten Schuß hatte, drückte ab, aber die Waffe versagte ihren Dienst. Nachdem sein Sekundant ihm eine andere Pistole gebracht hatte, wurde erneut Aufstellung genommen. Nun schossen die Duellierenden fast gleichzeitig. Hinckeldeys Kugel verfehlte sein Ziel, während Rochows Geschoß die rechte Lunge des Gegners durchschlug. Langsam sackte der General-Polizeidirektor in sich zusammen, wobei sein Körper noch eine halbe Drehung vollführte, bevor er auf dem Waldboden aufschlug. Aus seinem Mundwinkel floß Blut, und ohne das Bewußtsein noch einmal wiederzuerlangen, verstarb er innerhalb weniger Minuten.

Der Tod des ungeliebten und von vielen gehaßten Polizeipräsidenten sprach sich innerhalb weniger Stunden in Berlin herum. Im Herrenhaus wurde Hans von Rochow-Plessow nach seinem Eintreffen gefeiert, während auf den Straßen von politischem Mord gesprochen wurde. Die Stimmung wurde noch zusätzlich aufgeheizt durch ein Gerücht, wonach für den Fall, daß Hinckeldey der Überlebende gewesen wäre, noch zwei »Ersatzleute« zur Verfügung gestanden hätten, die ihn sofort erneut zum Duell herausgefordert hätten. So passierte etwas sehr Merkwürdiges. Große Teile der Berliner Bevölkerung, die zuvor unter der rigiden Polizeiführung gelitten hatten und den Polizeipräsidenten in den vergangenen Jahren vielfach zum Teufel wünschten, betrauerten nun plötzlich seinen Tod. Als Hinckeldeys Leichnam drei Tage später auf dem Friedhof der Nikolai- und Mariengemeinde an der Prenzlauer Straße beigesetzt wurde, folgten über 100 000 Menschen seinem Sarg auf dem Weg vom Trauerhaus zum Beerdigungsplatz. Zu den Trauergästen gehörten fast alle Kabinettsmitglieder, Militärs waren allerdings nur vereinzelt zu sehen. Eine Ausnahme bildete General von Wrangel, der während des Belagerungszustandes 1848/49 Hinckeldeys Vorgesetzter gewesen war. Auch Friedrich Wilhelm IV. war bei der Trauerfeier anwesend, und es ist aus seinem Umfeld überliefert, daß er bei Erhalt der Nachricht von Hinckeldeys Tod in Tränen ausgebrochen sei. Noch am offenen Grab rief der Sohn des »Lokomotivkönigs« Borsig zu einer Sammlung für die Familie des Getöteten auf, die allein am Tag der Beerdigung nahezu 11 000 Taler einbrachte. Der größte Teil des gesammelten Geldes kam von den sogenannten »einfachen Menschen«, die der im Sarg liegende Polizeipräsident zu Lebzeiten auf das heftigste und brutalste verfolgt hatte und die nun Geld für die Familie dieses Erzreaktionärs und Günstlings des Königs spendeten.

Hans von Rochow, der Sieger im Duell, wurde einige Stunden später von der Polizei verhaftet, aber bereits am nächsten Morgen wieder auf freien Fuß gesetzt. Ein Militärgericht bestrafte ihn nach einigen Wochen zu vierjähriger Festungshaft, die er in Magdeburg verbüßen sollte. Betrachtet man die Strafe genauer, war es eigentlich nur eine Aufenthaltsbeschränkung, da er sich in Magdeburg frei bewegen und auch jederzeit unkontrolliert Besuch empfangen konnte. Aber auch diese lächerliche Strafe war seinen adligen Freunden zu hoch, und so versuchten sie mit allen Mitteln, die Strafzeit zu verkürzen. Letztlich gelang es ihnen dadurch, daß sie die Witwe Hinckeldeys bestürmten, bis diese bereit war, sich an den König zu wenden, um von ihm selbst die Begnadigung des Mörders ihres Mannes zu erbitten. Friedrich Wilhelm IV. entschied sich erstaunlich schnell, so daß auf den Tag genau, ein Jahr nach dem Duell, Rochow begnadigt wurde. Nur wenige Tage nach seiner Entlassung nahm er auch wieder seinen Sitz im Herrenhaus ein und wurde später sogar zum Vizepräsidenten gewählt.

Für einen kleinen Teil des für Hinckeldeys Familie gesammelten Geldes schuf der Bildhauer Simon Blad ein Denkmal, das an der Stelle in der Jungfernheide Aufstellung fand, wo das Duell stattfand. Ein schlichtes Kreuz aus grauem Granit trägt die Inschrift (ohne »c«): »L. v. Hinkeldey / † den 10. März 1856.«

Die Jungfernheide war zur Zeit des Duells ein »urwaldähnliches Gelände«, das sich von Charlottenburg bis Tegel und in der anderen Richtung von Wedding bis nach Haselhorst erstreckte. Der Name des Gebiets geht auf ein 1239 gegründetes Benediktinerinnenkloster in Spandau zurück und blieb bis zur Reformation und der damit verbundenen Vertreibung der Nonnen im Besitz des geistlichen Ordens. Durch seinen Wildreichtum wurde es anschließend zum beliebten Jagdgebiet des Kurfürsten Joachim II. Auch nach dessen Tod fanden noch zahlreiche Hofjagden in diesem Revier statt. Heute sind dort keine Jagdhörner mehr zu hören, da mit dem Wachsen der Stadt der Wald auf eine Größe von 800 mal 1800 Meter zusammenschrumpfte.

Der Ort des Waffengangs, nah dem ehemaligen Forsthaus Königsdamm, ist heute nur schwer zu finden. Im »Pharus-Plan« von Berlin aus dem Jahre 1902 ist das Forsthaus noch eingezeichnet, östlich der Kreuzung Königsdamm (heute Heckerdamm) mit dem Tegeler Weg (heute Kurt-Schumacher-Damm). Carl Riesel beschrieb 1869 in »Das romantische Havelland …«, das

Kreuz sei von einem Acker umgeben, »so daß der Zugang nicht immer ermöglicht ist«. Bereits 1904 hatte sich die Landschaft der Jungfernheide stark verändert, die aufblühende Stadt forderte ihren Preis: »neben dem Kreuz befindet sich ein Müllabladeplatz«. Einer weiteren Beschreibung aus dem Jahr 1939 ist zu entnehmen, daß nun das Hinckeldey-Kreuz von einem Gitter eingefriedet war und in einem Halbkreis junge Eichen gepflanzt wurden. Dicht daneben sind inzwischen Schrebergärten entstanden.

1945, nach Kriegsende, steht das Steinkreuz, nur leicht beschädigt, völlig frei in einem vom Krieg gezeichneten »wüsten Gelände«. 1952, der Wiederaufbau der Stadt ist in vollem Gange, wird der Tegeler Weg begradigt. Da der Gedenkstein den Bauarbeiten im Wege ist, wird er vorübergehend zwischen den Fahrbahnen aufgestellt. 1954 wird das Gedenkkreuz durch die Bildhauerin Pauli restauriert und etwas westlich an den Rand des Volksparks Jungfernheide versetzt. Bereits ein Jahr zuvor wurde die vorbeiführende Straße zur Erinnerung an den General-Polizeidirektor in Hinckeldeydamm umbenannt, allerdings nur für knapp drei Jahre, dann erhielt sie den Namen Kurt-Schumacher-Damm.

Wer heute das Gedenkkreuz für Carl Ludwig von Hinckeldey aufsuchen möchte, muß schon etwas suchen. Obwohl tausende Autos täglich direkt daran vorbeifahren, hat es vermutlich von den Insassen kaum einer je bemerkt. Seit dem Ausbau zur Stadtautobahn steht das Kreuz unmittelbar hinter dem Schutzgitter, das die Autobahn von einem parallel führenden Fuß- und Radweg trennt, am äußersten Rand des Volksparks Jungfernheide. Der Zugang zu diesem Weg ist vom Heckerdamm oder dem Saatwinkler Damm möglich. Das Grab des einstigen General-Polizeidirektors und Polizeipräsidenten auf dem Friedhof der Nikolai- und Mariengemeinde an der Prenzlauer Straße ist ebenfalls noch erhalten und dort in der Abteilung 10 (Randmauer) zu finden.

WO LIEGT TAURUS?
Ein mörderisches Pferderennen

Es versprach ein sonnenreicher Sonntag im August 1998 zu werden. An so einem Tag bleibt man nicht in den eigenen vier Wänden. Wohin sollte es aber gehen? Nachdem ich gemeinsam mit meiner Lebensgefährtin verschiedene Ausflugsorte erwogen und wieder verworfen hatte, entschieden wir uns für den Park von Glienicke. Dort spenden alte Bäume ausreichend Schatten, die Havel befindet sich in Sichtweite und auch der Wunsch nach einem Gartenrestaurant, wir dachten dabei an Moorlake, wird erfüllt.

Wir begannen unseren Spaziergang am 1827 von Schinkel um- und ausgebauten Schloß. Den nach englischen Vorbildern »Pleasureground« genannten kleinen Landschaftsgarten, zwischen Schloß und Glienicker Brücke gelegen, ließen wir links liegen, überquerten die Schloßwiese und standen laut Gartenplan, herausgegeben von Museumspädagogischen Dienst im Jahr 1989, trockenen Fußes im Schloßsee. Ein prüfender Blick auf den Plan unter der Kennziffer 35 lieferte die Erklärung: »Schloßsee, trockengelegt, Wiederflutung vorgesehen für 1992«. Da wir uns schon im Jahr 1998 befanden, mußte irgendetwas dazwischengekommen sein.

Die große Wiese, nah der Königstraße und den dort reichlich parkenden Autos, war bei diesem Wetter gut besucht – Sonnenanbeter, wohin das Auge blickte. Ballspielende Kinder und umhertollende Hunde vertragen sich meist gut, solange niemand versucht, dem Hund den gerade mühsam erbeuteten Ball wieder zu entreißen. Über der sommerlichen Szenerie machten sich aber einige dunkle Wolken breit. Für sie war an diesem Tag Petrus nicht verantwortlich, sie stiegen von einem überdimensionierten Holzkohlengrill auf, belegt mit Bratwürsten und Fleischstückchen. Sonntag in Glienicke.

In der Mitte der Wiese ein gewaltiger Findling mit dem eingemeißelten Datum »1. Mai 1824«. Die Inschrift erinnert an den Tag, an dem der dritte Sohn von Friedrich Wilhelm III. und seiner Gemahlin Königin Luise, Prinz Carl von Preußen, Glienicke erwarb. Der Prinz war damals gerade 23 Jahre alt und im Frühjahr zum Generalmajor befördert worden. Die Anerkennung seines Vaters zeigte sich daran, daß dieser ihm – als erstem der Brüder – den Kauf eines Sommersitzes gestattete. So erwarb der junge Mann das 390 Morgen große Gut bei Potsdam vom Sohn des kürzlich verstorbenen Fürsten Hardenberg für 50 000 Taler. Zu der Besitzung gehörte ein hügeliges Wald- und Parkgelände, reizvoll am Jungfernsee gelegen, mit Wohnhaus, Teepavillon und einem kleinen Billardhaus am Uferhang.

Karl Friedrich Schinkel baute bald darauf das Billardhaus in ein klassisches Casino mit seitlichen Pergolen um. Der Teepavillon, nah der Chaussee, bekam eine »griechische« Gestalt und wurde so zur »Kleinen Neugierde«, und nur wenig später erfolgte auch der Umbau des Gutshauses. Mehr als 50 000 Bäume ließ Prinz Carl in den folgenden Jahren anpflanzen, und Peter Josef Lenné, der kurz zuvor vom preußischen König zum Gartendirektor ernannt worden war, schuf hier seine berühmten Sichtachsen, die den Spaziergänger bis heute überraschen.

Von diesen und später gepflanzten Bäumen profitierten wir an diesem sonnigen Tag. Bei der Fortsetzung unseres Weges erinnerte ich mich an eine Geschichte, die ich vor einiger Zeit in Kurt Pompluns »Großes Berlin Buch« gelesen hatte. Er, der Berlin wie kaum ein anderer kannte, erwähnte in einem Kapitel, daß im Park von Klein-Glienicke auch Gräber von Lieblingspferden des Prinzen Carl zu finden sind. »Hin und wieder entdeckt man an verborgenen Stellen auch bemooste Steinplatten, auf denen verloschene Inschriften mit klangvollen Namen – Allamont von Allahor u.d. Alhalia zum Beispiel – hier beigesetzter prinzlicher Leibpferde gedenken. Der größte aller Steine feiert den 1909 verschiedenen Hengst Taurus, der 1892 den 580 Kilometer langen Distanzritt Berlin-Wien in 71 Stunden gewann.«

Da ich bei meinen bisherigen Besuchen im Park keine dieser Steinplatten gesehen hatte, Pomplun auch deren Lage nicht beschrieben hat, wollte ich die Gelegenheit nutzen und sie auf dem heutigen Spaziergang entdecken. Vor allem das Grab von »Taurus« interessierte mich, da ich mir ein Langstreckenrennen über die Distanz Berlin-Wien zu Pferde nicht recht vorstellen konnte, schon gar nicht in einer Zeit von nur 71 Stunden. Merkwürdig fand ich allerdings, daß, wenn es eines der Lieblingspferde des Prinzen Carl gewesen sein soll, dieser zum Zeitpunkt des Rennens bereits neun Jahre tot war.

In dem schon erwähnten Gartenplan war keines der Gräber eingezeichnet. Ein Bewohner des Matrosenhauses, der in seinem Garten Blumenbeete vom Unkraut befreite und so von mir befragt werden konnte, meinte, daß sich die Platten in der Nähe der Römischen Bank befinden könnten, seiner Meinung nach aber nicht direkt am Wegesrand.

Anfang Oktober 1824 fuhr die Großfürstin Alexandra gemeinsam mit ihren Brüdern Prinz Wilhelm und Prinz Carl nach Frankfurt an der Oder, um ihre

Schwägerin Maria Paulowna von Weimar mit ihren beiden Töchtern zu begrüßen. Sie machten auf ihrer Reise nach Rußland Station. Prinz Wilhelm schrieb seinem Vater über das Treffen: »16. Oktober, ... Carl und ich waren in Frankfurt a.O., um die Großfürstin Marie auf ihrer Vorbeireise zu komplimentieren ... sie hatte ihre beiden Töchter bei sich. Die älteste, Marie, ist sehr hübsch, fast schön zu nennen, – die zweite, Augusta, soll weit lebhafter als ihre Schwester sein. – Was Carl anbetrifft, so hat er sich nicht weiter ernsthaft geäussert ...« Prinz Wilhelm hatte scheinbar nicht bemerkt, daß sich sein jüngerer Bruder bei dieser ersten Begegnung »ernsthaft« in die so schöne Marie verliebt hatte. Nach gut zwei Jahren, im Dezember 1826, fand die Verlobung von Marie und Prinz Carl in Weimar statt. Der König hatte sein Erscheinen angekündigt, stürzte aber wenige Tage vor der geplanten Abreise nach Weimar auf einer Treppe im Berliner Schloß. Die Folge war ein komplizierter Bruch des Unterschenkelknochens des rechten Beines und die damit verbundene Absage seiner Anwesenheit bei der Verlobung seines Sohnes. Als gerade sechs Monate später in der Kapelle des Charlottenburger Schloßes die Trauung des Prinzen vollzogen wurde, war der Bruch wieder gut verheilt und der König als stolzer Brautvater anwesend.

Der als gemütlicher Spaziergang geplante Sonntagsausflug hatte sich inzwischen zu einer mittleren Strapaze entwickelt. Die Quecksilbersäule des Thermometers war im Lauf des Tages noch um einige Grad geklettert. Einige Stunden und viele Kilometer, die wir suchend mit gesenktem Kopf durch den Park gelaufen waren, lagen hinter uns. Die Frage nach einem schönen Platz im Gartenrestaurant Moorlake stellte sich nicht mehr, da wir bei der Suche wieder an der Königstraße gelandet waren. Es sei noch erwähnt, daß wir kein einziges Pferdegrab an diesem Tag entdeckten.

Einige Tage später nahm ich die Suche wieder auf, diesmal am Schreibtisch und mit Hilfe von Gräfin Malve Rothkirch, besser gesagt mit ihrem Buch »Prinz Carl von Preußen – Kenner und Beschützer des Schönen« (so bezeichnete Fürst Pückler den Prinzen). Sie berichtete über die harmonische Ehe des Prinzen Carl, die Fortschritte der Bauarbeiten an den Gebäuden von Glienicke und den enormen Anstrengungen der Landschaftsplaner bei der Gestaltung der Parkanlagen. Gut neun Monate nach der Hochzeit erblickte der erste Sohn Friedrich Karl Nikolaus das Licht der Welt und am 1. März 1829 folgte eine Tochter, die auf den Namen Marie Louise Anna getauft wurde.

Über die Vorliebe des Prinzen Carl zu Pferden findet sich bei Gräfin Malve Rothkirch nicht viel, nur drei Ereignisse weckten mein Interesse. 1834: »Seit wenigen Jahren gab es in der preußischen Hauptstadt Pferderennen. Prinz Carl berichtete seinem kleinen 6jährigen Fritz (Friedrich Karl) nach Weimar: »22. Juni, ... Die Wettrennen waren herrlich ... ein Pferd von mir gewann.«

Und Prinzessin Marie schrieb zurück: »… Während des Rennens kann ich mir Dich recht lebhaft vorstellen; wo hast Du nur gestanden und mit dem Fernglas ›Favorite‹ verfolgt? …«

März 1835: »Aus einigen Briefen des Prinzen Carl an seinen Vater war zu erfahren, daß er einen Unfall, wohl Reitunfall, hatte. Eine Reise nach dem Seebade Cuxhaven sollte Linderung bringen.« Und endlich folgende Eintragung: »Einen traurigen Tag gab es 1843 noch, als eines der Lieblings-Pferde des Prinzen Carl starb. Er ließ es im Glienicker Park beerdigen und eine Gedenkplatte darüber legen: Brownhorse von 1815-1843 über 20 Jahre im Besitz Sr. K.H.«

Einige Wochen später zog es mich wieder in den Glienicker Park, diesmal mit dem Fahrrad. Ich hatte mir vorgenommen, notfalls das gesamte Wegenetz abzufahren. Nach einigen Kilometern ein erstes Erfolgserlebnis. Ich hatte gerade das Dammwildgehege umrundet und gelangte an eine Weggabelung. Ein Weg führte südlich des Märchenteichs, parallel der Königstraße durch den Wald, ein anderer war nördlich des Teiches angelegt worden. Ich entschied mich für den südlichen Abzweig, um den Märchenteich großräumig zu umrunden. Ungefähr 300 Meter, bevor ich die Gabelung wieder erreichte, entdeckte ich, nur fünf Meter vom Wegesrand entfernt, zwei stark bemooste Steinplatten. Die Inschriften, nicht ganz leicht zu entziffern, nennen die Namen von zwei Pferden: »Brownhorse von 1813-1843, davon 20 Jahre im Besitz SKH« und »Agathon, geb. 8. April 1822 zu Ivonuch, verendet 29. Oktober 1854 zu Glienicke.«

Ich weiß nicht, wie alt Pferde im Durchschnitt werden, vermute aber, daß Brownhorse und Agathon mit 30 bzw. 32 Jahren ein recht stattliches Alter erreicht hatten. Daß der Besitzer der Tiere diese auch liebte, davon zeugt die Größe und Qualität der Grabplatten.

Von diesem ersten Erfolg beflügelt, legte ich noch viele Kilometer kreuz und quer durch den Park mit dem Fahrrad zurück, die Gräber von Allamont und Taurus fand ich aber nicht. Wieder daheim am Schreibtisch blätterte ich in dem prächtigen Bildband »Schloß Glienicke – Bewohner Künstler Parklandschaft«, herausgegeben anläßlich einer Ausstellung 1987. Unter der Katalogziffer 510 fand ich die Reproduktion eines Ölgemäldes »Das Pferd Agathon im Stall des Schloßes Glienicke«, gemalt im Jahr 1850 von Franz Krüger, der nicht zu Unrecht »Pferde-Krüger« genannt wurde. Das Bild zeigt Agathon in einer Ecke des 1827 von Schinkel erbauten Stallgebäudes in Glienicke. Über dem linken Futterkorb ein Schild mit der Aufschrift »Agaton«, von Krüger ohne »h« gemalt.

Was dem Ausstellungsbesucher verborgen blieb, beschreibt der Katalog. »Auf der Rückseite der Leinwand zwei alte Zettel mit Inschriften: Für S. K. H. den Prinzen Carl von Prinzessin Louise K. H. Prinzessin Anna K. H.

Prinz Friedrich Carl K. H. Weihnachten 1850 und von anderer Hand: Agan-
thon (sic!) geboren den 8ten April 1822 zu Ivenack .... (es folgt der Stammbaum des Pferdes) Fuchs-Wallach, wurde als bestes Jagdpferd vom Grafen
Plessen 5 Jahr 10 Monate alt, im Februar 1828 Seiner Königlichen Hoheit dem
Prinzen Carl verkauft, blieb über 20 Jahre in Höchstdessen Marstall zu Berlin und erhält seit dem Frühjahr 1848 das Gnadenbrot zu ... Die folgenden
Worte sind ausradiert, erhält ist in erhielt abgeändert, vor zu ist bis einge-
schoben, und es folgt seinem Ende zu Glienicke den 29 t October 1854.«

Bei der Ausstellung konnte der Besucher auch noch ein »echtes Stück Agathon« bewundern, denn das Pferd wurde nur mit drei Hufen im Schloßpark
beigesetzt. Der Katalog gibt unter der Ziffer 461 Auskunft: »Schreibzeug mit
Huf des Pferdes Agathon... Ausgehöhlter Pferdehuf mit Messing-Fesselge-
lenk (Kötenschopf) mit der Öffnung für das fehlende Tintenfaß. Die Öffnung wird durch einen Scharnierdeckel geschlossen. Als Federhalterablage
dient eine Astgabel mit Blättern. Über der Gabelung das Spiegelmonogramm
C unter der preußischen Königskrone. In den weiß polierten Huf eingraviert
und geschwärzt: AGATHON geb. 8/4.22 † 29/10.54. Beigefügt ist der Rest eines Billetts mit der fragmentarischen Aufschrift: v. Sr. K. H. dem Hochseli-
gen Prinzen Carl v. Preußen getragen.«

Einige Wochen später besuchte ich das Archiv des Heimatmuseums Zeh-
lendorf. Viel zu meinem Thema fand ich nicht, aber eine handschriftliche Notiz weckte mein Interesse: »Allamont − Wenn man a.d. Brücke steht, rechts
vom † noch hinter dem gr. Stein, zur Quelle die den See speist. Kurz hinter
einer dort stehenden Bank entlanggehen.«

Wieder zu Hause schaute ich auf den Gartenplan. Nördlich der Königstraße
waren vier Seen eingezeichnet. Der größte, der Schloßsee wartet noch immer
auf »Wiederflutung«. Um den Märchenteich herum hatte ich bereits alles abgesucht, und ein ganz kleiner Tümpel nah der Römischen Bank ist so winzig,
daß eine Brücke keinen Sinn ergäbe. Also kann es eigentlich nur der namenlos eingezeichnete See nah der Töpferbrücke und dem Zeltenplatz sein.

Wieder im Schloßpark, vorbei am Hofgärtner- und Maschinenhaus, wählte ich den Abzweig Richtung Matrosenhaus, das ich wenig später erreichte
und dem eingeschlagenen Weg weiter folgte. Bei der ersten Möglichkeit bog
ich nach links ab und erreichte den kleinen See, der früher einmal durch eine
künstliche Quelle gespeist wurde, heute aber nur noch als modriger Pfuhl bezeichnet werden kann, an dem sich im Sommer alle Mücken der Umgebung
versammeln. Mehrere an hohen Pfählen befestigte Schilder warnen davor, im
Winter die Eisfläche zu betreten. Ein kleiner Holzsteg führt über die trockene Rinne, die einst das Wasser von der Quelle in den See leitete. Hinter dem
Steg hielt ich mich links und erreichte nach wenigen Schritten, bei einem
großen Findling, die Stelle, wo einst das Wasser hervorsprudelte. Noch vier

Meter geradeaus und ich stand nach langem Suchen, unter Bäumen und dichten Büschen gut versteckt, vor der Grabplatte des dritten Pferdegrabes. Dunkel ist es an diesem Ort, nur wenige Sonnenstrahlen schaffen den Weg durch das dichte Blattwerk einer großen Kastanie. Nachdem ich die Schicht von welkem Laub und feuchtem Moos entfernt hatte, war die Inschrift zu erkennen, aber kaum lesbar. Meine Finger ertasteten die eingemeißelten Buchstaben und in drei Zeilen tauchten Name und Abstammung des edlen Tieres auf: »Allamont / br. H. v. Allahor u. Alhalia / geb. 1812 gest. 1839«.

Der braune Hengst Allamont, der 1839 im Alter von 27 Jahren die Welt verließ, war offensichtlich das erste Pferd, das Prinz Carl in seinem Park begraben ließ. 1845 folgte Brownhorse und neun Jahre später Agathon. Von unzähligen Mücken bedrängt, verließ ich diesen Ort und war in Gedanken schon bei dem letzten noch fehlenden Pferdegrab: Wo ist Taurus?

Bei meinem Besuch im Zehlendorfer Heimatmuseum hatte ich neben der handschriftlichen Notiz noch einen undatierten Artikel von Erich Alenfeld gefunden. Dieser bewies, das außer mir auch schon andere intensiv nach den Pferdegräbern gesucht haben. Unter der Überschrift »Auf den Spuren der Vergangenheit« beschreibt Alenfeld seine Suche mit einigen Gleichgesinnten. Auch sie entdeckten nach langen Spaziergängen die drei beschriebenen Gräber, dann gaben sie, wie der letzte Satz in diesem Artikel zeigt, erst einmal auf: »Die Gräber der übrigen Pferde fanden wir nicht, darum geht in den Wald und suchet, genießt diesen schönen Buchenforst und erfreuet Euch seiner vielfältigen Bewohner.«

Bevor ich diesen wohlgemeinten Rat aufnahm, verfolgte ich die Geschichte von Schloß und Park weiter. Am Morgen des 18. Januar 1877 verstarb Prinzessin Marie im Alter von 69 Jahren in ihrem Palais am Wilhelmplatz. Fünf Tage darauf fand die feierliche Einsargung mit Gottesdienst in der Kapelle des Berliner Schlosses statt. Anschließend wurde der Sarg in die Kapelle des Charlottenburger Schlosses überführt, wo er bis zur Fertigstellung der Gruft unter der Kirche St. Peter und Paul von Nikolskoe blieb. Es war der Wunsch der Prinzessin, dort unweit vom geliebten Glienicker Schloß beigesetzt zu werden.

Zwei Tage später schrieb Prinz Friedrich Karl in einem Brief an General von Stülpnagel: »Mein armer Papa ist tief gebeugt, körperlich sehr gebrochen und gealtert. … Wenn er in diesem veröden Palais bliebe, wo er nichts nach seiner langen Gewohnheit fände, würde er der Gattin wohl nur zu schnell folgen. Er wird deshalb meinen Vorschlag ausführen und sobald als tunlich … auf längere Zeit verreisen.«

Sechs Jahre überlebte Prinz Carl seine Gemahlin. Er unternahm in dieser Zeit noch einige Reisen, war aber immer seltener in Glienicke anzutreffen. Zu vieles erinnerte ihn dort an die gemeinsame schöne Zeit mit Marie. Im Herbst 1882 brach er sich während eines Aufenthaltes in Kassel, im Hotel

»König von Preußen«, den Oberschenkel und war fortan für seine letzten Lebensmonate an den Rollstuhl gefesselt. Am 21 Januar 1883 starb er. Dichtgedrängt standen Menschenmassen vor dem Palais am Wilhelmplatz, um dem Trauerzug auf dem Weg zum Dom zu folgen. Eile tat Not, denn am darauffolgenden Tag sollte die Silberne Hochzeit des Kronprinzen Friedrich Wilhelm und der Kronprinzessin Viktoria gefeiert werden. So wurde der Sarg des Prinzen Carl noch in der Nacht des Todestages in die Gruft von St. Peter und Paul überführt.

Die »Neue Preußische Zeitung« vom 26. Januar 1883 beschreibt die nächtliche Beisetzung: »Der Winter um das Gotteshaus – entlaubte, starre Äste – eine leichte Schneedecke – sich ausbreitend weit über die Eisfläche des Havelstromes – das bleiche Licht des Mondes durch die Bäume dringend, jetzt klar, dann halb von Wolken bedeckt – leises Wehen durch den Wald – durch die stille Nacht ein fast lautlos geschäftiges Treiben von dunklen Menschengestalten, dann wider Blitzen der Waffen – gedämpfte Commando-Rufe – in den Waldweg hinein roter Fackelschein – die Fenster der Kirche in die Nacht hinein leuchtend, wie ausspähend nach dem, der hier seine Ruhestätte finden sollte. So das Stimmungsbild.

Als der Condukt gegen 12 3/4 Uhr gemeldet war, begann die Glocke des Kirchleins ihr Trauergeläute. Die Rechtsritter des Johanniterordens …. in ihren schwarzen Ordensmänteln mit dem weißen Kreuze … Superintendent Petzholz, der Ortspfarrer von Glinicke Lind im Talar, die Beamten von Glinicke gingen dem Zuge … entgegen … Durch eine bewegliche Chaine von Fackelträgern hindurch fuhr der Leichenwagen bis an die Kirche. Hier wurde der Sarg aus dem Wagen gehoben und unter Vorantragung von Fackeln unter dem Präsentieren der Leibcompagnie des 1. Garde-Regiments z. F., während die Geistlichen vorangingen und die Prinzen, so wie der Hofstaat u.s.w. nachfolgten, nach der Gruft gebracht. … Der Sarg, zu Häupten nach Osten vor dem Altar, wurde an der rechten Seite desjenigen der Prinzessin beigesetzt. Oben aus der Halle der geöffneten und erleuchteten Kirche drang voller Orgelklang …. hinab, … so nahmen die hohen Verwandten und alle diejenigen, welche mit dem Prinzenpaar im Leben gewesen waren, Abschied von deren Ruhestätte. Dann wieder gedämpfte Commando-Rufe, erlöschende Fackeln – das fahle Mondlicht an Stelle ihres roten Scheines und dann allmählich Ersterben jedes Lautes – die Ruhe des Waldes, des Winters und der Toten, die hier schlummern.«

Ich stellte meine Suche nach Taurus, dem letzten Pferdegrab, erst einmal ein, was nicht bedeutete, daß ich mich mit dem Thema nicht mehr befaßte. Ich versuchte nun etwas über den von Pomplun erwähnten Distanzritt im Jahr 1892 zu erfahren. Dieses Rennen über 580 Kilometer von Berlin nach Wien soll Taurus, wie erwähnt, in nur 71 Stunden gewonnen haben.

Erste Hilfe bei meinen Nachforschungen erhielt ich erstaunlicherweise nicht von Freunden des Pferderennsports, sondern von Radfahrern. Ich lernte Ulrich Feick kennen, einen Radsport-Enthusiasten, der in Spandau ein Fahrradgeschäft betreibt und, wenn es um die Geschichte des Radsports geht, eine gute Informationsquelle ist. Der Grund, daß er auch über dieses Pferderennen Bescheid wußte, war der, daß Radfahrer bei diesem Ereignis eine nicht unwichtige Rolle gespielt haben.

Ich erfuhr nun Genaueres über ein wahnwitziges Pferderennen, das im Oktober 1892 stattgefunden und einigen Staub, nicht nur durch die Hufe der Pferde, aufgewirbelt hat. Es war damals schon seit längerer Zeit ein militärischer Wettkampf geplant zwischen den Offizieren des österreichisch-ungarischen Kaisers Franz Josef und jenen des deutschen Kaisers Wilhelm II. Die Österreicher boten 98 Reiter auf und ritten von Wien nach Berlin. 116 deutsche Reiter starteten in umgekehrter Richtung von Berlin nach Wien. Die Bedingung war, daß jeder Reiter die 571 Kilometer lange Strecke mit nur einem Pferd bewältigen durfte. Er konnte, wenn das Pferd müde war, es beliebig lang führen – auf keinen Fall aber wechseln. Erholungspausen und deren Länge lagen im Ermessen des einzelnen Teilnehmers. Die Reiter hatten Ordonnanzen, die vorauseilten und für kurzfristige Quartiere und die notwendige Verpflegung für Roß und Reiter zu sorgen hatten. Da diese Helfer schneller als die Reiter sein mußten, waren sie nicht zu Pferde unterwegs, sondern mit dem Fahrrad.

»Die Radler ... wären selbst nur allzu gern auch als offizielle Teilnehmer mit von der Partie gewesen, aber das hätte den strengen Rahmen der Ständeordnung gesprengt«, schreibt Wolfgang Gronen in der »Geschichte des Radsports«, oder wie es die Zeitschrift »Sport im Wort« ausdrückt: »Vom Kriegsministerium hatte man entschieden abgewinkt – man fand es nicht am Platze, zu Leistungsvergleichen zwischen Offizieren und Radfahrern die Hand zu bieten, schon die Idee allein war dem Nimbus der Kavalleristen entschieden schädlich.«

Im Gegensatz zu Pomplun, der Taurus als Siegpferd nennt, schreibt »Sport im Wort«, daß der Sieger der österreichische Offizier Graf von Starhemberg auf seinem fast reinrassigen Vollblut Athos war, der sein bestes Pferd zu Tode ritt, um in 71 Stunden, 26 Minuten das Rennen für sich zu entscheiden und die ausgesetzte Siegprämie von 20 000 Mark zu kassieren. So blieb vorerst die Frage offen – was war mit Taurus, wer hat dieses Pferd geritten und weshalb wurde ihm später die Ehre zuteil, im Schloßpark von Glienicke beerdigt zu werden?

Friedrich Karl, der Sohn des verstorbenen Prinzen Carl, konnte bei der Beerdigung des Vaters nicht anwesend sein. Er befand sich zu dieser Zeit auf einer großen Orientreise, die er gemeinsam mit dem Berliner Ägyptologen

Heinrich Brugsch-Pascha und drei weiteren Reisegefährten im Dezember 1882 angetreten hatte. Die Gruppe war mit dem Zug über Wien nach Triest gefahren, von wo aus sie mit dem Schiff über Korfu nach Alexandrien weiterreisten. Von dort ging es mit der Eisenbahn nach Kairo, wo die Gruppe zu einer dreiwöchigen Nilfahrt mit der »Dahabieh« aufbrach.

Bei ihrer Ankunft in Assuan erreichte Friedrich Karl die telegrafische Meldung vom Tode seines Vaters. Er war sofort entschlossen, die schnellstmögliche Rückreise nach Berlin anzutreten, als ein zweites Telegramm, im Auftrag des Kaisers, ihn anwies, die Reise fortzusetzen, »… da er zur Beisetzung doch zu spät kommen würde«. So setzte die Gruppe ihre Reise entsprechend der ursprünglichen Planung über Jerusalem und Syrien fort. Ihre letzte Station war Beirut, von wo ein Schiff die Orientreisenden über Rhodos und Athen nach Neapel brachte, um mit dem Zug zurück in die Heimat zu fahren.

Wieder in Berlin, trat Friedrich Karl als einziger Sohn und somit Haupterbe die Erbschaft seines Vaters an. Diese bestand neben dem Palais am Wilhelmplatz, dem Schloß Glienicke und einem bedeutenden Barvermögen auch aus der in Westpreußen gelegenen Herrschaft Flatow und Krojanke. Theodor Fontane schreibt dazu, daß: »… die bis dahin ziemlich bescheidene Geldlage des Prinzen in eine vergleichsweise glänzende verwandelt wurde«.

Prinz Carl liebte die gestaltete Landschaft in Form englischer Landschaftsgärten, wovon der Schloßpark Klein-Glienicke noch heute zeugt. Ganz anders sein Sohn, der ein großer Liebhaber der Jagd und des natürlich gewachsenen Waldes war. Folgerichtig erwarb er 1859 den Dreilindner Forst und verbrachte so viel Zeit wie möglich in dem kleinen Jagdschloß Dreilinden. Balduin Möllhausen, ein häufiger Besucher, faßte diese Leidenschaft in Verse: »O Frühlingsluft, o Frühlingsduft, / Im Schloß wird mir's zu enge, / Ich fühle, wie der Wald mich ruft / Fort aus dem Stadtgedränge. / Die Häusermassen groß und klein, / Sie wollen mich erdrücken, / Ich sehne mich, mit Lust im Frein / Das erste Grün zu pflücken. / Drum denn hinaus nach altem Brauch / Mit Jagdgewehr, Hund und Rossen, / Auf daß ich seh, wie Baum und Strauch, / Die selbst ich pflanzte, sprossen.«

Prinz Friedrich Karl sollte seinen Vater nur um zwei Jahre überleben. Er verstarb 1885 im Alter von siebenundfünfzig Jahren an einem Schlaganfall. Er hatte gerade einen Kuraufenthalt in Marienbad beendet und wenige Tage später enge Freunde zum Essen in sein Jagdschloß Dreilinden eingeladen. Der Tag war heiß, der Abend schwül und als die Gäste aufbrachen, entschloß sich der Prinz, mit der Kutsche zum Wannsee zu fahren, um zum Abschluß des Tages noch ein erfrischendes Bad zu nehmen. Er schwamm eine gute Weile, offenbar zu lang, denn als er aus dem Wasser stieg, begann er stark zu frösteln. In der Nacht, so beschreibt es Fontane, »… rief er seinen im Nebenzimmer schlafenden Leibdiener: Goerz, Goerz, nun ist es zu Ende; jetzt muß ich sterben. Und es war so. Der Prinz überdauerte noch den nächsten Tag, starb aber am 15. Juni vormittags. Gott sei mir gnädig, waren seine letzten Worte.« An der Seite seiner Eltern wurde er im heute zugemauerten Marmorgewölbe auf Nikolskoe beigesetzt.

Um noch mehr über das Pferderennen zu erfahren, durchstöberte ich die hippologische Literatur und diverse Fachzeitschriften. In einem Sammelband der Zeitschrift »Das Pferd – Organ für die gesamten auf das Pferd bezüglichen Interessen sowie der deutschen Pferdezucht-Vereine« entdeckte ich einen ersten Artikel in der Ausgabe vom 1. Juli 1892 unter der Überschrift »Der Distanzritt deutscher und österreichischer Offiziere zwischen Berlin und Wien«, in dem die Voraussetzungen der Teilnahme und die für das Rennen aufgestellten Regeln aufgeführt sind. »Zur Betheiligung an der für Pferde aller Länder offenen Konkurrenz sind die aktiven Offiziere des deutschen und des österreichisch-ungarischen Heeres berechtigt. Die Distanz zwischen Berlin und Wien, beziehungsweise umgekehrt, ist einmal und auf ein und demselben Pferde zurückzulegen. Es wird nach Zeit geritten, und die Konkurrenten sollen zu verschiedenen Stunden, eventuell Tagen vom Starte entlassen werden. (…) Eine Gewichtsausgleichung findet nicht statt. Dem Belieben eines jeden einzelnen Reiters wird es anheimgestellt, sich seinen Weg zu wählen. Führpferde mitzunehmen ist nicht gestattet. Es ist dagegen erlaubt, unterwegs abzusitzen und das Pferd zu führen, jedoch nur in der Weise, daß der Reiter selbst zu Fuß nebenher gehend sein Pferd an der Hand führt. (…) Pferdewärter dürfen nicht mitgenommen werden. Es werden zehn bis fünfzehn Preise zu Vertheilung kommen, von denen der erste 20 000 Mark betragen wird. (…) Gibt ein Reiter seinen Ritt unterwegs auf, so hat er hiervon das Komitee in Wien sowohl auch in Berlin telegraphisch zu benachrichtigen. (…) Als Startpunkt für die Reiter ab Berlin und gleichzeitig als Zielpunkt für die Reiter von Wien wird die 1. Garde-Dragonerkaserne-Südportal-Bellealliancestraße in Berlin bezeichnet. Als Startpunkt für die Reiter ab Wien und gleichzeitig als Zielpunkt für die Reiter von Berlin wird der Westausgang von Florisdorf (…) bestimmt.«

In den folgenden Ausgaben der Zeitschrift »Das Pferd« erschienen nun endlos lange Artikel, die sich hauptsächlich mit der Frage eventueller Benachteiligungen der deutschen Reiter befaßten: »… aber der Übergang über das Erzgebirge, der Weg durch ganz Böhmen, dessen Bewohner vielfach der deutschen Sprache unkundig und Deutschland feindlich gesinnt sind, und der Weg über das mährische Gebirge setzt die Offiziere, die immer in Böhmen gestanden haben, sehr in Vorteil gegen die Unkundigen dieses Landes (…) Da kann der Landesunkundige nicht mit dem Landeskundigen konkurriren. Nachher, wenn die meisten Preise die Oesterreicher erhalten haben, dann wird dies alles erst zur Sprache kommen, wie beim Handelsvertrag.«

In einem anderen Absatz dieses Artikels machte sich der Verfasser auch über das Wohl der Pferde Gedanken: »Doch dies ist alles für mich nur nebensächlich. Die Hauptsache ist, daß wieder eine Bestimmung fehlt: Jedes zu prämierende Pferd muß zwei Tage nach Beendigung des Rittes noch in einem felddienstfähigen Zustand sein. Ohne einen solchen Passus rathe ich jedem moralisch denkenden Manne ab, den Ritt zu unternehmen, denn er wird keinen Preis erhalten und nur von denen ausgelacht werden, die rücksichtslos für Geld ihre Pferde tot reiten. (…) sonst wird wieder wie so oft im Leben der rücksichtslose Egoismus belohnt und die sich beschränkende Tugend bestraft.«

Der Start zu dem bisher längsten Distanz-Pferderennen der Welt erfolgte zwischen dem 1. und 3. Oktober 1892. Diese drei Tage waren erforderlich, da einzeln im Abstand von sieben Minuten gestartet wurde und das nur vom frühen Morgen, bis 12 Uhr Mittag. In Florisdorf, nördlich von Wien, gingen 98 Pferde an den Start, in Berlin waren es 116. Tausende Zuschauer in beiden Städten bejubelten die Startenden und auch an der Strecke bestaunten viele die kühnen Reiter. Am Reglement war zwischenzeitlich nichts geändert worden, nur den Start- und Zielpunkt in Berlin hatte man verlegt von der Dragoner-Kaserne zum Steuerhäuschen am Tempelhofer Feld, um den ankommenden österreichisch-ungarischen Reitern eventuelles Suchen zu ersparen.

Die Route, die die meisten Reiter wählten, führte von Berlin aus über Zossen, Baruth, Kalau, Altneudöbern, Senftenberg, Hoyerswerda nach Bautzen. Der erste böhmische Ort war Rumburg, dann ging es weiter über Riemes, Weißwasser, Rinburg, Kolin nach Czaslau. War von Berlin aus das Terrain weitgehend eben, ging es ab Bautzen leicht aber stetig bergauf. Schwierig wurde es für die Pferde ab Czaslau. Die Wege wurden steiler, und es ging über Deutschbrod nach Iglau, mit 516 Metern über dem Meeresspiegel der am höchsten gelegene Ort. War der überwunden, ging es für die Pferde abwärts über Znaym, Hollabrunn, Stockerau bis zum Zielpunkt Florisdorf.

Natürlich gab es Ungerechtigkeiten bei diesem Distanzritt, die vor und nach dem Rennen vor allem die deutschen Gemüter erregten und die ausführlich in den Tageszeitungen diskutiert wurden. Von Wien aus werden es die Reiter etwas einfacher gehabt haben, da sie mit noch frischen Pferden die Bergstrecken bewältigen konnten, wohingegen die deutschen Reiter im letzten Drittel der Strecke, mit müden Pferden, die Anstiege vor sich hatten. Durch die auf drei Tage gestreckte Startphase hatten die Reiter auch unterschiedliche Wetterbedingungen. Einige erlebten starken Regen mit anschliessend tief aufgeweichten Wegen, und in zwei Nächten gab es Nebel mit einer Sichtweite von unter 20 Metern, was dazu führte, daß mancher Reiter einige Zeit im Kreise ritt und somit Zeit verlor.

Über den Ritt des Freiherrn von Reitzenstein, der von Berlin am dritten Starttag um 8.50 Uhr mit seinem Pferd »Lippspringe« ins Rennen ging, berichtete die Zeitschrift »Das Pferd«: »Der Bicyclist Herr Josef Gillsdorf, Mitglied des deutschen Radfahrerbundes, der mit ihm in Wien ankam, stellte sich ihm erst beim Start zur Verfügung. Freiherr von Reitzenstein vereinbarte mit ihm, daß dieser ihm während des Tages vorzufahren, in den Stationen Quartier zu machen und abgestandenes Wasser für das Pferd in Bereitschaft zu halten habe. (…) auf der ganzen Tour gab es nirgends längere Rasten als von zwei, höchstens drei Stunden nach je 100 Kilometern und nach je 58 Kilometern kleine viertelstündige Ruhepausen. Diese letzteren wurden zur Heufütterung und zum Tränken benutzt. Der Offizier ritt durchaus Trab; kam er in Ortschaften oder an bergige Stellen, so saß er ab und führte es. Bergab gings im gewöhnlichen, bergauf gings im Laufschritte. (…) Am ersten Tage legte er die 175 Kilometer zurück, welche er als Tagesmaximum festgesetzt hatte und kam an das Gebirge bei Bautzen. (…) Am zweiten Tage erhielt er gegen 6 Uhr früh von den 74 Stunden des Oberlieutenants v. Miklos Kenntnis, und jetzt war es ihm klar, daß er einen Rekord von drei Tagen erzielen müsse, um zu siegen. Da er der Stute (…) nicht mehr abverlangen wollte, als sie von selbst zu gehen vermochte, kürzte er die Futterpausen. In Bautzen zeigte die Stute noch gute Freßlust (…) und nahm zwölf Pfund Hafer an. Der Offizier (…) gab ihm hierauf Karlsbader Salz, um die Verdauung zu beschleunigen. (…) Durchschnittlich führte er das Pferd täglich 20 Kilometer, zum Theil im Laufschritt.

Bei einem Orte ›im Grund‹, südlich von Guntersdorf, wo der Nebel so dicht war, daß man kaum zwanzig Schritte weit sehen konnte und die Leute schliefen, weshalb die Reiter sich an Niemanden um Auskunft zu wenden vermochten, verfehlten sie in der Finsternis den Weg. Anstatt geradeaus zu reiten, geriethen sie über Wullersdorf nach Knappendorf. Hier erkundigten sie sich nach dem Weg, und langten in Oberhollabrunn über Kleinstättelsdorf um 6 Uhr 30 Minuten früh an. In Groß-Stelzendorf kam Freiherr von Reitzenstein zur Einsicht, daß er sich verritten habe. Er hatte einen Umweg von etwa dreißig Kilometern gemacht, und da er den Rekord des Oberlieutenants Grafen Starhemberg wußte, so zögerte er nicht, sich einzugestehen, daß es nun bereits unmöglich sei, eine bessere oder gleich gute Leistung zu vollbringen. Er entschloß sich nun (…) direkt auf Korneuburg zuzureiten; der dichte Nebel verhinderte ihn aber, sich an einen Direktionspunkt zu halten, und er saß schließlich wieder fest. Jetzt blieb nichts anderes übrig, als sich auf die Chaussee zu begeben. Das Pferd, welches zwei Kilometer früher noch über tiefen Boden galoppieren konnte, war nun todmüde; trotzdem machte von Reitzenstein alle Anstrengungen, um sich den zweiten Platz zu sichern. Er führte das Pferd auf der Chaussee (…) Nun trat aber ein kritischer Moment ein: das Pferd drohte umzufallen. Der Reiter, der während der ganzen Tour ohne Sporen und Reitpeitsche geritten war, nahm jetzt die Sporen aus der

Satteltasche, schnallte sie an und saß auf. Unter großen Mühen brachte er die Stute in Trab. So ging es bis Korneuburg, von wo er sie wieder führte. Als das Pferd abermals Miene machte, umzufallen, bestieg er es rasch und brachte es endlich durch das Ziel. Kurz nach der Ankunft stürzte die Stute bekanntlich zusammen, aber nur aus Ermattung! Sie hatte seit dem Abend zuvor nichts gefressen und nur ein wenig laues Wasser, Brot und Kognak bekommen! Auf einem in den letzten Stunden querfeldein gemachten Galopp hatte das Thier auch ein Hintereisen verloren und sich dann eine Sohlenquetschung zugezogen. In ihrem Stalle in Florisdorf hat sich die brave ›Lippspringe‹ schon ziemlich erholt und auch gefressen. Morgen dürfte sie wieder ganz bei Kräften sein, und Herr von Reitzenstein wird sie sodann den Richtern des Konditionspreises vorreiten.« Diesem ersten Bericht über das Pferderennen möchte ich nur noch hinzufügen, daß »Lippspringe« nicht mehr vor den Preisrichtern erschien – wenige Stunden nach der Ankunft starb die Halbblut-Stute.

Klarer Sieger bei diesem Distanzrennen waren die österreichisch-ungarischen Offiziere. Mit der Zeit von 71 Stunden, 26 Minuten und 59 Sekunden erreichte Graf Starhemberg auf seinem schwarzbraunem Wallach Athos das Berliner Steuerhäuschen. Zweiter wurde der deutsche Lieutenant Freiherr von Reitzenstein auf der Stute Lippspringe in 73 Stunden, 6 Minuten und 55 Sekunden. Beide standen bei der Siegerehrung ohne ihre Pferde auf dem Podest, denn auch das Pferd des Siegers war direkt hinter der Ziellinie an Starrkrampf eingegangen. Unter den ersten neun Reitern war Freiherr von Reitzenstein der einzige Deutsche.

Ich war doch sehr verwundert, daß bis dahin in der gesamten Berichterstattung nicht ein einziges Mal der Name Taurus aufgetaucht war. Erst bei der Veröffentlichung der Namen aller Pferde, die das Ziel erreicht haben, wurde ich fündig. Am Morgen des 4. Oktober, um 7.45 Uhr, erreichte der Fuchs-Wallach Taurus nach 85 Stunden, 45 Minuten und 25 Sekunden Florisdorf. In der Gesamtwertung bedeutete das Platz 31. Taurus hinkte stark, was dadurch verstärkt wurde, daß er auf den letzten 70 Kilometern zwei seiner Hufeisen verloren hatte, und auch der Reiter soll dem Zusammenbruch nahe gewesen sein. Der Applaus der Zuschauer war heftig, und das österreichische Publikum umringte Pferd und Reiter. Das besondere Interesse erklärt sich dadurch, daß der müde Reiter nicht nur einfacher Offizier war, sondern ein preußischer Prinz namens Friedrich Leopold, der sechsundzwanzigjährige Enkel des Prinzen Carl von Glienicke.

Seit dem Tod des Prinzen Carl war es mit seinem Lebenswerk, dem Schloß und Park Glienicke, steil bergab gegangen. Schon seinem Sohn und auch dem nun als Erbe folgenden Enkel Prinz Friedrich Leopold war das Schinkelschloß zu klein und zu wenig repräsentativ. Friedrich Leopold, der zum Zeitpunkte des Todes seines Vaters gerade 19 Jahre alt war, ließ stattdessen das

Glienicker Jagdschloß, das schon seinem Vater als Sommersitz diente, pompös ausbauen. Wie schon Großvater und Vater war auch Friedrich Leopold ein begeisterter Reiter und Pferdenarr. So war es für ihn als Offizier selbstverständlich, an diesem ungewöhnlichen Langstreckenrennen teilzunehmen.

Seine Gemahlin, der Prinz hatte 1889 Prinzessin Louise Sophie von Schleswig-Holstein geheiratet, soll von der Teilnahme nicht begeistert gewesen sein, da sie dieses Rennen als fahrlässige Quälerei für die Pferde ansah. Diese Einschätzung zeugt von gesundem Menschenverstand, denn Berlin-Wien war für die Pferde ein Massaker. In den dem Rennen folgenden Wochen wurde in den Zeitungen noch viel über Sinn oder Unsinn dieses Wettbewerbs diskutiert. Von den 116 in Berlin gestarteten Pferden erreichten nur 76, mehr oder minder geschunden, Florisdorf. Von den dort in entgegengesetzter Richtung gestarteten 98 Pferden erreichten 69 Berlin. Ein Sechstel aller Tiere verendete während des Rennens, ein weiteres Sechstel ging kurz nach dem Ziel ein, und viele Pferde verstarben noch in den folgenden 10 Tagen. Ein großer Teil der Pferde behielt dauerhafte Schäden und landete beim Abdecker. Wenn sie Glück hatten, erhielten sie von ihren Besitzern das Gnadenbrot.

Kannte man auch damals noch nicht den Begriff »Doping«, so versuchten doch viele Reiter, der Leistung ihrer Pferde etwas nachzuhelfen. Die beliebteste Droge war hochprozentiger Schnaps. Es wurde berichtet, daß ein Reiter 12 Flaschen Schnaps für sein Tier in den Satteltaschen verstaut hatte. Auch zu noch härteren Mitteln wurde gegriffen, denn mehrfach wurde auch die leistungssteigernde Wirkung von Kokain gelobt.

Eine Erkenntnis dieser Schinderei war, daß nicht die edlen und hochgewachsenen Vollblutpferde für solch ein Langstreckenrennen geeignet waren, sondern eher die kleineren Halbblutpferde. Eine erstaunliche Leistung zeigte das Pferd des preußischen Lieutenants v. Thaer, denn dieser ritt auf einem ganz normalen Ackerpferd, das noch nie zuvor bei irgendeinem Rennen eingesetzt war. Thaer ging als zweitbester deutscher Reiter über die Ziellinie.

Als Fazit noch einige Pressezitate: »… wollen wir zu Gott hoffen, daß nicht ebenso viel gebrochene Körper-Konstitutionen die Folge davon sind, wie wackere Pferde die That mit ihrem Leben bezahlt haben und noch bezahlen werden.« »… sind wir empört, daß eine derartige Rohheit gegen Pferde, oder überhaupt Thiere zu jetziger Zeit noch möglich sei, sowie an maßgebender Stelle geduldet werde.« »… no sportsmanlike …« »Der Werth der deutschen Leistung sinkt aber noch dadurch, daß die größere Prozentzahl Pferde vor dem Ziel totgeritten wurden.« »Der Ritt hat auch insofern wenig Werth, als er abermals bewiesen hat, daß das Bicycle auf größere Distanzen dem besten Pferde und Reiter sehr überlegen ist.«

Das letzte Zitat wies in die Zukunft, denn das Rennen Berlin-Wien wurde im nächsten Jahr nicht wiederholt, zumindest nicht von den Reitern. 1893 gingen 117 Radler an den Start und fuhren auf einer festgelegten Strecke von Wien nach Berlin. Der Sieger, der die 582,5 Kilometer lange Strecke in 31 Stunden und 22 Sekunden zurücklegte, war ein bayerischer Schmied mit Namen Josef Fischer. Er unterbot die Siegerzeit der Reiter um mehr als 40 Sunden. Als man dem stürmisch gefeierten Helden im Ziel einen Stuhl anbot, lehnte er trocken ab mit den Worten:»Dank' schön, hab' gnua' g'sessn«. Auch eine stattliche Anzahl von Läufern hatte sich 1893 an dem Rennen beteiligt. Der Schnellste, der Turner Peitz, lief die Strecke in 154 Stunden und 26 Minuten.

Glienicke blieb nach 1918 als persönliches Eigentum im Besitz des Prinzen. Allerdings nutzte er es nur noch selten, da er nach Kriegsende seinen Wohnsitz nach Lugano verlegte. Park und Schloß fielen in einen Dornröschenschlaf, das Schloß blieb unbewohnt und verfiel, der Park verwilderte. 1930 ließ der hoch verschuldete letzte Schloßherr von Glienicke das gesamte Inventar des Jagdschlosses, darunter auch viele Stücke aus dem benachbarten Schinkel-Schloß, versteigern. Er hatte geplant, anschließend das Jagdschloß als Hotel zu verpachten. Dazu sollte es nicht mehr kommen, denn mitten in den Verhandlungen starb Prinz Friedrich Leopold von Preußen am 13. September 1931 auf seinem Landgut Krojanke in Westpreußen.

1920 hatte der Prinz die Anlage eines Familienfriedhofs inmitten des Parks von Klein-Glienicke in Auftrag gegeben. Es entstand ein Rondell in dessen Mitte sich ein Holzkreuz mit einer Christusfigur erhebt. Auf diesem Prinzenfriedhof, auf dem bereits zwei der drei Söhne und seine einzige Tochter begraben wurden, fand auch Prinz Friedrich Leopold nach seinem Tod im Jahr 1931 seine letzte Ruhestätte.

Noch immer hatte ich das Grab von Taurus nicht gefunden, inzwischen aber viele Personen, darunter Gärtner, Parkarbeiter, Mitarbeiter der Gartendirektion und Denkmalpflege befragt. Nach vielen Briefen und Gesprächen dann im August 2000 ein erster Erfolg. Herr von Krosigk vom Landesdenkmalamt Berlin schrieb mir:»Es spricht im übrigen vieles dafür, daß eine Grabplatte für das Pferd Taurus, wenn es diese dann gegeben haben sollte, auch im Umfeld des Jagdschloßes sein müßte. .... Da der beste Kenner Glienicker Curiosa der langjährige Schloß-Kastellan Herr Alfred Gobert ... ist, sollten Sie sich ruhig vertrauensvoll an ihn ... wenden.«

Das machte ich umgehend und erfuhr, daß man sich nicht von einem Schild »Durchgang nur für Seminarteilnehmer« abhalten lassen sollte, um sein Ziel zu erreichen. Hatte ich auch diesen Park auf der anderen Seite der Königstraße vollständig abgesucht, fand ich nun mit Hilfe der Beschreibung des Herrn Gobert, nah dem Ufer der Glienicker Lake und hinter einer heute in den Nebengebäuden untergebrachten Großküche, das lang gesuchte Grab von Taurus. Es liegt überhaupt nicht versteckt, direkt an einem Weg, und von seiner Größe her ist es eigentlich nicht zu übersehen: die Grabplatte ist die größte aller Pferdegräber in Glienicke. Drei mal dreieinhalb Meter groß und fast 20 Zentimeter stark ist diese gewaltige Steintafel mit der Inschrift: »TAURUS / * 1882 / EINGESTELLT 1.6.1890 / DISTANZRITT BERLIN-WIEN / 1.-4.10.1892 / † 29.11.1909. Links daneben eine weitere Grabplatte, allerdings viel kleiner, in den Maßen 60 Zentimeter mal einen Meter und auch mit einer Inschrift versehen: Quicksy / August 1900 / 27. April 1908.

Ich setzte mich an diesem schönen Augusttag noch etwas auf den Rasen, genoß den Blick auf das langsam dahinfließende Wasser und sinnierte darüber, daß nun meine lange Suche nach Taurus ein Ende gefunden hatte. Bevor ich den Heimweg antrat, blickte ich noch einmal zurück zum Grab von Taurus, der das Distanzrennen ganz gut überstanden haben mußte, da er ja erst 1909 im Alter von 27 Jahren verstorben war. Mein letzter Blick streifte die kleine Grabtafel, und ich versuchte, einen aufkommenden Gedanken im Keim zu ersticken – wer in Gottes Namen war Quicksy?

DIE STIERSPRITZE
Fröhlicher Umtrunk am Grab

Vor einigen Jahren bereitete ich eine Stadtführung zur Geschichte und Entwicklung Schönebergs vor. Ich wollte dabei unter dem Titel »Das Dorf auf dem schönen Berge« den Weg eines kleinen Dorfes aufzeigen, das im Jahr 1264 erstmals erwähnt und 1920 bei der Bildung Groß-Berlins zum elften Verwaltungsbezirk der neuen Großstadt wurde. Wo beginnt man solch einen Gang durch die Geschichte? Natürlich dort, wo einmal alles begonnen hat, im einstigen Dorfkern, an der heutigen Kreuzung Haupt-/Dominicusstraße. Die erste Erwähnung findet sich in einem Dokument, in dem Markgraf Otto III. dem Spandauer Benediktinerkloster fünf Hufen in der villa sconenberch übertrug. Die Ansiedlung auf dem schönen Berge erhielt ihren Namen vermutlich durch den leichten Geländeanstieg vom Warschau-Berliner Urstromtal der Spree zum Plateau des Teltow. Seine Lage an einer der wichtigsten Handelsstraßen von Sachsen zur Ostsee war einerseits günstig, da viele Handelsleute hier Quartier nahmen, andererseits führte sie dazu, daß Schöneberg im Dreißigjährigen Krieg, wie auch gut 100 Jahre später im Siebenjährigen Krieg, im wahrsten Sinne des Wortes verwüstet wurde.

Die heute sichtbare Verwüstung der einstigen Dorfaue geht aber zu Lasten der Verkehrs- und Stadtplanung der sechziger und siebziger Jahre. Die damalige »Krönung« der Verkehrslenkung war eine Brücke aus Stahl und Beton, über die Autos, ohne von einer Ampel behindert zu werden, die Dominicusstraße überqueren konnten. Zum Glück verschwand dieses häßliche Machwerk nach einigen Jahren wieder aus dem Stadtbild.

Ich lenkte meine Schritte in Richtung der einstigen Dorfkirche, die nach der Zerstörung ihres Vorgängerbaus entstand und 1766 feierlich eingeweiht wurde. Der auf einer Anhöhe errichtete rötliche Putzbau überragte einst die Dorfaue und die sie umgebenden kleinen Bauernhäuser. Bereits 1751 wurde nördlich des alten Dorfes die Kolonie Böhmerberg angelegt, die 1801 den Namen Neu-Schöneberg erhielt und dann 1875 mit dem alten Dorf vereinigt wurde. Aus dieser Zeit ist kein einziges der ländlichen Gebäude erhalten geblieben, wofür allerdings die Bauern selbst gesorgt haben, denn die Nähe zu Berlin beschleunigte die städtische Entwicklung erheblich. Die Bauern verkauften ihre Äcker als Bauland und ließen sich vom Gewinn großzügige Villen errichten. Einige Häuser dieser »Millionenbauern« blieben zu beiden Seiten der Hauptstraße erhalten.

Schöneberg und ein Großteil seiner Grundbesitzer waren nun wohlhabend. Nicht allen soll dieser unerwartete Reichtum gut bekommen sein. So mancher Bauer, nun ohne Scholle, hat sich stärker, als es ihm gut tat, dem Alkohol und der Spielleidenschaft in seiner bis dahin ungewohnten Freizeit gewidmet. Neid und Mißgunst derer, die keinen Grundbesitz zu verkaufen hatten, machten das Leben in Schöneberg auch nicht leichter. Da die Kassen beider Dörfer durch den Wohlstand ihrer Bürger gut gefüllt waren, leistete man sich bereits 1854 von Gaslicht erhellte Hauptstraßen. Dreißig Jahre später erfolgte der Wasseranschluß an das Werk Charlottenburg, und bald darauf begannen erste Bauarbeiten für das Kanalisationsnetz. Mit nahezu 75 000 Einwohnern erhielt der Ort 1898 das Stadtrecht und schied ein Jahr darauf als selbständiger Stadtkreis aus dem Landkreis Teltow aus.

Steigt man die Treppe zur Dorfkirche hinauf, erblickt man den alten Schöneberger Kirchhof. Es wird vermutet, daß schon im 13. Jahrhundert ein Friedhof an dieser Stelle bestand, der dann im Zusammenhang mit dem Kirchenneubau umgestaltet und vergrößert wurde. Einige der einst zahlreichen Mausoleen der »Millionenbauern« zeugen noch heute vom Wohlstand der Schöneberger. Hier finden sich die Namen der alteingesessenen Bauerngeschlechter und Grundbesitzer wie Bergemann, Lange, Lusche, Grunow und Hewald.

Einige Namen auf Grabsteinen erinnern an die Verwaltungs- und Stadtgeschichte oder an nach ihnen in Schöneberg benannte Straßen. Adolph Feurig (1830-1890) war von 1874 bis 1890 der erste hauptamtliche Amts- und Gemeindevorsteher des Ortes, und nicht weit von ihm entfernt ruht Ferdinand Ludwig Frege (1804-1883), damals ein wichtiger Mann, Pfarrer dieser Gemeinde, Schloßprediger und Schriftsteller. Er war ein großer Befürworter des Anschlusses Schönebergs an Berlin. Nach ihm und seiner Tochter Hedwig wurde jeweils eine Straße in Friedenau benannt. Fritz Heyl (1833-1908) war Gemeindevorsteher, dann Stadtrat und Stadtältester, befreundet mit dem Superintendenten und Pfarrer zu Schöneberg Max Vorberg (1838-1900), der das Amt des Kreisschulinspektors bekleidete. Wichtig für den Ort war auch Gustav Müller (1846-1904), ein Mann, der als Bankdirektor gut mit Geld umgehen konnte und nebenberuflich erst als Gemeindevorsteher und später als erster Vorsteher der Stadtverordnetenversammlung einen hervorragenden Eindruck hinterließ.

Andere Grabstätten erinnern an Namen der Berliner Baugeschichte wie den Architekten Richard Wendt (1875-1908), den Regierungsbaumeister und Stadtbauinspektor von Schöneberg, Edwin Reinhardt (1863-1910) sowie an Franz Heinrich Schwechten (1841-1924), der als Student der Berliner Bauakademie Schüler von August Stüler und Martin Gropius war und später als Chef des Entwurfsbüros der Berlin-Anhalter-Eisenbahn für den Bau des Anhalter Bahnhofs verantwortlich zeichnete. Er baute auch die Schultheiß-Brauerei an der Schönhauser Allee, die Kaiser-Wilhelm-Gedächtniskirche, die Schöneberger Apostel-Paulus-Kirche und neben weiteren Bauten auch den hoch über der Havel thronenden 55 Meter hohen Grunewaldturm, der anläßlich des 100. Geburtstages des ersten deutschen Kaisers Wilhelm I. entstand.

Eine Grabstätte im zentralen Bereich des Friedhofs fällt angenehm aus dem Rahmen, verglichen mit einigen doch etwas überdimensionierten Wandgräbern. Freistehend, von sechs dorischen Säulen getragen, mutet sie wie eine kleine Tempelhalle an, von alten Bäumen überragt und beschattet. Nach einem Entwurf von August Stüler entstand die Grabanlage im Jahre 1860 für den vier Jahre zuvor verstorbenen Wilhelm Stier, einst Baurat und Professor an der Berliner Bauakademie. Zwischen den Säulen eine Grabplatte mit der Inschrift: »Dem Freund, dem Lehrer, die Architekten Deutschlands«.

Ein Kranz, kunstvoll geflochten und mit Blumen gesteckt, erschien noch so frisch, daß er erst vor kurzer Zeit am Grab niedergelegt sein konnte. Die Kranzschleife war bedruckt mit den Worten: »Unserem lieben Vater Stier«. Ein handgeschriebener Zettel, zum Teil von der Schleife verdeckt, erweckte meine Neugier: »Wir sind Innsbrucker Ecke Fritz-Elsaß«. Unter dem Text ein kunstvoll gezeichneter stilisierter Schwan. Deutete schon die Grabinschrift daraufhin, daß dieser Wilhelm Stier ein außergewöhnlich beliebter Mensch gewesen sein mußte, so verstärkte die Widmung auf der Schleife diesen Eindruck. Da mir der gezeichnete Schwan bekannt vorkam, ich mich aber nicht erinnern konnte, wo ich ihn schon einmal gesehen hatte, nahm ich mir vor, mich über Wilhelm Stier zu »erkundigen«.

Wilhelm Stier wurde am 8. Mai 1799 zu Blonie bei Warschau, in der damaligen Provinz Südpreußen, geboren. Sein Vater war Beamter der preußischen Militärverwaltung an wechselnden Standorten. Dadurch mußte auch die Familie häufig umziehen und der junge Wilhelm mehrfach die Schule wechseln. Die Situation in der Familie war angespannt und die Mutter häufig krank, was dazu führte, daß der Junge im Alter von 13 Jahren in die Obhut eines Onkels kam, der in Berlin lebte. Er besuchte nun mit wenig Freude das Gymnasium Zum grauen Kloster. Seine schulischen Leistungen waren in den meisten Fächern unbefriedigend, und die Lehrer bezeichneten den Jungen als Träumer. Nach einigen Monaten verstarb völlig unerwartet der Vater. Als Wilhelm Stier von der Beerdigung wieder zurück nach Berlin kam, wollte der Onkel ihn wegen seiner schlechten Zensuren vom Gymnasium nehmen und den Jungen als Schreiber bei der Garnisonverwaltung unterbringen. Nun setzte sich ein anderer Bruder des Vaters, Onkel Ernst aus Düsseldorf, für den Knaben ein und erreichte, daß dieser noch ein weiteres Jahr auf dem Gymnasium verbleiben konnte. Onkel Ernst ging in zahlreichen Gesprächen auf die Neigungen und Fähigkeiten des Jungen ein, was diesen so stark motivierte, daß er die Schule doch noch erfolgreich beendete, bevor er als Eleve bei dem Bauinspektor Sachs begann und gleichzeitig in die Berliner Bauakademie eintrat.

Wie Stier selbst später schrieb, ließ die Ausbildung an der Akademie zu dieser Zeit zu wünschen übrig. Die künstlerische Ausbildung kam viel zu kurz, und ein Unterricht im Entwerfen fehlte gänzlich, da keiner von den älteren ausführenden Baumeistern sich damit befassen wollte, und die meisten sogar ihre kleinen Kenntnisse wie ein Geheimnis hüteten. Karl Friedrich Schinkel war damals schon Mitglied der Oberbau-Deputation, obwohl zu dieser Zeit noch keines seiner größeren Bauwerke ausgeführt war und er sich bis dahin nur durch seine Entwurfszeichnungen einen Namen gemacht hatte. Stier erzählte später, daß Schinkel den Studierenden wie eine überirdische, unnahbare Erscheinung gegenüberstand, zu der man keinen Zugang fand.

Im Herbst 1817 bestand Wilhelm Stier seine erste architektonische Prüfung und folgte der Einladung seines Onkels Ernst nach Düsseldorf, wo für ihn nun die eigentliche künstlerische Lehrzeit begann. Als Glücksfall erwies sich eine schlecht bezahlte Anstellung bei dem dortigen Regierungs- und Baurat von Vagedes, einem Mann der Goetheschen Schule, der nicht nur als Architekt, sondern auch als Dichter und Komponist ungewöhnlich erfolgreich war. In dieser Zeit war Vagedes an zahlreichen Entwürfen von Militärbauten, Kirchen und anderen öffentlichen Gebäuden beteiligt.

Nach vier Jahren wollte sich Stier seinen größten Wunsch erfüllen und nach Italien reisen, um dort seine Studien in Kunst und Architektur fortzusetzen. Herr von Vagedes empfahl ihm zuvor noch einen Aufenthalt in Paris, zu dem Wilhelm Stier im Herbst 1821 aufbrach, gerade noch rechtzeitig, bevor das Vaterland seine Dienste als Ulan in Anspruch nehmen konnte. Eine Begeisterung für Paris wollte sich bei ihm aber nicht so recht einstellen. Nachdem er alle berühmten Kunstwerke, Museen und die wichtigsten Bauten besucht hatte, machte er sich nun mitten im Winter nach Rom auf – zu Fuß.

Nach fast drei Monaten, im März 1822, sah er endlich die Kuppeln der Heiligen Stadt vor sich. Schnell fand er Aufnahme in einen Künstlerkreis um den dänischen Bildhauer Bertel Thorvaldsen, der seit 1797 in Rom lebte und dort zum klassizistischen Stil fand. Als Stier Rom erreichte, hatte Thorvaldsen gerade seine berühmte Christusfigur fertiggestellt, die in der Kopenhagener Frauenkirche aufgestellt wurde und deren unzählige Kopien seither fast alle europäischen Friedhöfe bevölkern.

Stier stürzte sich mit großem Elan in seine Studien, denn er wußte, daß seine finanziellen Mittel auch bei bescheidenstem Lebenswandel nur für ein Jahr ausreichten. Um den Aufenthalt verlängern zu können, malte er kleine Veduten, die er an reisende Engländer verkaufte. Als im Frühjahr 1823 die Pariser Architekten Hittorf und Zanth in Rom eintrafen, um eine Expedition zur Erforschung der griechischen Denkmale in Sizilien durchzuführen, suchten sie einen Hilfsarbeiter und fanden ihn in Wilhelm Stier. Am Vorabend der Abreise wurde das schönste Bauwerk Roms aus altchristlicher Zeit, die Basilika St. Paul, ein Raub der Flammen.

Neun Monate dauerte die Expedition. Der erhaltene Lohn ermöglichte Stier nochmal einige Monate Aufenthalt in Rom. Als er schweren Herzens an die Rückreise dachte, ergab sich im Oktober des Jahres 1824 einer der glücklichsten Zufälle seines Lebens. Zum zweiten Mal besuchte Karl Friedrich Schinkel Italien und hielt sich dabei auch längere Zeit in Rom auf. Stier stellte sich Schinkel vor und begleitete diesen nun auf seinen Wanderungen durch die Heilige Stadt. Schinkel zeigte erhebliches Interesse an Stiers bisherigen Arbeiten, lobte sie und erbot sich sogar, ihm eine Unterstützung zur Fortsetzung seiner Studien in Rom zu vermitteln. Stier richtete umgehend ein Gesuch an die preußische Regierung, dem er ein Empfehlungsschreiben Schinkels beilegte. Tatsächlich ging das Ministerium auf dieses Gesuch ein und sagte eine jährliche Unterstützung durch Friedrich Wilhelm III. von 500 Talern auf zwei Jahre zu. Allerdings war diese Zusage an eine Bedingung geknüpft. Es wurde verbindlich von Stier erwartet, daß er nach seiner Rückkehr aus Italien eine Lehramtsstelle für die höhere Baukunst an der Königlichen Akademie der Künste annehmen würde. Wilhelm Stier stimmte mit Begeisterung zu und blieb, das preußische Amt mußte warten, noch ein zusätzliches Jahr in Italien.

Dann aber war eine Rückkehr nach Berlin nicht mehr zu umgehen, den Abschied beschrieb er in einem Brief: »Ach mein Herz sehnt sich nach der Heimat, es will überquellen, will ausströmen seine heilige Gluth, die es entzündet hat an Roms Altare, in das Herz der Jugend seines Vaterlandes. Es brennt vor Verlangen nach seiner Wiegenstätte, und doch – meiner Dämonen Einer, und ich glaube das Gute ruft mir zu: Bleib zurück! Dahin taugst Du nicht mehr!«

Im September 1827 trat Stier seine Rückreise an und erreichte nach einem zweitägigen Zwischenaufenthalt in München am 12. Oktober Berlin. Nach einigen Monaten der Eingewöhnung hält er zu Ostern 1828 seine erste Vorlesung an der Bauakademie. Da ein Kolleg für das Entwerfen noch immer fehlte, war es Stiers Aufgabe, diesen Bereich mit Leben zu erfüllen und die Grundlagen für das neue Studienfach zu schaffen. Daß in seinem Unterricht alle Stilgattungen als gleichberechtigt angesehen wurden, damit die Schüler ihre künstlerische Auffassung auch entwickeln konnten, und Stier weit davon entfernt war, die Antike als das alleinseligmachende Prinzip in der Baukunst anzuerkennen, brachte ihn zeitweise in Gegensatz zu anderen Lehrern, auch zu Schinkel.

Ein größeres Problem bereitete ihm die Bürokratie. Stier hatte keine weitere Prüfung abgelegt als die im Jahre 1817, und einige Verwaltungsbeamte, an der Spitze der Direktor des Gewerbeinstituts Christoph Wilhelm Beuth, waren mehr oder weniger empört, daß ein Lehrer mit der schlichten Bezeichnung »Architekt« an der ersten Bauanstalt des Landes wirken sollte. Man forderte ihn daraufhin auf, sich nachträglich einer Staatsprüfung zu unterziehen, was Stier, da er bereits angestellt war, mit Hinweis auf die »Fülle seiner Berufspflichten« ablehnte. Beuth, der sich damit nicht zufrieden geben wollte, setzte daraufhin ein Druckmittel ein. Als Ostern 1830 das neue Unterrichtsverzeichnis erschien, stand vor Stiers Namen der Titel »Baukondukteur«. Stier protestierte vehement, erreichte aber nicht mehr, als daß das Ministerium unter Hinweis auf sein erfolgreiches Wirken an der Bauakademie ihm anbot, sich nur einer begrenzten Prüfung in den Fächern, in denen er Unterricht erteilte, zu unterziehen. Zähneknirschend stimmte er zu und erwarb 1831 die Qualifikation eines Landbauinspektors. Wenige Monate später wurde ihm der Titel Professor verliehen – das war Stiers Antwort auf solche Kritik.

Stiers Vorlesungen an der Bauakademie unterschieden sich sehr von denen anderer Lehrer, die sich, wie zu der Zeit üblich, fest an ihr vorbereitetes Manuskript hielten. Er dagegen folgte nur selten dem vorgegebenen Programm, sprach meist frei und versuchte die trockene Materie aufzulockern, nicht selten auch mit einem Scherz. Die meisten Zuhörer folgten begeistert und wachen Geistes seinem Vortrag. Es gab aber auch andere, die seine Ausführungen als konfus und skandalös ansahen. »Ich soll wissenschaftlich denken! All' meine Nerven zittern poetisch und die Phantasie auf schillernden Fittichen fliegt mir davon!«

So manches Mal wird sich Stier gefragt haben: Warum tu ich mir das alles nur an? Hätte er es nicht besser gehabt als freier Architekt, weit weg von der Bauakademie? Zahlreiche Entwürfe zeigen seine künstlerische Neigung und planerische Fähigkeit. Darunter auch ein Entwurf zum Wiederaufbau des abgebrannten Winterpalastes in Petersburg sowie vier Entwürfe zu einem protestantischen Dom für Berlin. Stier aber blieb an der Berliner Bauakademie, mehr als 28 Jahre lang, als einer der fähigsten Bautheoretiker und einer der beliebtesten Professoren, von den meisten der Studenten menschlich und fachlich bewundert. Als Architekt hat er allerdings nur einen seiner vielen Entwürfe realisieren können und das war sein eigenes Wohnhaus, die sogenannte »Stierburg« Auf dem Karlsbade Nr. 11, unweit der Potsdamer Brücke, jenseits des Landwehrkanals. »Die Idee leb' ich und sah nie sie Wirklichkeit werden.«

Die ihn verehrenden Studenten nannten ihn liebevoll »Vater Stier«. Es bildete sich ein kleinerer Kreis von Eleven, die sich erstmals am 8. Mai 1842, dem Geburtstag Stiers, am frühen Morgen vor der »Stierburg« trafen, um dem Meister ein Geburtstagsständchen darzubringen. Dieser bedankte sich mit einem guten Trunk und lud die Studenten anschließend zu einem Fußmarsch nach Tegel ein, was für die gute Kondition des Lehrers sprach. Diese »Stierfeier« wurde auch in den folgenden Jahren beibehalten. Für den Geburtstag im Jahre 1847 hatte der Bauschüler Keil als Gesangstück die bekannte Komposition für die Goetheschen Verse »Über allen Wipfeln ist Ruh« gewählt und dafür einen neuen Text geschrieben: »Horch, in aller Früh' singen wir / Zu Deines Namensfestes Zier / Unser Lied: / Nimm freundlich auf diese Töne! / Leise nur dringen sie zu Dir! / Wünsche, voll von innigem Dank / Bringt Dir in harmonischen Klang / Dieses Lied: / Daß sich Dein Leben verschöne! / Freude nur sei Dein Wirken hier!«

Mit dem »harmonischen Klang« muß es aber erhebliche Schwierigkeiten gegeben haben, denn es tauchte an diesem Tag die Frage auf, ob man sich nicht häufiger zu Gesangsübungen treffen sollte. Um den Gedanken in die Tat umzusetzen, trafen sich am 1. Juni 1847, in der Wohnung des Studenten Natus, neun gleichgesinnte Bauschüler und entwarfen die Statuten zu einem Verein, der »die Ausbildung des Männergesangs« bezwecken sollte. Nur vier Tage später, inzwischen war der Kreis der Sangesfreunde auf 14 angewachsen, wurde ein Verein gegründet.

Von nun an traf man sich jeden Samstag bei »Waßmann« in der Leipziger Straße 35, wo es vermutlich feuchtfröhlich zuging. Allerdings heißt es in einer Chronik, die 50 Jahre später erschien: »Die Gesangsübungen wurden zum Theil sehr gewissenhaft durchgeführt«. Dem Verein fehlte allerdings noch ein Name. Jedes Mitglied sollte deshalb seinen Vorschlag auf einen Zettel schreiben. Anschließend wurden die Namen verlesen und zur Abstimmung gestellt. Zur Auswahl standen u.a.: Euterpe, der Singsang, Laetitia, Concordia, Function X. und der Vorschlag des Bauschülers Walther: »Das Motiv«. Mit großem Jubel wurde dieser Name angenommen, da er eine Lieblingsvokabel des Professors war, wenn dieser in seinen Vorlesungen den Grundgedanken einer architektonischen Anordnung oder einer Form bezeichnen wollte. Bereits ein Jahr später kam das Vereinsleben der »Motivler« fast zum Erliegen, obwohl alles so positiv für die Sangesbrüder begann. Der Verein hatte eine Einladung für das bevorstehende Schinkelfest erhalten, um die Festgäste durch einige Gesangsvorträge zu erfreuen. An jenem Abend, es war der 13. März 1848, kam es zu ersten Zusammenstößen zwischen Aufständischen und dem Militär vor dem Café Kranzler an der Ecke Unter den Linden/Friedrichstraße. Die Nachricht über die revolutionären Vorgänge führte zu erheblicher Unruhe unter den Festgästen und warf den gesamten Programmablauf über den Haufen.

Die Versammlungen des »Motivs« fielen in den darauffolgenden Wochen aus, da sich fast alle Bauschüler im Rahmen einer Allgemeinen Bürgerwehr dem Künstler-Korps anschlossen, dessen Kommandant der Maler Professor Hensel, Schwager des Komponisten Felix Mendelssohn Bartholdy, war. Der später durch den General von Wrangel verkündete Ausnahmezustand, verbunden mit einer Polizeistunde, machte die abendlichen Treffen des Vereins ebenfalls, wenn auch aus entgegengesetzten Gründen, unmöglich.

Im darauffolgenden Jahr, der Rauch revolutionärer Auseinandersetzungen war verweht, ging es mit dem »Motiv« wieder aufwärts. 76 neue Mitglieder kamen hinzu, und bald bestimmte nicht nur der Quartettgesang das Vereinsleben, da dieser als alleiniger Unterhaltungszweck von vielen als zu einseitig empfunden wurde. Nun wurden auch kleine Theaterstücke geprobt und aufgeführt.

Am 19. September 1852 verstarb Wilhelm Stier nach längerer Krankheit im Alter von nur 57 Jahren. Ein großer Trauerzug, das »Motiv« war fast vollständig vertreten, begleitete ihn auf seinem letzten Weg zum alten Schöneberger Friedhof. Am noch offenen Grabe des Lehrers wurde beschlossen, die schon traditionelle »Stierfeier« auch in Zukunft weiterzuführen. Von nun an sollte sie alljährlich am Himmelfahrtstag an seinem Grabe stattfinden.

Seither traf sich das »Motiv« jährlich am frühen Morgen am Grab, um »Vater Stier« sein gewohntes Ständchen zu bringen und einen kräftigen Schluck auf sein Wohl zu trinken. Dem Treffen schloß sich ein trinkfreudiger Ausflug ins Grüne an, die sogenannte »Stiersspritze«. Und tatsächlich scheint sich diese Tradition bis in die heutige Zeit erhalten zu haben. Mein Besuch an Stiers Grab fand zwei Tage nach dem Himmelfahrtstag statt, was die Frische des Kranzes erklärt.

Nun interessierte es mich aber doch, wer und wieviele Menschen sich 141 Jahre nach dem Tod Wilhelm Stiers noch heute an seinem Grab treffen. Was singen sie und wieviel trinken sie und wie reagieren andere Friedhofsbesucher auf dieses Spektakel? So nahm ich mir vor, im nächsten Jahr am Himmelfahrtstag als neugieriger Beobachter dabei zu sein.

Als ich das nächste Mal an Wilhelm Stier und das »Motiv« dachte, war der Himmelfahrtstag des darauffolgenden Jahres gerade vorüber. Ich haderte mit mir und beschloß im nächsten Jahr aber wirklich dabei zu sein, zumal sich dann Stiers Geburtstag zum zweihundertsten Male jährte.

Am 13. Mai 1999 klingelt trotz des Feiertages der Wecker. Ich habe mir vorgenommen, schon früh auf dem alten Schöneberger Friedhof anzukommen, da mein Gefühl mir sagte, daß akademische Sänger Frühaufsteher sind. Als ich gegen 8.30 Uhr am S-Bahnhof Schöneberg ankomme und die Hauptstraße überquere, wird deutlich, daß dieser Feiertag auch als »Vatertag« dient. In einem Lokal mit dem nicht unpassenden Namen »Geisterbahn« ist schon zu dieser frühen Stunde die Hölle los. Es mögen vielleicht fünfundzwanzig Gäste anwesend sein, der Geräuschkulisse nach könnten es aber auch 200 sein, die vor dem Lokal versuchen, ein Faß Bier anzustechen.

Als ich den Friedhof erreiche, bin ich noch völlig allein und vertreibe mir die Zeit damit, einige zum Teil schon verblaßte Inschriften auf Grabsteinen zu entziffern: »Wenn sie kommen und mich graben, / Lieben Freunde, in mein Grab hinein, / Will nicht schöne Blumen haben, / Goldschrift nicht, noch kalten Stein; / Nur recht tief laßt mich begraben, / Hört ihr! Nur recht *tief* hinein; / Tief! Da soll man Ruhe haben, / Und ich möcht' mal ruhig sein.«

Dieses Gedicht ziert einen in Form einer aufgeschlagenen Buchseite gestalteten Grabstein. Der hier begrabene Christian Friedrich Scherenberg war Dichter, verdiente aber seinen Lebensunterhalt als Bibliothekar im Berliner Kriegsministerium. Er, nach dem eine Straße in Prenzlauer Berg benannt wurde und der sich so nach Ruhe sehnte, wird sie heute nicht finden, denn in der nicht weit entfernten »Geisterbahn« hat mittlerweile ein Diskjockey mit großer technischer Verstärkung sein Tagwerk aufgenommen.

Ich behalte das Grab von Stier im Auge, um nur nichts zu verpassen, denn meine Uhr zeigt wenige Minuten vor zehn. An der Wand des Sakristeianbaus befindet sich die älteste erhaltene Grabplatte des Friedhofs. Sie schmückte einst das Grab eines fleißigen Handwerkers und erinnert an den 1643 geborenen »Königlicher Mayestät Tabcirer« Thomas Feger, der in Schöneberg lebte und 1718 auf dem Dorffriedhof beigesetzt wurde.

Um 10.30 Uhr beginne ich langsam zu zweifeln, ob die Sänger noch erscheinen. Nebenan, in einem Kirchenneubau der sechziger Jahre, nähert sich der Gottesdienst langsam seinem Ende. Die Gemeinde, wie ich durch das große Fenster sehen kann, besteht an diesem Tag aus zwölf Menschen, die nun versuchen, gegen die Leere des Raumes anzusingen. Ich rüttle an der Kirchentür der alten Dorfkirche, die aber verschlossen ist. Gerne hätte ich mir das Altarbild angesehen, das aus der im Krieg zerstörten Klosterkirche in Mitte stammt, wo es als Epitaph an den 1521 in der Gruft bestatteten Großkomtur Claus von Bach erinnerte.

Es ist mittlerweile 11 Uhr. Als ich nach einem weiteren Friedhofsrundgang wieder an der Dorfkirche ankomme, stehen dort vier Männer in mittleren Jahren, die sich angeregt unterhalten. Da ich keinen Kranz, Blumen, Noten und auch keine Flasche sehe, warte ich einige Meter entfernt und behalte die Vier im Blick.

Vor meinem heutigen Besuch hatte ich versucht, noch etwas mehr über das »Motiv« zu erfahren. Auskunft brachte die Festschrift »125 Jahre akademischer Verein Motiv 1847-1972«. Dort fand ich auch den stilisierten Schwan, der den handgeschriebenen Zettel zierte, der zwei Jahre zuvor meine Neugier weckte. Das Emblem war in der Geschichte des Vereins mehrfach modifiziert worden. Der Festschrift war zu entnehmen, daß die Vereinigung mit den Jahren stark wuchs, sich dadurch aber auch veränderte. Hatte man bisher öffentliches Auftreten und studentische Gebräuche gemieden, näherte man sich nun langsam, aber stetig den Korporationen an. 1882 erfolgte eine bedeutende Umwandlung: aus dem »Motiv« wurde der »Akademische Verein Motiv«, gegliedert in Aktive, Inaktive und Alte Herren. »Motiv« war nun eine studentische Verbindung, deren Winterfeste in den Kroll-Sälen im Tiergarten von bis zu 1000 Personen besucht wurden.

Dieser gute Zuspruch brachte andauernde Raumprobleme mit sich, die den Wunsch nach einem eigenen Haus wachsen ließen, der 1900 zur Gründung einer Motivhaus AG mit 300 000 Mark Kapital führte. Es wurde ein Grundstück an der Hardenberg-, Ecke Knesebeckstraße erworben und ein Architektenwettbewerb durchgeführt. Nach einem überarbeitetem Entwurf des Architekten Röntsch entstand ein stattlicher Bau in den Formen des Jugendstils. Im Erdgeschoß eröffnet ein Restaurant mit einem großen Saal, in dem »Motiv« von nun an seine Feste feierte. Der Verein selbst nutzte die vierte Etage, die anderen Stockwerke wurden vermietet.

In den ersten Jahren des neuen Jahrhunderts nahm die Zahl der Aktiven stetig ab und »Motiv« wurde ein Verein unter vielen. Da sich die Hardenbergstraße nicht so schwungvoll wie Tauentzienstraße und Kurfürstendamm entwickelte, kamen in das Restaurant zu wenig Gäste und damit das Motivhaus in wirtschaftliche Schwierigkeiten, die 1914, kurz nach Ausbruch des Ersten Weltkrieges, zur Zwangsversteigerung führten. Das heute vom Renaissance-Theater genutzte Gebäude zeigte vor einigen Jahren noch einmal, für wenige Wochen, zu welchem Zweck es ursprünglich errichtet wurde. Als das Nachbarhaus abgerissen und einem Neubau weichen mußte, tauchte an der Brandmauer der alte Schriftzug »Motiv« auf, bis er wieder hinter Beton und Mauersteinen verschwand.

Als der Erste Weltkrieg endlich vorüber war, stand nicht nur ganz Deutschland, sondern auch der »Akademische Verein Motiv« vor einem Scherbenhaufen. Mit einem Dutzend Aktiven begann der Neuanfang. Bald wurde ein kleines Vereinshaus in der Leibnizstraße 12 gemietet und später käuflich erworben. Nach einigen Jahren der Normalität zogen aber bald wieder dunkle Wolken am Vereinshimmel auf. Nach der »Machtübernahme« im Jahr 1933 galten Studentenverbindungen als reaktionär, wurden erst bekämpft und später aufgelöst. »Motiv« rettete sich in den »National-Sozialistischen-Deutschen-Studentenbund« und wurde 1938 zur »Kameradschaft Friedrich-Wilhelm-Stier«. Mit Beginn des Zweiten Weltkrieges wurde es im Motivhaus stiller, da die meisten Studenten nicht von der Front verschont blieben. 1943 wurde das Vereinshaus von Fliegerbomben zerstört. Zum 100. Geburtstag im Jahr 1947 kamen 33 Motivler zusammen; sie waren sich einig: das »Motiv«

muß weiterleben, natürlich ganz anders wie vor 100 Jahren, nicht mehr mit Quartettgesang und Theaterbühne, aber wieder im eigenen Haus in der Leibnizstraße.

Die Uhr am Kirchturm der Schöneberger Dorfkirche zeigt 11.30 Uhr. Inzwischen haben sich zu den vier Männern vor der Kirche noch drei weitere und eine junge Frau eingefunden. Ein Blumengesteck mit Schleife und eine Einkaufstüte aus Plastik, in der sich die Formen zweier Flaschen abzeichnen, signalisieren mir die Motivler. Es scheint bei diesem kleinen Kreis zu bleiben, denn nun macht sich die Gruppe auf zum Grab. Ich schließe mich an, stelle mich vor und bekunde mein Interesse an ihrer Gesellschaft. Etwas irritiert ist man schon über mein plötzliches Auftauchen. Der jüngste der Anwesenden, ein Student, hält eine kurze Ansprache am Grab von Wilhelm Stier. Anschließend werden die zwei mitgebrachten Flaschen Sekt geöffnet, auch ich erhalte ein Glas und gemeinsam prosten wir ihm zu, dem großen Lehrer Wilhelm Stier.

Meine Frage, was sie jetzt singen werden, löst Ratlosigkeit aus, und ich erfahre, daß am Grab schon lange nicht mehr gesungen wird. Irgendwann wurde es immer schwieriger, sangesfreudige Mitglieder zu finden und diese Tradition aufrechtzuhalten. Ich erfahre, daß der »Akademische Verein Motiv« heute seine Vereinsräume in einem Neubau der Leibnizstraße 14 hat und die Zahl der Mitglieder rund 140 beträgt. Das Motto heute heißt »Miteinander zusammenkommen, mit Freunden & Freuden in einer Gruppe mitarbeiten, der Kunst und Musik zugewandt, der Toleranz verpflichtet, offen für jede & jeden Studierenden …« Ein kleiner Handzettel, der in allen Berliner Universitäten ausliegt, gibt Auskunft: »Das Motiv bietet Euch eine 6er WG. Kleine Bühne mit Konzertflügel Dachgarten & Segelboot auf der Havel. Bar, Billard & Bibliothek. Bist Du Student/In, der die Lust auf Diskussionen, experimentelle Performances, Computersessions, Dachparties, Spielabende & Segeltörns hat? Teste uns!«

Als die kleine Gruppe nach einer Stunde auseinandergeht, hat in der »Geisterbahn« die Stimmung ihren Siedepunkt erreicht. Vor der Tür hat man in der Zwischenzeit einen großen Holzkohlengrill aufgestellt, einige schon bedenklich angekohlte Würstchen entwickeln Rauchwolken, die innerhalb kürzester Zeit die Straßenkreuzung einnebeln. Die laute Musik verfolgt mich bis zum Bahnhof. Ich bin etwas enttäuscht, da ich einen vielstimmigen Männergesang am Grab erwartet habe. Gleichzeitig aber auch bewegt, Menschen getroffen zu haben, die 143 Jahre nach dem Tod von Wilhelm Stier diese traditionelle »Stierspritze« weiterleben lassen.

Es gibt eben ein Leben nach dem Tod …

Die Namenlosen
Ein Selbstmörderfriedhof mitten im Grunewald

Wer versucht, auf den Spuren der Stadtgeschichte Berlin für sich zu entdecken, entwickelt zwangsläufig eine Vorliebe zu alten Stadtplänen. Dort finden sich häufig Orte oder Bezeichnungen, die auf heutigen Plänen nicht mehr zu finden und somit für den »Entdecker« von höchstem Interesse sind. So zum Beispiel in »Straube's Grosse Spezialkarte vom Grunewald«, gezeichnet von Julius Straube im Jahr 1905. Darin ist, nicht weit von Havel und der Halbinsel Schildhorn entfernt, die Alte Spandauer Poststraße eingezeichnet, die mitten durch den Grunewald führt. Im Bereich des Jagens 132 verzeichnet Straube's Plan auch eine »Russenbrücke« und nicht weit davon entfernt, im Jagen 135, ist nah dem Schildhornweg die Bezeichnung »Friedhof für Selbstmörder« zu finden.

Wenn ich solch Begriffe lese, ist blitzartig mein Interesse geweckt. So begann ich meine »Entdeckungsreise« in die Vergangenheit. Ich startete am S-Bahnhof Grunewald und wanderte von dort zuerst in Richtung Teufelssee. Links am See vorbei erreichte ich nach wenigen Minuten die Alte Spandauer Poststraße, in die ich nach rechts einbog, um zuerst nach der erwähnten »Russenbrücke« zu suchen. Ich verglich die Wegführung des alten Plans mit einer Karte jüngeren Datums und stellte fest, daß an dieser sich offensichtlich in der Zwischenzeit nichts geändert hatte. Von der angegebenen »Russenbrücke«, die vermutlich den Torfgraben überbrückte, konnte ich weit und breit nichts entdecken und habe bis heute nicht in Erfahrung gebracht, ob dort wirklich einmal eine richtige Brücke stand. Vielleicht hatte man auch nur mit einigen Baumstämmen den Graben überbrückt, damit die Reisenden in den Postkutschen, auf dem Weg nach Spandau, ohne zu große Erschütterungen die Fahrt überstanden. Ich wanderte in westlicher Richtung weiter zu dem auf der Karte eingezeichneten »Friedhof für Selbstmörder«.

Auf halbem Weg zwischen der einstigen Poststraße und der Halbinsel Schildhorn öffnet sich unvermittelt der Wald zu einer größeren Lichtung und macht die Sicht frei auf einen kleinen, von einer halbhohen Mauer umgebenen Friedhof. Ein vier Meter hoher Torbogen aus regelmäßig behauenen Steinen und mit Holzverdachung bildet den Rahmen für die beiden, mit zahlreichen eisernen Rosetten geschmückten Torflügel. Lautes Quietschen, verursacht von alten rostigen Scharnieren, unterbrach die Waldesruhe. Hinter dem Tor offenbart sich ein ländlich anmutender Begräbnisplatz. Auf der linken Seite des Weges eine Stelltafel mit einer Übersicht der Grabfelder, darüber der Name »Friedhof Grunewald-Forst« und die Adresse »Im Jagen 135«. Gestutzte Hecken begrenzen die Felder, dazwischen zum Teil gepflegte und mit Blumen geschmückte Grabhügel. Andere scheinen der Verwilderung preisgegeben.

Eigentlich ein ganz normaler Friedhof, könnte man denken, wenn einem nicht auffallen würde, daß weit und breit kein Besucher und auch kein Friedhofsverwalter oder Gärtner zu sehen ist. Nah dem Eingang steht ein kleines gemauertes Gebäude mit einem Warteraum für Beerdigungsgäste und einem Büro – aber alles, offenbar schon seit längerem, verwaist und leer, wie ein Blick durch die Fenster zeigt. Plötzlich erscheint dieser Ort doch nicht so »normal«, wenn man darüber nachdenkt, daß keine befestigte Straße zu diesem Begräbnisplatz führt, und bei Beerdigungen der Sargwagen nur auf holprigen und bei Regen aufgeweichten Waldwegen sein Ziel erreichen kann. Auch für die Angehörigen, die die Gräber aufsuchen möchten, ist dieser Ort nur nach längerem Fußweg erreichbar. So drängt sich die Frage auf, warum ausgerechnet hier, mitten im Grunewald, ein Friedhof angelegt wurde.

In den Berliner Zeitungen war am 18. September 1876, unter der Überschrift »Aufgefundener Leichnam« folgender Aufruf zu lesen: »Am 27. v. M. ist im Jagen 63 des Forstreviers Grunewald eine männliche Leiche an einem Baume hängend und mit einem Revolver in der Hand gefunden worden. Dieselbe war circa 5 Fuß 6 Zoll lang, hatte dunkelblondes Haupthaar, einen gleichfarbigen Schnurr- und Backenbart, sowie Sommersprossen im Gesicht. Die Kleidung bestand aus einer braunen Joppe, hellgrauen Hosen, schwarz- und graumelierter Weste und schwarzseidener Mütze. Der Verstorbene mochte ungefähr 25 Jahre alt sein und sich den Tod durch Erhängen und Erschießen gegeben haben. Alle Diejenigen, welche Näheres über Namen und Verhältnisse des oben bezeichneten wissen, werden ersucht, mir hierauf bezügliche Angaben schleunigst zukommen zu lassen. Forsthaus Grunewald, den 17. September 1876. Der Amtsvorsteher von Schleinitz.«

Die »offizielle« Geschichte dieses Gottesackers begann aber erst im Jahr 1879. Damals gab es noch nicht den Bezirk Wilmersdorf, das Gebiet gehörte noch zum Landkreis Teltow. Die Forstverwaltung begann zu dieser Zeit damit, die Waldlichtung von Buschwerk zu befreien, um anschließend einen Begräbnisplatz anzulegen, auf dem im Grunewald aufgefundene Tote, zumeist

Selbstmörder, begraben werden sollten. Dazu gehörten auch die am Havelufer angeschwemmten Wasserleichen, da einer Verordnung entsprechend die Forstverwaltung für die Bestattung dieser Namenlosen zuständig war. Der Platz, nah der Halbinsel Schildhorn, war ganz bewußt gewählt worden, da in diesem Bereich der Havel und der kleinen Bucht Jürgenlanke, vermutlich durch eine Strömung begünstigt, in der Vergangenheit mehr Tote angespült wurden als an den meisten anderen Uferstellen.

In einem Faltblatt über das Beerdigungswesen aus dem Jahr 1866 steht: »Wegen Beerdigung der Selbstmörder wurde endlich durch Decret vom 17. Juni 1845 der Humanität Rechnung getragen, und das jetzige Strafgesetzbuch hob alle Bestimmungen auf, welche den Selbstmord als Verbrechen betrachten«. Wurden bis dahin die Toten der Anatomie zugeführt, sollten sie zukünftig eine würdige Bestattung erfahren, für die der Forstfiskus die Kosten übernehmen mußte. Inoffiziell wurde aber schon über einen längeren Zeitraum an dieser Stelle »wild« bestattet. Häufig wurden Angehörige durch einen hinterlassenen Abschiedsbrief auf den Ort des Freitods hingewiesen. Fanden sie daraufhin den Toten, standen sie vor dem Problem, daß die Kirche auf ihren Begräbnisplätzen die Beisetzung von Selbstmördern generell ablehnte oder aber die doppelten bis dreifachen Gebühren für eine Beerdigung verlangte. So griffen immer wieder Angehörige selbst zum Spaten, um im Wald eine Grube für die letzte Ruhe des Angehörigen auszuheben. Diese Waldlichtung, nah dem Havelufer, war »ein gern gewählter Ort«.

Um die »wilden« Bestattungen nun auf dem angelegten »Friedhof der Namenlosen«, den der Volksmund »Selbstmörderfriedhof« nannte, zu unterbinden, wurde der Platz mit einem Maschendrahtzaun umgeben. Eine frühe Beschreibung gibt Maximilian Wolff im Jahr 1900 im »Grunewald Echo« unter dem Titel »Auf dem Friedhof der Selbstmörder«: »Ein köstlicher Ausblick öffnet sich von der Höhe bei Schildhorn. Weit dehnt sich der Wasserspiegel, umrahmt von grünen Ufern. In den Kranz der Waldungen dringen Buchten ein und treiben die Riesenföhren die Anhöhen hinauf (…) Alles lebt und freut sich des Lichts, des Daseins auf der Erde, auf dem Wasser, in der Luft. Wer möchte scheiden von dieser schönen Welt? Freiwillig die Augen schließen auf ewig? Wer anders als zum erfrischenden Bade tauchen in die kühle, glänzende Fluth? – Ach! Unter der schimmernden Oberfläche des Wassers gähnt es schwarz und schaurig herauf. Dort in der Tiefe lauert der Nix, der grünarmige, grinsende, der das gehetzte, verzweifelte Menschenkind lockt und ihm singt mit bestrickenden Liedern von Frieden und ewigem Vergessen. Die starren Blicke des Unglücklichen, der da irr am Ufer entlangschleicht, bohren sich hinab auf den Grund – ja – dort unten wohnt die Ruhe, wohnt das wahre Glück – hinunter – ein Sprung – ein kurzes Zappeln und Gurgeln – und alles ist vorüber, das Wasser hat ein Opfer mehr.

Was sind das für Gestalten, die dort aus den Fluthen emporsteigen? Junge Männer, junge Frauen! Mit blassen Wangen, mit hohlem Auge, mit triefendem Haar! Einer drängt dem Anderen nach, das Ufer hinauf, den Pfad entlang, in den Wald hinein! – Es sind Schaaren derer, die Schuld und Verzweiflung in den nassen Tod trieben.

Ihr Weg ist kurz, noch eine Biegung, an der Schonung entlang auf die Lichtung hinaus, wo sich waldumrahmt die Wiese dehnt – hier, in die letzte Ruhestätte, in den Kirchhof der Selbstmörder hinein huschen die Schatten und verschwinden hinter den eingesunkenen Gräbern. Es ist ein traurig einsames Plätzchen mitten im Walde. Nur wenig Besucher verirren sich dorthin (…) Tiefe Stille herrscht hier, die Einbildung umkleidet den Ort mit tausend Schauern. Wie viel Jammer, wie viel Qualen, welch traurige Geschicke deckt dieses Fleckchen Erde zu! Es ist kein wohlgepflegter Gottesacker; keine liebende Hand schmückt diese Gräber mit Blumen. Ein Fluch ruhte über dem irdischen Dasein der hier Begrabenen, ruhte über ihrer letzten Stunde, er ruht auch über ihrer letzten Ruhestätte.

Alles ist hier in dem schmerzlichsten Zustande der Vernachlässigung, des Verfalls. Dieser Trauerort, auf dem doch Menschen schlummern, wenn auch sündigere Menschen als die, die auf geweihter Erde gebettet worden, er ist nur durch Pfähle abgesteckt, die ein Stacheldraht verbindet. Eine wacklige Bretterthüre führt auf die Totenstätte. In der Mitte des Kirchhofs steht eine alte, schwarzgetheerte Bretterbude; ihr einziges Fenster ist mit Draht übersponnen, die Scheiben sind zerschlagen. Drinnen liegen ein paar offene Särge durcheinander, Holzkisten ähnlicher als dem, wozu sie bestimmt sind. Der Blick hinein macht frösteln. Schaut man von hier aus auf dem weiten Viereck umher, so sieht man nur verwahrloste Haufen Erde, zum Theil mit dürrem Gras übersponnen, zum Theil mit Fichtenzweigen bedeckt, wohl auch mit Feldsteinen beworfen. Auf einem Hügel liegt ein umgekippter, leerer Blumentopf, daneben eine leere Flasche. Hier und dort ragt ein Kreuzlein aus den Gräbern auf, aus schwarzen Leisten gefertigt, oft nur aus zusammengebundenen Stäben gebildet.

Die meisten Gräber sind namenlos, auf einzelne Kreuze sind nur Anfangsbuchstaben gemalt (…) Manche der Inschriften auf den Gräbern bemühen sich mit dem milden Worte ›Verunglückt‹ (…) noch einen freundlichen Schimmer zu werfen, einen liebevollen Schleier über die letzte That eines Verirrten zu ziehen. (…) Nur eine Stätte auf dem ganzen Kirchhof der Selbstmörder macht von allen übrigen eine Ausnahme und scheint mutig dafür einzutreten, daß auch der todte Verbrecher noch seine Rechte habe (…) Es ist der Hügel, unter dem der Spandauer ›Kayser‹ begraben worden, jener bedauernswerte Mann, der nach Verübung schwerer Unterschlagungen seinem Leben in den Fluthen der Havel ein Ende machte. Sein Grab ist auf das schönste ausgelegt, mit Blumen und Denkstein geziert.«

Hatten bis dahin die Forstverwaltung, aber auch die Zeitungen die genaue Lage dieses Begräbnisplatzes bewußt verschwiegen, um diesen »unwürdigen Ort« nicht zu einem Ausflugsziel zu machen, lieferte der Artikel von Maximilian Wolff nun eine detaillierte Wegbeschreibung. Die »Ausflügler« ließen nicht lange auf sich warten, und Menschen, die ihrem Leben ein Ende bereiten wollten, setzten ihr Vorhaben nun häufig in unmittelbarer Nähe des Friedhofs um. Ein Beispiel dafür ist der Freitod der 23jährigen Krankenpflegerin Minna Braun aus Pankow im Jahr 1919. Ein Kraftfahrer hatte die junge Frau am Nachmittag des 28. Oktober, unweit von Schildhorn, direkt neben der Havelchaussee, leblos sitzend, gegen einen Baum gelehnt aufgefunden. Der herbeigerufene Gemeindearzt stellte »Pulslosigkeit sowie Fehlen der Herztöne und der Atemtätigkeit« fest. Auch aufgeträufelter Siegellack führte zu keiner Hautrötung. Er konstatierte Selbstmord, vermutlich durch Medikamentenmißbrauch. In ihrer Handtasche wurde ein Abschiedsbrief gefunden, aus dem »Liebeskummer« als Beweggrund für ihre Tat hervorging. Die Unbekannte wurde daraufhin von der alarmierten Polizei zum nahen »Friedhof der Namenlosen« gebracht und dort in einer kleinen, 1905 aus Stein errichteten Leichenhalle eingesargt. Nach vierzehn Stunden wurde von Kriminalbeamten der Sarg nochmals geöffnet, da diese an den Kleidern der bis dahin Unbekannten nach Wäschezeichen suchen wollten. Einer der Beamten bemerkte dabei ein schwaches Kehlkopfzucken und stellte fest, daß die junge Frau überhaupt nicht tot war. Der Gemeindearzt wurde erneut herbeigerufen und stellte nun auch leichte Herztöne fest, worauf er eilig den Transport von Minna Braun in das Kreiskrankenhaus Lichterfelde veranlaßte. Vierundzwanzig Stunden später erwachte die vermeintlich Tote aus einem todesähnlichen Starrkrampf. Auf Befragen erklärte sie, daß sie aus Liebeskummer sich mit einer Morphinlösung, gemischt mit Veronalpulver, umbringen wollte.

Die Lichterfelder Ärzte verhalfen der jungen Krankenpflegerin zu einem zweiten Leben, mit dem sie aber auch nicht bessere Erfahrungen machte. Fast auf den Tag genau, drei Jahre später, fand man Minna Braun wieder in unmittelbarer Nähe des Friedhofs. Wieder war der Anlaß Liebeskummer und das von ihr gewählte Gegenmittel eine Medikamentenmischung. Diesmal war sie aber wirklich tot, ein drittes Leben war ihr nicht vergönnt. Ob der alte oder ein neuer Freund den unerträglichen Liebeskummer verursacht hatte, wurde nicht bekannt.

Minna Brauns Grab auf diesem Friedhof blieb wie viele namenlos, und so ist die genaue Lage nicht geklärt. Ein in den dreißiger Jahren von einem Journalisten befragter Forstarbeiter berichtete, daß ein ehemaliger Kollege von ihm – er hatte die Tote im Wald aufgefunden – sich am Tag der Beerdigung auf dem Friedhof befand. Da kein einziger Angehöriger zur Beerdigung erschienen war, soll er einige Tage darauf eine kleine Konifere auf den kahlen Grabhügel gepflanzt haben.

Nur wenig ist heute noch über die Gräber aus der Entstehungszeit des Friedhofs überliefert. Auskunft geben nur einige wenige Zeitungsartikel. So schrieb Oswald Kohut »Ein Stimmungsbild aus dem Grunewald«, erschienen 1901 im »Grunewald Echo«, daß der Wirt vom Schmidtschen Lokal bei Schildhorn, der »vor einigen Wochen freiwillig in den Tod gegangen ist (...), auch dort oben ruht.« Kohut wagte bei seinem Besuch einen Blick durch das kleine Fenster des verwitterten Bretterhäuschens: »... blickten wir ins Innere. Das sollte nur der tun, der über starke Nerven verfügt, denn sechs der sieben Särge aus grob gehobelten Brettern starrten uns entgegen.« Er zählte »286 noch erkenntliche Grabhügel«, von denen viele bereits zusammengefallen und dem Erdboden gleich waren. Die wenigen Grabkreuze, die das Alter des Toten angaben, gehörten mehrheitlich Jugendlichen im Alter von 18 bis 22 Jahren. »Ganz hinten in einer Ecke des Friedhofs ist der obere Rand des Grabhügels mit weißen Steinchen eingefaßt. Ein einfacher Denkstein in Form einer Bibel liegt darauf, deren eine Seite die Inschrift trägt: Meinem Bruder, dem Schriftsteller Ewald Ringsdorff, geb. am 10. März 1861, gest. am 21. Dezember 1899. Ein Opfer der Kälte!«

Die Angabe »Ein Opfer der Kälte« war auf mehreren Grabsteinen zu finden und bedeutete, daß der Verstorbene aus dem kalten Wasser der Havel gefischt wurde. Ein weiterer Artikel erschien acht Jahre später, ebenfalls im »Grunewald Echo«. Der Verfasser, Edgar Reimérdes, gibt darin den Text einer am Eingang aufgestellten Holztafel wieder: »Wanderer, / der du dich nahst / Dieser Stätte des Friedens, / Schone die Steine / Die Liebe gesetzt den Toten.«

An einer kleinen Nebenpforte eine weitere Bitte an die Besucher, die uns zeigt, daß die Menschen früher auch nicht besser waren: »Die Blumen sind der Toten Eigentum / Drum, Wanderer, schone sie wie ein Heiligtum.«

Reimérdes entdeckte, von Unkraut überwuchert, den Gedenkstein eines Achtzehnjährigen, der Pfingsten 1896 bei einem Eisenbahnunglück den Tod fand und auf Wunsch der Eltern auf diesem stillen Friedhof zur Ruhe gebettet wurde: »Durch anderer Schuld gingest du auf rauhen Wegen, / Für uns noch viel zu früh, dem Tod entgegen.«

Das schönste und gepflegteste Grab, das er an diesem Tag vorfand, war das Grab zweier junger Menschen, die aus Liebeskummer gemeinsam in den Tod gingen. Das Eisenkreuz, auf einem Sockel aus rotem Sandstein, zeigte die Nummern 479 und 480, aber nicht die Namen des unglücklichen Paares: »Die furchtbare Tragödie des Menschengeschlechts zieht an unserem Geist vorüber, wenn wir zwischen den verwilderten Hügeln umherstreifen und den Geschichten lauschen, die die wenigen Grabschriften uns zuflüstern, Geschichten welche alle Fröhlichkeit und allen Lebensmut jäh in uns ersticken.

– Hier trauert eine Mutter um ihren 19 Jahre alten Sohn, dessen Namen die Inschrift nun verschweigt: ›Geliebt. – Beweint! / Mein frühes Grab, mein frühes Glück; / Drum Mutter, ruf mich nicht zurück. / Ich lebe noch und liebe dich, / In diesem schönen Himmelslicht.‹

An einer anderen Stelle klagt eine junge Frau um ihren im Alter von 32 Jahren gestorbenen Gatten: ›Im tiefen Unglück suchtest du / In kühler Waldeserde ruh'. / Du kämpftest hart mit bittrem Leid; / Nun schlummere sanft zur Ewigkeit.‹ Deckt dieses Grab eine schwere Schuld, die mit dem Tod durch eigene Hand gesühnt wurde? War es ein unverschuldetes Unglück, das diesen Mann zum Selbstmord trieb? Wer kennt des Rätsels Lösung? (...) Den Hügel eines Mannes, der mit 54 Jahren freiwillig aus dem Leben schied, schmückt eine Tafel mit dem Spruch: ›Du hast den Frieden nun gefunden, / Wonach dein Herz so lang gesehnt; / Nun endlich hast du überwunden, / Der Tod hat alles ausgesöhnt. / Du ruhst so sanft in kühler Waldesstille, / Was auch geschah, es war ja Gottes Wille.‹«

Ein anderer Friedhofsbesucher beschreibt einige Jahre später seine persönlichen Eindrücke:»Daneben, von Margaritten überblüht, ein anderer Hügel: ›Verunglückt im Wannsee‹. Auf einem schmucklosen Steinsarg finden wir die Worte: ›Mir ist in dieser Welt nichts erspart geblieben!‹ (...) Wir gehen weiter zum letzten Stein. Ungepflegt liegt er zwischen Waldblumen, die wir auseinanderbiegen, um mühsam zu entziffern: E. M. Nr. 499. ›Ein Opfer der Kälte‹. Wir haben sie gekannt, sie war ein leuchtend warmer Mensch, hold und mütterlich. Sie band sich einen Stein um den Hals und ging in den Wannsee. Die Kälte und die stumpfe Gleichgültigkeit ihrer Mitmenschen hat sie in den Tod getrieben.«

Zwischen 1914 und 1918 wurden fünf Russen auf dem Friedhof begraben. Fälschlicherweise wird häufig berichtet, daß sie sich aus Trauer über die Ermordung ihres geliebten Zaren Nikolaus (am 17. Juli 1918) das Leben nahmen. Wenn das der Fall sein sollte, hätten sie über prophetische Gaben verfügen müssen, da alle fünf bereits vor der Jekaterinenburger Mordtat verstarben. Es handelt sich hier um Kriegsgefangene des Ersten Weltkriegs, die nach Berlin gebracht wurden und auf dem Gelände der Eisenbahnbetriebswerkstätten in Grunewald, nicht weit vom Friedhof entfernt, in Gefangenenbaracken untergebracht waren und als Zwangsarbeiter schwerster körperlicher Arbeit nachgehen mußten. Von den drei zuerst verstorbenen, Pavel Tarasenko († 8.4.1914), Matvyj Logvinenko († 16.3.1917) und Stefan Melikov († 25.10.1917) soll einer an Methylalkoholvergiftung, die beiden anderen an Infektionskrankheiten, verursacht durch die schlechten Lebensbedingungen im Lager, verstorben sein. Von den beiden später begrabenen Sergej Tschuravel († 4.7.1918) und Leo Sunjenko († 5.7.1918) heißt es, daß sie den Freitod in der Havel wählten. Sie sollen nach der Oktoberrevolution keine Chance mehr gesehen haben, jemals in ihre

Heimat zurückkehren zu können. Ein Leben ohne Familie und Freunde, fern von Rußland, in einem ihnen fremden Land, konnten und wollten sie sich nicht vorstellen. Mitgefangene haben für die Toten aus einfachen Brettern russisch-orthodoxe Kreuze angefertigt und bei den Grabhügeln aufgestellt.

Außer Selbstmördern und nichtidentifizierten Toten konnten sich auch Jäger, Wald- und Forstarbeiter auf dem Friedhof begraben lassen. Sie schätzten den ruhigen Ort mitten im Wald, der im Leben ihr Arbeitsplatz war, und außerdem das Privileg, für den letzten Ruheplatz nicht bezahlen zu müssen. Ihre Gräber wurden jedoch nicht zwischen denen der »Namenlosen« ausgehoben, für sie wurde ein eigenes Feld angelegt. Noch heute erhalten ist das Grab des königlichen Schloßverwalters Wilhelm Hintze, der 1925 im Alter von 81 Jahren begraben wurde, und dessen Sohns, des Revierförsters Robert Hintze, der seit 1980 neben seinem Vater ruht. Die Steininschrift erinnert daran, daß der Schloßverwalter »Ein treuer Diener der Hohenzollern« war.

Nur wenige Meter entfernt das Grab des Gründers der Oberförsterei Grunewald, Willi Schulz. Sein Verdienst war, daß er den Wald wieder mit Laubbäumen aufforsten ließ, die vor seiner Amtszeit allzu oft als Brennholz in den Berliner Öfen landeten. Ihm lag der Erholungswert des Waldes für die Großstädter am Herzen. Er ließ Reitwege und Rodelplätze anlegen und setzte sich auch für die Errichtung des Freibades Wannsee für die Erholungssuchenden ein. Als begeisterter Jäger machte er die alljährliche »Hubertusjagd« im Grunewald zu einem festen Ereignis. Einige hundert Trauergäste nahmen an einem kalten Tag im November 1928 von Willi Schulz Abschied. Unter einem von ihm selbst erbeuteten Geweih stehen die Worte »Jagd vorbei«.

Nach dem Entstehen Groß-Berlins übernahm der Verwaltungsbezirk Wilmersdorf den verwahrlosten Begräbnisplatz und erklärte ihn zum Gemeindefriedhof für den Grunewaldbezirk. Obwohl von nun an tot Aufgefundenen den zuständigen Gemeinden zur Beerdigung überstellt wurden, haftete dem abgelegenen Friedhof nach wie vor der Ruch eines »Selbstmörderfriedhofs« an. Um sein Ansehen zu verbessern, wurde 1928 der Ort, im Rahmen einer Arbeitsbeschaffungsmaßnahme, von einer Mauer umgeben und mit einem stattlichen Eingangstor nach Entwurf des Wilmersdorfer Gartenbaudirektors Thieme versehen. Die Holzschindeln für die Mauerabdeckung wurden aus gefällten Ulmen angefertigt, die bis dahin die Kaiserallee (heutige Bundesallee) schmückten, bis sie der Straßenverbreiterung geopfert wurden.

Ein Friedhofsbesucher beschreibt den Zustand im Jahr 1950: »Rechts am Eingangswege, unter Birken, mehrere wuchtige hölzerne Andreaskreuze mit russischen Namen (…) Diese Gräberreihe bildet gewissermaßen die Grenzlinie zwischen dem alten und neuen Friedhofsteil. (…) Im alten Teil finden wir das Grab eines Professors, der sich erschossen hat. In seiner Nähe ruhen einige Studenten, denen seine Weltflucht ein schlechtes Beispiel gegeben hat.

Unter dichten Büschen ruht eine Frau, die ihrem Leben wegen der Untreue ihres Mannes ein Ende gemacht hat. Auf ihrem Grabe steht ein hölzerner Engel, ein wenig verwittert schon. Einstmals stand er in der Akademie der Bildenden Künste in der Hardenbergstraße. In den ersten Jahren des dritten Reiches wurde er als entartet entfernt und fand hier, eingesponnen in Efeu, seinen Platz.«

Auch heute ist der Anteil der hier beerdigten Menschen, die den Freitod wählten, noch sehr hoch. Vielfach zieren nur Vornamen oder Initialen die Kreuze oder Grabsteine, auf anderen Gräbern wurde nie ein Gedenkstein aufgestellt. Ein großer Teil aber von den hier in den letzten Jahrzehnten Bestatteten hat bereits zu Lebzeiten verfügt, auf diesem romantisch mitten im Wald gelegenen Gottesacker »die Zeit danach« zu verbringen. Ein gutes Beispiel dafür ist ein Mann, der alle Friedhöfe Berlins wie seine Westentasche kannte und der diesen Begräbnisort als den schönsten empfand – Willi Wohlberedt.

Im bürgerlichen Leben war er kaufmännischer Angestellter bei der AEG. Schon als Jugendlicher widmete er sich seinem Hobby, der Berliner Grabstättenforschung, die später zu seiner Passion werden sollte und von da an sein weiteres Leben mitbestimmte. Mehr als 40 Jahre besuchte er die Friedhöfe der Stadt, pflegte Kontakte zu den Friedhofsverwaltern und legte eine Kartei über die bestehenden Gräber wichtiger Persönlichkeiten auf Berliner Begräbnisplätzen an. Da kein Verlag sich an diesem Thema interessiert zeigte, erschien 1932, im Selbstverlag des Verfassers, der erste Band von seinem »Verzeichnis der Grabstätten bekannter und berühmter Persönlichkeiten in Groß-Berlin und Potsdam mit Umgebung«. 1934 gab er den zweiten Teil heraus mit bis dahin 2700 registrierten Gräbern und zusätzlichen Informationen über nicht mehr bestehende Friedhöfe. Bei Erscheinen des dritten Teiles im Jahr 1939 fehlten plötzlich sämtliche Angaben über jüdische Grabstätten. »Ich mußte eine ganze Reihe Aufzeichnungen streichen (in erster Linie Juden und Marxisten) und andere dafür eintragen. Um unliebsamen Überraschungen aus dem Wege zu gehen, mußte ich mich fügen«, schrieb er im Vorwort seines vierten Bandes als Erklärung für seinen vorauseilenden Gehorsam. Dieses letzte Buch, noch immer im Selbstverlag herausgegeben, erschien 1952, zwei Jahre nach seinem Tod an Herzversagen im Alter von 72 Jahren. Bis heute ist sein Verzeichnis die umfangreichste und genauste Quellensammlung zu Berliner Grabstätten. (Sein Ehrengrab befindet sich in der Abteilung II-3-51/52.) Der Grabstein vermerkt neben seinem und dem Namen seiner Ehefrau auch den Titel seines vierbändigen Lebenswerks.

Nicht weit von Wohlberedt entfernt das Grab eines einst berühmten, aber heute fast vergessenen Schriftstellers. Clemens Laar schrieb zwei ausgesprochen erfolgreiche Reiterromane, die in mehrere Sprachen übersetzt und später auch verfilmt wurden. Der Ufa-Film »…reitet für Deutschland« kam 1936 in die Kinos, und der 1951 in der Nachkriegszeit erschienene Roman »Meines Vaters Pferde« wurde 1954 als Film gedreht. Dieser überwältigende Buch- und Filmerfolg, der dem Autor Anerkennung und viel Geld brachte, soll ihm nicht gut bekommen sein. Weggefährten berichteten, daß Laar eine große Grunewald-Villa bezog, bald unter Schreibblockaden litt und zu sehr dem Alkohol zusprach. Er, der in seinen Romanen stets die »alte« und »schöne« und »heile Welt« beschrieb, erhängte sich nach vielen persönlichen Krisen im Juni 1960, wenige Wochen vor seinem 54. Geburtstag. Nur bei hellem Sonnenlicht ist die Inschrift seines schlichten Holzkreuzes noch lesbar: »Mitten im Reiten / Aus Sonnenseiten / Erreicht Dich der Ruf. / Und der, der Dich schuf, / Greift milde nach Dir. / Doch was Du gelebt, / Es bleibt zurück. / Vom Jubel im Sprung, / Vom Glühen und Schwung, / Ein letztes Funkeln / Im Bügeltrunk. / Und das lachende Wissen, / Daß Gott uns liebt, / So lange es auf Erden / Die Pferde gibt.«

Auch der Hauptdarsteller der Verfilmung »... reitet für Deutschland«, ein stattlicher Lipizzanerhengst, ist nicht sehr weit vom Grunewald entfernt zu entdecken. Allerdings nicht sein Grab; er wurde auf einem Relief verewigt, welches den Grabstein seiner stolzen Besitzerin, Erna Splettstoesser, auf dem Südwestfriedhof in Stahnsdorf schmückt.

Einige Schritte hinter dem Steinhäuschen ruht an der Umfassungsmauer das Opfer eines Verbrechens. 1989 drangen bis heute unbekannt gebliebene Täter in das Haus des Reitstallbesitzers Max Pruschke ein. Als sich der 87jährige zur Wehr setzte, wurde er von den Tätern brutal erschlagen. Sein Haus am Eichkampweg, nah dem S-Bahnhof Grunewald, wurde geplündert und anschließend, vermutlich um Spuren zu verwischen, in Brand gesetzt.

Schräg gegenüber, neben einer kräftigen Eiche, zweigt ein Weg in ein weiteres Gräberfeld ab. Ein kleiner, recht unscheinbarer, schwarzer Grabstein steht auf der linken Seite. Die Inschriften verweisen auf Margarete Päffgen (1910-1970) und ihre Tochter Christa Päffgen (1938-1988). Der Familienname Päffgen wird den meisten Besuchern vermutlich unbekannt sein. Der kleine Stein nennt aber auch den Künstlernamen der Tochter, »NICO«, der bei Menschen, deren Jugendzeit in den sechziger und siebziger Jahren lag, sofort Erinnerungen auslöst.

Christa Päffgen, in Köln am 16. Oktober 1938, ein Jahr vor Ausbruch des Zweiten Weltkrieges geboren, wuchs als Kind in Berlin auf, bis die Bombardements der Alliierten ihre Mutter zwangen, die Stadt mit dem kleinen Kind zu verlassen. Die nächsten Jahre verbrachten beide – der Vater kehrte aus dem Krieg nicht zurück – im Haus des Großvaters in Lübbenau. Im Alter von gerade 15 Jahren wurde das hübsche Mädchen als Fotomodell entdeckt und zwei Jahre später schritt sie bereits für den Berliner Modeschöpfer Heinz Oestergaard über den Laufsteg – der Anfang einer stattlichen Karriere. Sie wurde schnell ein begehrtes Modell, arbeitete für Coco Chanel in Paris und pendelte von dort aus nach London und Mailand zwischen Modenschauen und Fototerminen. Ihr ausdrucksstarkes Gesicht schmückte in dieser Zeit zahlreiche Titelblätter der internationalen Modemagazine. Nach einer ersten Nebenrolle in Fellinis »La Dolce Vita« versuchte sie sich auch als Sängerin und nahm 1965 ihren ersten Schallplattentitel »I'm not saying« auf.

Das Jetset-Girl war bald ein stets begehrter Gast auf den großen Partys dieser Welt, wo sie zahllose Künstler, Schauspieler und Musiker kennenlernte. Mit dem französischen Filmschauspieler Alain Delon verband sie eine heftige Liebesaffäre, aus der ihr einziger Sohn Ari hervorging, den Delon bis heute nicht anerkennt. Zu den von ihr Auserwählten gehörten auch die Musiker Jim Morrison von den »Doors« und der früh verstorbene Gitarrist von den »Rolling Stones«, Brian Jones. Sie zählte zum engen Freundeskreis von Bob Dylan und zu dem von Andy Warhols New Yorker »Factory«. Nico spielte erfolgreich in mehreren Warhol-Filmen und wurde dann auch Leadsängerin in der von Warhol kreierten Band »The Velvet Underground«. Das Debüt-Album »Peel slowley and see« zählt zu den größten Erstlingserfolgen der Pop-Geschichte. Warhol machte aus Nico eine Kunstfigur, »halb Göttin, halb Eiszapfen«, die mit deutschem Akzent düstere Texte lakonisch in das Mikrofon hauchte.

Nico wurde zur »Pop-Ikone« und das, obwohl ihre späteren Solo-Platten bei den Fans bei weitem nicht mehr so gut ankamen wie die Songs aus der besten Zeit der »Velvet Underground«. Als 1974 Nicos Album »The End« auf den Plattenmarkt kam, warb die Plattenfirma mit dem Slogan »Warum Selbstmord begehen, wenn Sie dieses Album kaufen können?«. Ihr Aufstieg am Pop-Himmel wurde begleitet von einer maßlosen Drogenkarriere. Da Heroin den Menschen nicht unbedingt schöner werden läßt, war ihr Gesicht schon bald stark von der Sucht gezeichnet. Im Frühsommer 1988 war der Ort ihres allerletzten Konzerts das Berliner Planetarium am »Insulaner«. Obwohl der Auftritt von Kritikern als »äußerst schwach« bis »peinlich« beschrieben wurde, waren die Fans begeistert und feierten ihre »Ikone«.

In einem ihrer letzten Interviews, das sie einem amerikanischen Journalisten gab, sagte sie: »Der einzige Grund, warum ich mich nicht erschieße, ist tatsächlich der, daß ich einzigartig bin«. Von dem Berliner Konzert war sie direkt nach Ibiza, ihrem damaligen Lieblingsdomizil, weitergeflogen. Es sollten die letzten drei Wochen ihres Lebens sein. Auf einer Fahrt mit dem Fahrrad in das nächste Dorf stürzte sie vom Rad und starb an den Folgen dieses Unfalls. Als 18jährige hatte Nico bei einem Spaziergang diesen kleinen Friedhof im Grunewald entdeckt und schon damals der Mutter gesagt, daß sie hier einmal begraben sein möchte. So hat die Mutter selbst in ihrem »Letzten Willen« diesen Wunsch berücksichtigt. Nicos letzter bühnenreifer Auftritt war die Beerdigungsfeier nach der Überführung ihres Leichnams von Spanien nach Berlin. Einige hundert Freunde und Fans begleiteten sie auf ihrem letzten Weg. Darunter zahlreiche Musiker, Schauspieler und Künstler. Es wurde viele Stunden bis spät in die Nacht hinein am Grab gefeiert mit Musik, Alkohol und Drogen. Wenn man dem an diesem Tag anwesenden Friedhofsinspektor glauben kann, dann hat er »noch drei Tage nach der Beisetzung dunkle, von Drogen oder Alkohol gezeichnete Figuren zwischen den Grabhügeln liegend vorgefunden«.

Eine »Ikone« oder »Kultfigur« bleibt man bei den Fans auch über den Tod hinaus. So ist es bis heute mit Nicos ehemaligem Geliebten, Jim Morrison, der »Doors«-Legende geblieben. Er fand nach seinem frühen Tod, 1971 in Paris, auf dem Friedhof Père Lachaise seine letzte Ruhe. Von »letzter Ruhe« kann man da eigentlich nicht sprechen, denn immer wieder künden zahllose Graffiti auf seinem Grabstein sowie hinterlegte Fotos und Briefe von Fans, die noch heute jährlich zu Tausenden das Grab des vor 30 Jahren verstorbenen Sängers besuchen. Bei Nico ist der Besucherstrom zwar erheblich dünner, aber vor allem am Geburts- oder Todestag kommen ihre Fans. Auch hier werden Briefe, Fotos, »letzte Zigaretten«, Blumen und andere Mitbringsel auf der kleinen Grabstätte abgelegt. Nach dem 10. Todestag, im Juli 1998, fand ich einen liebevollen Brief einer der, Schrift nach jungen, Belgierin, mit aufgeklebten Fotos von Nico, einem Bild der Grabstätte und den Texten zweier früher Songs, »I'll be your mirror« und »All tomorrow's parties«. Über dem Foto des Grabes die Zeile »the end doesn't exist« und darunter der Aufruf: »If someone have some more information about reunions of Nico« sowie der genaue Absender. »When you think the night has seen your mind / That inside you're twisted and unkind / Let me stand to show that you are blind / Please put down your hands / 'cause I see you /I'll be your mirror.«

Einige Grabreihen weiter zeigt neben dem Grabstein ein kleines, ovales Schild der Friedhofsverwaltung den Namen Dr. Klaus Götze-Clarén. Auf dem Grabstein selbst klingt der Name schon vertrauter. Regelmäßige Rundfunkhörer werden sich noch an den 1997 verstorbenen Götz Clarén und seine angenehme Stimme erinnern. Zurück an der Hauptachse des Friedhofs fallen dem Besucher mehrere kleine, einheitlich hergestellte, namenlose Holzkreuze auf. Sie markieren ein Massengrab, in dem sich Kriegstote des Zweiten Weltkrieges befinden. Es handelt sich bei ihnen aber nicht um Soldaten, es sind Zivilisten, die in den letzten Kriegstagen dem »Endsieg« zum Opfer fielen. Sie wurden auf Wilmersdorfer Straßen und Plätzen tot aufgefunden. Ihre Leichen hatte man zuvor, um sie von der Straße zu bekommen, vorübergehend auf Hinterhöfen oder in Grünanlagen begraben und die Stellen gekennzeichnet. Als sich einige Wochen nach Kriegsende die Verhältnisse langsam wieder normalisierten, wurden die Toten ausgegraben und hierher umgebettet. Der größte Teil von ihnen konnte nicht mehr identifiziert und mußte namenlos der Erde übergeben werden. Die Namen der anderen sind auf einer im Erdreich eingelassenen Metalltafel zu finden.

Als ich an einem Sommertag des Jahres 1991 wieder einmal den Friedhof aufsuchte, ließ ich mich zwischendurch auf einer kleinen Bank in der Sonne nieder. Ich blickte um mich und entdeckte, von hohem Gras fast vollständig verdeckt, fünf kleine Findlinge um die Bank gruppiert. Jeder dieser Steine war mit einer Plakette versehen, die Namen sowie Geburts- und Sterbedatum zeigten. Es waren unterschiedliche Familiennamen, und die Lebensdaten zeigten, daß es sich hier um Kinder handelte, die im Alter von 2 bis 3 Jahren gestorben waren. Das Sterbedatum dieser fünf Kinder war einheitlich der 23. Dezember 1975 – ein Tag vor Heiligabend. Was mochte hier passiert sein, war es ein gemeinsamer Ausflug, der mit einem Verkehrsunfall endete? Die Frage ging mir nicht aus dem Kopf, so daß ich bei einem Besuch im Zeitungsarchiv der Sache nachging. Es stellte sich heraus, daß an diesem Tag in einem Kinderladen in der Charlottenburger Witzlebenstraße, nahe dem Lietzenseeufer, fünf Kinder Opfer eines Brandes wurden. Schuld an dem Unglück waren die Kerzen eines Adventskranzes. Die Eltern haben sich für eine gemeinsame Grabstätte der Kinder entschieden und diese liebevoll mit kleinen Kiefern umgeben.

So verbirgt sich hinter jedem Hügel und jedem Grabstein eine Geschichte. Manchmal gelingt es einem, die Spur aufzunehmen und das Geheimnis zu lüften – aber nicht immer ist es eine schöne Geschichte.

DER ZEITUNGSKÖNIG
Genie und Wahnsinn

Auf den Spuren eines merkwürdigen, ungewöhnlichen Mannes führt mich mein Weg nach Kreuzberg in die Bergmannstraße. Vom Mehringdamm kommend zeigt sich die Straße als äußerst vital. Eine gute Mischung aus Geschäften, kleinen Fabrikationsbetrieben, Kneipen und Cafés. Hinter der Marheineke-Markthalle, an der Zossener Straße, ändert sich das Erscheinungsbild der Straße, die sich nun »verkehrsberuhigt« zu einem Platz öffnet, der den Kindern etwas Bewegungsfreiheit ermöglicht. Ein Stückchen weiter, an der Baerwaldstraße, ist das quirlige Straßenleben vorbei. Links Wohnhäuser, dazwischen eine Schule und auf der rechten Seite eine durchgehende, sechshundert Meter lange Mauer aus Klinkersteinen, die sich bis zum Südstern erstreckt. Dahinter die Friedhöfe an der Bergmannstraße, die bis 1837 noch Weinbergsweg hieß und als kleiner Weg zu den »Köllnischen Weinbergen« am Nordhang des Teltower Höhenrückens führte. Bis zur Mitte des 18. Jahrhunderts wurde da, wo sich heute die Friedhöfe befinden, tatsächlich Wein angebaut. Dann kam ein besonders kalter Winter, den der größte Teil der Rebstöcke nicht verkraftete, und fortan ließ man es mit dem Weinanbau in Berlin. Erst 1837 erhielt der Feldweg seinen heutigen Namen nach dem Maurermeister Bergemann. Er hatte die Tochter eines hier ansässigen Weinmeisters geheiratet und mit ihr eine gute Partie gemacht. Der Landverkauf des ererbten Weinberges brachte ein stolzes Sümmchen, und das Ehepaar eröffnete eine Gartenwirtschaft, die sich bald großer Beliebtheit erfreute.

Der größte Teil des einstigen Weinanbaugebiets wurde an vier Berliner Kirchengemeinden verkauft, die außerhalb der Stadtmauer, weit von ihren Kirchen entfernt, neue Gemeindefriedhöfe anlegten. Die Dreifaltigkeitsgemeinde erwarb 1825 als erste ihr Grundstück, gefolgt sechs Jahre später von der Luisenstädtischen Kirchengemeinde. 1844 entschloß sich auch die Gemeinde vom Friedrichswerder und 1852 die Jerusalems- und Neue Kirchengemeinde zum Landkauf.

Am Ende der Bergmannstraße betrete ich den Luisenstädtischen Kirchhof. Nur wenige Meter von der Straße und dem belebten Südstern entfernt, ist es völlig ruhig und nur vereinzelt sind noch Verkehrsgeräusche zu hören. Alte Bäume und Büsche beherbergen ganze Vogelkolonien, die nun den Ton angeben. Eine stattliche Anzahl alter repräsentativer Grabstätten ist erhalten, viele allerdings vom Krieg gezeichnet und zum Teil vom Verfall bedroht. Im hinteren Teil des Friedhofs reiht sich Wandgrab an Wandgrab, so weit das Auge reicht. Die Grabstätte der Familie Biedermann-Richter fällt durch ihre reichhaltige Mosaik-Gestaltung besonders auf. Die griechische Inschrift besagt »Den jung Verstorbenen lieben die Götter« und erinnert an ein Familiendrama. Die junge Liza Biedermann, Tochter eines deutsch-russischen Fabrikanten, verstarb 1901 im Alter von nur zwanzig Jahren an einer unheilbaren Krankheit. Sie hatte sich wenige Wochen zuvor mit dem gleichaltrigen Willi Knüpfer verlobt. Einige Stunden nach der Trauerfeier tötete er sich selbst mit der Pistole seines Vaters und wurde neben seiner Braut beerdigt.

Eigentlich suche ich ein ganz bestimmtes Grab, aber das ist das Reizvolle an Friedhöfen: von dem eigentlichen Ziel wird man immer wieder abgelenkt. Mal ist es ein bekannter Name, ein kunstvoll gearbeiteter Grabstein oder eine Inschrift, hinter der sich eine Geschichte verbirgt. »Was Du erforschet hast Du erlebt« steht auf dem Grabstein des Berlin-Historikers Ernst Fidicin (1802-1883), Berlins erstem Stadtarchivar, der 1836 das längst verschollen geglaubte Berliner Stadtbuch von 1397 wiederentdeckte. Er fand es da, wo es keiner vermutet hätte, im Archiv der Städtischen Bibliothek Bremen. Die Stadt Berlin bedankte sich dafür mit einem Ehrengrab und benannte eine Kreuzberger Straße nach ihm.

Nicht weit davon entfernt das Grab eines anderen Mannes, dessen Name auch auf einem Kreuzberger Straßenschild zu finden ist. Carl Justus Heckmann war ein erfolgreicher Industrieller, der ein Kupfer- und Messingwalzwerk in der Schlesischen Straße 27 betrieb. Er diente Theodor Fontane als Vorlage für die Figur seines »Commerzienrat Treibel« und ging so in die Literatur ein. In der Gemeinschaftsgrabanlage der Bethanien-Schwestern ruht Auguste Klewitz, die, als sie 1935 starb, fünfundzwanzig Jahre lang ehrenamtlich die Wohlfahrtsspeisung in Kreuzberg geleitet hatte. Eine tatkräftige Frau, nach der allerdings keine Kreuzberger Straße benannt wurde.

Der Name des Malers Carl Hochhaus ist eng mit einer einstigen Berliner Institution, dem Café Bauer, verbunden, wo er die Ausmalung der Caféhausräume übernahm. Das Familienwandgrab der Gärtnerfamilie Späth schmückt die Büste von Franz Ludwig Späth (1839-1913), der eine Gärtnerei erbte, die sein Urahn bereits 1720 vor dem Halleschen Tor eröffnet hatte. Franz Ludwig verlegte sie 1864 in die Britzer Feldmark, wo er auf 1000 Morgen Land eine Baumschule und einen Botanischen Garten einrichtete.

Fünf nebeneinanderstehende Grabsteine tragen den Namen der Familie Leydicke, die seit mehreren Generationen für so manches Schädelbrummen vieler Berliner verantwortlich waren und noch immer sind. Die beiden Brüder Max und Emil gründeten gemeinsam 1877 die Likörfabrik E. & M. Leydicke in der Kreuzberger Prinzenstraße. 1893 expandierten sie und verlegten den Sitz der Fabrikation nach Schöneberg, in die Mansteinstraße 4, wo auch ein Probierausschank eingerichtet wurde. Das Lokal mit seiner original erhaltenen Inneneinrichtung befindet sich noch immer in Familienbesitz. Berühmt und wegen seiner »Spätfolgen« berüchtigt sind bis heute der vielprobierte Stachelbeerwein sowie die zuckersüßen Liköre aus eigener Herstellung. Gerhard Leydicke, Sohn des Gründers Max, übernahm nach dem Tod der Gründer die Geschäfte, gemeinsam mit seiner Frau Lucie, die als »Mutter Leydicke« schon zu Lebzeiten eine Legende war. Als Lucie 1980 verstarb und ihr Mann zwei Jahre später folgte, übernahm ihre Tochter Elvira Marquard, die zu diesem Zeitpunkt aber auch schon zwanzig Jahre hinter dem Tresen stand, das Zepter und die Familientradition.

Unweit der Leydickes der Anlaß meines Friedhofsbesuches, das Grab eines ungewöhnlichen Mannes – August Scherl. Viele seiner Zeitgenossen hielten ihn für ein Genie und bewunderten ihn, andere sahen in ihm nur einen skurrilen Spinner oder Verrückten. Keine große, protzige Grabanlage, wie man es eigentlich bei diesem Mann vermuten könnte. Ein aufrecht stehender Grabstein erinnert an seine erste Frau Flora, die im Alter von nur dreißig Jahren starb. Ein Bildnismedaillon aus weißem Marmor zeigt die Gesichtszüge der Verstorbenen. Vor ihrem Grabstein trägt eine liegende Steintafel die Namen von August Scherl und seiner zweiten Frau Therese.

Gegner hatte dieser Mann viele, sie warfen ihm Herrschsucht, Verschwendung, Genußsucht, Brutalität und Geldgier vor. Freunde hatte er nie, und so blieb er bis zu seinem Tod ein einsamer Mann. Es gibt von ihm weder persönliche Tagebuchaufzeichnungen noch Briefe. Alle privaten Unterlagen hat er stets ganz bewußt vernichtet, da er schon zu Lebzeiten darauf bedacht war, alles über seine Person in einem geheimnisvollen Dunkel zu belassen.

Am 24. Juli 1849 brachte die Frau des Buchhändlers Friedrich Scherl, einige Wochen zu früh, einen kaum drei Pfund schweren Jungen in Düsseldorf zur Welt. Die vierundzwanzig Jahre alte Mutter hatte bereits eine Tochter, zwei frühere Kinder waren nur wenige Tage nach der Geburt gestorben. Da die Chancen für ein Überleben des Jungen sehr gering waren, erfolgte die Kindstaufe auf den Namen August Hugo Friedrich noch am Tag der Geburt. Die junge Familie war wenige Wochen zuvor aus Berlin geflüchtet, wo Friedrich Scherl in seinem kleinen Berliner Verlag die »Illustrirte Zeitung« herausgegeben hatte. Da die politische Einstellung des Herausgebers, er war Befürworter der Revolution von 1848, auch in den Artikeln seiner Zeitung erkennbar war, hatte der Minister von Manteuffel ihr Erscheinen kurzerhand verboten. Nach mehreren Hausdurchsuchungen und einem zu erwartenden Haftbefehl setzte sich Friedrich Scherl mit der Familie eiligst in die tolerantere Rheinprovinz ab.

Entgegen der ärztlichen Prognose überlebte das schwächliche Kind, war aber in den ersten Lebensjahren häufig krank. Als der Junge vier Jahre alt war, kehrte die Familie nach Berlin zurück, wo der Vater gemeinsam mit dem Buchdrucker Moeser einen neuen Verlag in der Naunynstraße aufbaute. Sie erweckten die »Illustrirte Zeitung« zu neuem Leben und gaben nebenher auch einige unbedeutende Romane heraus. Der junge August besuchte anfangs eine »Vorstadtschule«, bis Freunde des Vaters den Knaben nach Konstantinopel holten, wo er das für Deutsche eingerichtete Gymnasium »Jeni Jolu« besuchte. Der Grund für den Türkei-Aufenthalt ist nicht bekannt, es könnte aber am schlechten Gesundheitszustand der Mutter gelegen haben. Als August wieder nach Berlin zurückkehrte, besuchte er die 1824 von Karl Friedrich von Klöden gegründete Gewerbeschule, wo auch schon der junge Theodor Fontane äußerst ungern die Schulbank drückte.

Nach Abschluß der Schulzeit trat August ohne große Begeisterung in das Geschäft des Vaters ein. Sehr lange hielt er es dort nicht aus, dann rückte er von zu Hause aus und ging zurück nach Düsseldorf. Viel Geld hatte er von seinem Arbeitslohn nicht sparen können, so daß er nun erst einmal äußerst bescheiden leben mußte. Er bezog eine möblierte Stube und beschloß Künstler zu werden: Maler, Bildhauer oder vielleicht auch Architekt. Nur eines hatte er sich vorgenommen in einem Verlag oder Buchhandel wollte er nie mehr arbeiten.

August nahm sein Mittagessen häufig in einem kleinen Gasthaus ein, wo die Preise erschwinglich waren. Eines Tages saß am Nachbartisch eine Gruppe von jungen Theaterleuten, die sich in einer Lautstärke unterhielten, daß Scherl zwangsläufig mithörte, wie die Herren von einer jungen Schauspielerin namens Flora sprachen. Die Bemerkungen, die sie über die Leistungen der Abwesenden machten, klangen nicht sehr freundlich. Diese Flora betrat just in dem Moment das Gasthaus, als Scherl gerade gehen wollte. Sie war jung, hatte schwarze, glänzende Haare und war ungefähr einen halben Kopf größer als er selbst. Trotz ihrer Größe war ihre Figur so zierlich, daß sie auf Scherl wie eine Elfe wirkte. Er fühlte sich bei ihrem Anblick wie von dem berühmten Blitz getroffen. Da er Frauen gegenüber aber sehr unbeholfen war, fehlte ihm der Mut, sie anzusprechen. Er verließ das Restaurant, kaufte sich eine Zeitung und studierte anschließend die Theaterannoncen.

Noch am selben Abend saß er im Theater. Zuvor hatte er beim Pförtner einen Brief und einen Blumenstrauß für »Fräulein Flora Rosner« abgegeben. In dem Schreiben drückte er seine Bewunderung für sie aus und bat sie um ein

Wiedersehen nach der Vorstellung. Es wurde an diesem Abend eine Posse mit dem Titel »Der Bettelstudent von Berlin« gegeben. Scherl saß in der Mitte der ersten Reihe und spendete am Ende der Vorstellung, obwohl er vom Stück nicht viel mitbekommen hatte, da er nur Augen für Flora hatte, begeisterten Applaus. Sein »Bravo, Bravo« motivierte auch die anderen Zuschauer zu munterem Beifall, was Flora, während des Verbeugens in seine Richtung, mit einem zarten Lächeln quittierte. Scherl hatte Erfolg, denn Flora tauchte eine halbe Stunde nach Schluß der Vorstellung am Bühneneingang auf. Gemeinsam besuchten sie ein kleines Restaurant und verbrachten einen angenehmen Abend.

Nachdem er sie nach Hause begleitet hatte, dachte Scherl über seine beruflichen und privaten Möglichkeiten nach. Was konnte er dieser Frau überhaupt bieten? Er war Mitte Zwanzig und empfand sich als nicht besonders gut aussehend. Er hatte kein geregeltes Einkommen und wohnte in einem kleinen, schäbig möblierten Zimmer. So schrieb er noch in derselben Nacht einen Brief an Fräulein Rosner, in dem er ihr mitteilte, daß er sich als ihr Bräutigam ansah, bat aber gleichzeitig um ein Jahr Zeit, da er seiner zukünftigen Ehefrau erst wieder gegenübertreten wollte, wenn er ausreichend Geld verdient hätte, um ihr ein angemessenes und sorgenfreies Leben zu garantieren. Ohne eine Antwort abzuwarten, verließ er am nächsten Tag Düsseldorf.

August Scherl war in seinem Leben stets ein kühler Rechner. Eine künstlerische Karriere wäre ein zu langer und ungewisser Weg. Er wog sorgsam alle anderen Möglichkeiten und Risiken ab und trat am nächsten Tag, ohne jedes Kapital, als Teilhaber bei der Firma »Duster & Co.« ein. »Duster & Co.« in Köln war ein kleiner unbedeutender Verlag, der sich in der Vergangenheit mehr schlecht als recht mit der Herausgabe von Wochenblättern über Wasser halten konnte. Nachdem Herr Duster plötzlich verschwunden war und auch nicht wieder auftauchte, stand der Verlag kurz vor der Pleite. Scherl verhandelte mit der ältlichen Frau Duster, die einen tatkräftigen Teilhaber suchte, da sie den Verlag nicht verkaufen wollte. Der junge Mann muß, obwohl er keinen Pfennig in die Firma einbringen konnte, einen guten Eindruck hinterlassen haben. Sie einigten sich darauf, daß Scherl schalten und walten konnte, wie er es für richtig hielt, dafür wollte Frau Duster an den zukünftigen Gewinnen beteiligt sein.

Scherls plante, in Zukunft billige »Heftchenromane« herauszugeben, spannende Kriminal- und Abenteuergeschichten, die als Fortsetzungsromane wöchentlich erscheinen sollten. Die Idee an sich war weder neu noch genial. Die Art und Weise, aber wie Scherl sein Vorhaben aufzog, zeigte schon seine spezielle Handschrift. Ohne Geld war er innerhalb von wenigen Tagen an einen Verlag gekommen, zu dem auch eine etwas veraltete Druckerei gehörte. Eine kleine Wohnung, direkt hinter den Geschäftsräumen gelegen, gehörte ebenfalls dazu. Nun suchte und fand er einen geeigneten Mann, der für ihn genau das schreiben sollte, was die zukünftigen Leser wollten, eine Mischung aus Verbrechen, Abenteuer, Exotik und Familienidylle – und das in nicht endenwollenden Fortsetzungen. Der Mann hieß Ewald August König und sein erster Kolportageroman »Mit Pistole und Feder«. Scherl überzeugte ein Lotterieunternehmen, einige hundert Exemplare davon zu kaufen und den Gewinnern als Zusatzpreis zu spendieren. Wollten diese dann wissen, wie es in dem spannenden Roman weiterging, mußten sie die zahlreichen Fortsetzungen kaufen, natürlich bei »Duster & Co.«.

König schrieb, Scherl druckte ständig steigende Auflagen, und die Lotterie lieferte die kostenlose Werbung, das war das Erfolgsrezept, das in der folgenden Zeit erstaunlich viel Geld in die Verlagskasse brachte. Mit Flora Rosner stand er in brieflichem Kontakt und besuchte so oft es ging das Theater, wenn sie auf der Bühne stand. Trotzdem dauerte es drei Jahre, bis er sie fragte, ob sie die Ehefrau eines erfolgreichen Verlegers werden wollte. Zu Scherls Entsetzen war sie aber nicht bereit, auf ihre Bühnenlaufbahn zu verzichten, und auch ihre Begeisterung für Scherls »Groschenromane« hielt sich in Grenzen. August Scherl war aber nicht der Mann, der schnell aufgab und reagierte spontan. Innerhalb weniger Wochen verkaufte er den Verlag und investierte sein gesamtes Vermögen in den Bau einer Rollschuhbahn.

Rollschuhlaufen war gerade in Mode gekommen. Scherl erwarb einen alten Gasthof mit einem Tanzsaal, den er umbauen ließ. Auf einer großen Parkettfläche rollte nun die Jugend zu den Klängen einer Kapelle. Zuschauer konnten von bequemen Logen aus das bunte Treiben beobachten. Scherls »skating ring« war vom Tag der Eröffnung an ein voller Erfolg. Der Schlüssel für sein ungewöhnliches Leben und sein oft unberechenbares Handeln war der von ihm selbst einmal formulierte Satz: »Die Ziele die man sich gesetzt hat, sind nicht unverrückbar, sondern stets nur vorläufige Ziele«. Getreu diesem Motto schloß er nach anderthalb Jahren die erfolgreiche Rollschuhbahn und baute erneut um. Das Dach des Gebäudes wurde abgerissen, eine Etage aufgesetzt, und es entstand ein Theater, das nach seiner Fertigstellung den Namen »Flora-Theater« erhielt. Selbstverständlich hatte er Flora Rosner zuvor nichts von seinen Plänen erzählt.

Flora kam nach Köln, es wurde eine große Hochzeit gefeiert und bereits einen Monat später das Theater feierlich eröffnet. Flora war nun Direktorin, Regisseurin, Schauspielerin und Sängerin in einer Person. Sie versuchte sich an Opern, Operetten und Possen, aber ihr Talent war von Scherl offenbar überschätzt worden. Auch die Kritiker entdeckten an Flora Rosner wenig Rühmenswertes. Nach nur fünf Monaten hatte August Scherl sein gesamtes Kapital verloren und zog die Konsequenzen. Er schloß das Theater, verkaufte den Fundus und vermietete das Gebäude.

Einige Monate nach dem Debakel brachte Flora einen Sohn, der auf den Namen Otto getauft wurde, zur Welt. Die junge Familie bezog eine kleinere, preiswertere Wohnung in der Vorstadt. Schon bald nach der Geburt des Kindes begann Flora zu kränkeln. Obwohl der Arzt wegen ihrer angeschlagenen Gesundheit vor einer weiteren Geburt warnte, war Flora bald erneut schwanger. Als die finanzielle Lage der Familie sich weiter verschlechterte, beschloß Scherl, nach Berlin zurückzukehren. Flora sollte mit Otto und dem inzwischen geborenen Bruno vorerst zurückbleiben.

1880 arbeitete Scherl wieder im Verlag des Vaters in der Naunynstraße. Ständige Streitereien erschwerten aber die Zusammenarbeit, so daß der Vater dem Sohn bald die Tür wies und ihm gleichzeitig das mütterliche Erbe auszahlte. Zu dem Erbe gehörten auch die Verlagsrechte an der »Illustrirten Zeitung«, die aber schon seit Jahren nicht mehr erschienen war. Gemeinsam mit dem Buchdrucker Gensch, der Kredite zur Verfügung stellte, wurde die Zeitung neu belebt und gleichzeitig noch ein neues Blatt mit dem Titel »Tägliche Berliner Neuigkeiten« auf den Markt gebracht. Beide Zeitungen blieben erfolglos und wurden bald wieder eingestellt. Als das Erbe aufgezehrt war, kehrte Scherl zu Flora zurück und nach der Geburt einer kleinen Paula lebten fünf Personen in einer winzigen Wohnung.

Trotz der gerade erlebten Pleite träumte Scherl von einer neuen Zeitung. Sie sollte aber ganz anders werden, nicht so akademisch geziert, von oben zum Leser herab berichtend, sondern ohne Leitartikel, mit kurzen aktuellen Artikeln und in der Aufmachung modern gestaltet, nach englischem oder amerikanischem Vorbild. In einem Brief an seine Schwester Clara fragte er an, ob sie bereit wäre, ihm dabei zu helfen. Als Clara ihm dreitausend Mark anbot, zog er sofort, diesmal gemeinsam mit Flora und den Kindern, nach Berlin.

Seit seiner Ankunft im Sommer 1883 war er fast pausenlos in der Stadt unterwegs, er brauchte für sein neues Vorhaben Kontakte, Redakteure, eine Druckerei und vieles mehr. Jeder mußte von seiner neuen Idee überzeugt werden und bereit sein, in der Anfangszeit in dieses Vorhaben zu investieren. Die neue Zeitung sollte »Berliner Lokal-Anzeiger« heißen und sich fast ausschließlich durch Inserate finanzieren. Die redaktionellen Berichte sollten knapp und prägnant geschrieben sein und keine politische Richtung vertreten.

In einer Rekordzeit von nur drei Monaten gelang es Scherl, seine Pläne zu verwirklichen, und so erschien bereits am 4. November 1883 die erste Ausgabe des »Berliner Lokal-Anzeiger« in einer Startauflage von 200 000 Stück. Auf der ersten Seite erklärte August Scherl den Lesern Zweck und Ziel der neuen Zeitung: »Es ist unser kühner und weit aussehender Plan, daß der ›Berliner Lokal-Anzeiger‹ als ein Sonntagsblatt an jedem Sonnabend Nachmittag in die Hände jedes Berliner Wohnungs-Inhabers gelangt, der ein Interesse daran hat, zu kaufen oder zu verkaufen, zu miethen oder zu vermiethen, zu borgen oder auszuleihen«. Das für damalige Verhältnisse Unvorstellbare war: die Zeitung kostete keinen Pfennig. So wurden am ersten Tag den Boten die Exemplare förmlich aus den Händen gerissen. Zweitausend Austräger lieferten die Zeitungen sonnabends in jedes Haus. Jeder im Berliner Adreßbuch verzeichnete Einwohner Berlins konnte sie gratis erhalten, er mußte nur eine Zustellgebühr von 10 Pfennigen zahlen. Das war Scherls Trick: man verschenkte eine Zeitung, ließ sich aber die Zustellung bezahlen. Dieser von den Lesern gern bezahlte Groschen brachte pro Auflage immerhin zwanzigtausend Mark ein – ein stolzes Sümmchen. Der Hauptanteil der Einnahmen kam allerdings durch die Anzeigen zusammen, und in Zukunft sollte der »Berliner Lokal-Anzeiger« mehrmals in der Woche, wenn nicht sogar täglich erscheinen.

Für die Konkurrenz war der »Lokal-Anzeiger« ein Alptraum, da den meisten Zeitungsverlegern klar wurde, daß sie es sich schon zu lange in althergebrachten Strukturen bequem gemacht hatten. Scherls Leistung wurde von den Zeitungsverlegern Berlins größtenteils anerkannt und sein Blatt respektiert. Mit dem Erfolg kam auch wieder das Geld. Scherl, der Wohlstand, aber auch bittere Not kennengelernt hatte, fehlte eigentlich jede Beziehung dazu – war es da, wurde es hemmungslos ausgegeben, war es nicht vorhanden, mußte es beschafft werden. Drei Monate nach der ersten Ausgabe erschien der »Lokal-Anzeiger« bereits dreimal wöchentlich und ein Jahr später sogar täglich. Scherl war inzwischen mit der Familie in die vornehme Dorotheenstraße umgezogen, wo er zwei Etagen gemietet hatte. Zum Personal gehörte eine Köchin, ein Hausmädchen sowie ein Diener, und da sich Scherl auch eine Equipage mit Pferden zugelegt hatte, gehörten auch Kutscher und Stallbursche dazu. Floras alte Krankheit, ein chronisches Nierenleiden, machte sich seit längerem wieder stärker bemerkbar, und auch ihr Herz war schwächer geworden. Sie starb am 23. April 1885 im Alter von nur dreißig Jahren.

August Scherl war bei Floras Tod sechsunddreißig Jahre alt und wurde in Berlin als der große Zeitungsgründer beneidet und bewundert. Er stürzte sich nun in zahlreiche Affären mit Frauen, derer er nach kürzester Zeit überdrüssig war. Kaum einer ahnte zu dieser Zeit, daß der Verlag durch seine immensen privaten Ausgaben von Monat zu Monat in höhere Verschuldung geriet.

Bei der Bildauswahl für eine der nächsten Ausgaben des Lokal-Anzeigers entdeckte Scherl ein Foto, das ein Gemälde von Franz Defregger mit dem Titel »Tiroler Schützenkönigin« zeigte. Das vielleicht zwanzigjährige Bauernmädchen mit Trachtenkleid und breitrandigem Hut, das der Maler mit einem Gewehr im Arm malte, muß Scherl in diesem Moment so fasziniert haben, daß er sofort beschloß, dieses junge Mädchen müßte seine neue Frau werden.

Am nächsten Tag schickte er seinen Subdirektor Bauer nach München, wo dieser den Maler nach Namen und Adresse des Modells befragen sollte. Mit der gewünschten Auskunft reiste Bauer weiter nach Kufstein, um soviel wie möglich über das junge Mädchen zu erfahren. Telegrafisch meldete er seinem Chef nach Berlin, daß die junge Dame Therese Zöttl hieß und die noch unverheiratete Tochter eines Kufsteiner Tischlermeisters war, aber schon länger mit einem jungen Handwerker verlobt sei. Um keine Zeit zu verlieren, mietete Scherl bei der Reichsbahndirektion Berlin einen Extrazug und reiste noch in der Nacht nach Kufstein.

Sofort nach der Ankunft erklärte er dem völlig überraschten Vater seine Heiratspläne. Der Sonderzug hatte natürlich für entsprechendes Aufsehen in Kufstein gesorgt, und nachdem Scherl dem Vater erklärt hatte, was für ein berühmter und reicher Mann er war und daß er seiner Tochter sogar ein Schloß bauen könnte, waren sich beide nach kurzer Zeit einig. Auch der Verlobte war kein großes Problem, er wurde großzügig abgefunden. Scherl hielt es für das beste, das Bauernmädchen für ein Jahr in die Schweiz zu schicken, wo diverse Privatlehrer sie in einem vornehmen Internat zu einer Dame der besten Gesellschaft ausbilden sollten.

Therese lernte schnell, so daß bereits am 6. Mai 1886 die Hochzeit in Kufstein stattfand. Da es Scherl wie immer eilig hatte, traf das frisch vermählte Paar bereits am nächsten Vormittag, wiederum mit einem Extrazug, in Berlin ein. Therese lebte sich schnell in der Stadt ein und lernte von ihrem Mann, wie schön es sein kann, das Geld mit beiden Händen auszugeben. Die Überschuldung des Verlags nahm bedrohlich zu, so daß Scherl dringend neues Geld beschaffen mußte. Mit »geschönten« Bilanzen fiel es ihm nicht schwer, Geldgeber zu finden, die sich an dem Unternehmen beteiligten. Deren Einlagen beendeten die finanziellen Probleme des stetig wachsenden Verlags.

August Scherls Tatendrang und Ideenreichtum führte 1895 zur Gründung der »Berliner Adressbuch-Gesellschaft«, die nach nur achtmonatiger Vorbereitung ein neues Adreßverzeichnis für Berlin herausgab, das sich wie seine Zeitung fast ausschließlich durch Inserate finanzierte. Der Erfolg war so überwältigend, daß nun für viele deutsche Städte Adreßbücher produziert wurden. Damit aber nicht genug, Scherl hatte weitere Zeitungspläne. Ein neues Blatt mit dem Namen »Die Woche« erschien erstmals 1899. Das Neue und Besondere war die Bildberichterstattung. Eine Erfindung des Berliner Tüftlers Ottmar Anschütz, der sogenannte Schnellverschluß, erlaubte erstmals die Herstellung nicht gestellter, lebendiger Bilder. »Die Woche« war die erste Zeitung, die auf diese neue Technik setzte und die Leser dankten es ihr mit erstaunlich hoher Auflage. Die Konkurrenz hatte wieder einmal das Nachsehen und nichts zu lachen, auch wenn die »Welt am Montag« sich mit einem Spottgedicht über Scherl lustig machte. »Scherlkönig. (Frech nach Goethe) / Wer reitet so spät durch Nacht und Wind? / Es ist der Vater mit seinem Kind; / Er hält den Knaben wohl in dem Arm, / Doch hält er kein

Scherl'sches Blatt – o Harm! / ›Mein Sohn, was birgst Du so bang, Dein Gesicht?‹ / ›Siehst, Vater, Du den Scherlkönig nicht?‹ / Eine Probenummer schwingt er empor!‹ / ›Mein Sohn, das kommt Dir nur so vor.‹ / ›Du liebes Kind, komm abonnier'! / Gar schöne Morde erzähl' ich Dir; / Und billig! Billig! Drum hat der Lokal- / Anzeiger die größte Leserzahl.‹ / ›Mein Vater, mein Vater, und hörest Du nicht, / Was Scherlkönig mir leise verspricht?‹ / ›Sei ruhig, bleibe ruhig, mein Kind! / Mit seinen Blättern macht er nur Wind!‹ / ›Willst feiner Knabe, Du nicht abonnier'n? / Meine Woche solltest Du mal probier'n, / Meine Woche erscheint jeden siebenten Tag / In meiner beschränkten Gesellschaft Verlag.‹ / ›Mein Vater, mein Vater, und siehst Du nicht dort / Scherlkönigs Woche am düsteren Ort?‹ / ›Mein Sohn, mein Sohn, Du täuschest Dich arg, / Für jenen Ort ist's Papier zu stark.‹ / ›Du mußt – ich führe den letzten Schlag, / Und ist's nicht die Woche, so halte den Tag!‹ / ›Mein Vater, mein Vater, jetzt faßt er mich an! / Scherlkönig kriegt mich, weiß Gott, heran.‹ / Dem Vater grausets, er reitet geschwind, / Er hält in den Armen das ächzende Kind, / Erreicht mit Mühe den Hof am End', / Im Arme das Kind war Abonnent!«

Als moderne illustrierte Zeitung, mit der er die gehobene Mittelschicht und den Adel erreichen wollte, war »Der Tag« gedacht, der erstmals 1900 erschien. Hatte Scherl bisher mit seinen Publikationen immer den Geschmack des »kleinen Mannes« getroffen, gelang ihm das nicht mit der neuen Leserschaft. »Der Tag« war von der ersten Ausgabe, bis zu seiner Einstellung 1934, ein Zuschußunternehmen. Scherl nahm das hin, partielle Verluste interessierten ihn nicht mehr, denn er war jetzt steinreich.

Wie er es bei seiner Brautwerbung dem späteren Schwiegervater angekündigt hatte, wollte er nun seiner geliebten Therese ein Schloß bauen. Er kaufte in der neu gegründeten Villenkolonie Grunewald den ehemaligen Forstdienstacker, ein hunderttausend Quadratmeter großes Grundstück an der Bismarckallee. Da er Therese überraschen wollte, hatte er mit ihr über seine Pläne nicht gesprochen. Vier Millionen Mark hatte allein das Grundstück gekostet, das er nun mit einer großen Villa bebauen ließ. Nach seiner Fertigstellung zeigte das Gebäude die unterschiedlichsten Baustile und wirkte in dieser Mischung protzig, aber nicht unbedingt schön.

August Scherl hatte den Moment der Überraschung lange geplant. An einem Sonntag unternahm er mit Therese eine Spazierfahrt in offener Kutsche. Sie fuhren über den Kurfürstendamm hinaus in den Grunewald. August erzählte Therese, wer sich hier alles in dieser noblen Kolonie niedergelassen hatte und zeigte ihr die entsprechenden Villen. Wie zufällig hielt plötzlich die Kutsche vor dem Haus Bismarckallee 42. Auf seine Frage, wie ihr diese neue Villa gefällt, antwortete Therese nach kurzer Betrachtung: »Mein Gott, wer mag in solch scheußlichem Kasten bloß wohnen.« August, der bereits den vergoldeten Haustürschlüssel verborgen in der Hand hielt, erstarrte für einen Moment und gab dann dem Kutscher den Befehl, sofort zurückzufahren. Therese sagte er, daß ihm plötzlich eine wichtige Sache eingefallen sei, die sofort erledigt werden müßte.

Sofort nach der Rückkehr telefonierte er mit dem Architekten und teilte diesem mit, daß die Villa umgehend abgerissen werden solle, da sie seiner Frau nicht gefiel. Erst Tage später erzählte er Therese die Wahrheit und bat sie nun, einen neuen Entwurf nach ihren Vorstellungen auszuwählen. Nach dem Abriß entstand daraufhin, nach Entwurf des Münchner Architekten Gabriel von Seidl, ein neuer Bau auf den Fundamenten der abgetragenen Villa. Es war nach seiner Fertigstellung ein ausgesprochen schönes und behagliches Haus mit einem großen Park, eigener Reitbahn und einem Schwimmbad für Therese.

August Scherl hatte sich in den letzten Jahren mehr und mehr verändert. Er lebte zurückgezogen und vermied den Umgang mit anderen Menschen. Niemandem reichte er mehr die Hand, und nur noch wenige enge Mitarbeiter ließ er an sich heran. Besuchte er seinen Zahnarzt, mußte dieser für die Zeit seines Besuchs die gesamte Praxis schließen, damit sich niemand außer Scherl in den Räumen aufhielt. Für viele war er ein komischer Kauz, andere hielten ihn für gänzlich verrückt. Die Verlagsgeschäfte liefen aber weiterhin ausgesprochen erfolgreich. 1901 erschien eine weitere Zeitung »Vom Fels zum Meer«, und 1904 kaufte Scherl noch zusätzlich »Die Gartenlaube«.

Scherls Interesse an dem erfolgreichen Verlag und seinen Zeitungen schwand aber zusehends. Immer seltener war er in seinem Büro anzutreffen. Stattdessen steckte er viel Geld in neue Projekte, darunter die »Einschienenbahn«, eine Erfindung seines Sohnes Richard, die der Vater als Schnellbahnsystem der Zukunft propagierte.

Am 3. Juli 1913 begann Scherls Ausstieg aus dem Verlag. Dieser wurde einem Konsortium mit Namen »Deutscher Verlagsverein« übereignet, an dem Scherl noch mit zwölf Millionen Mark beteiligt blieb. Der Vertrag sah aber vor, daß er seine Anteile baldmöglichst abgeben sollte. Ein Jahr später war Scherl endgültig Privatmann, und der »Deutsche Verlagsverein« führte die Verlagsgeschäfte weiter, bis er 1916 im Hugenberg-Konzern aufging.

Scherl kam mit dem plötzlichen Ruhestand besser zurecht, als es Therese erwartet hatte. Sie verbrachten nun viel Zeit in ihrer Villa im Grunewald und unternahmen einige Reisen. Im April 1921 kehrten sie von einem längeren Aufenthalt in Egern wieder nach Berlin zurück. Es war kalt und ungemütlich an diesem 18. April, und August Scherl beschloß, am Abend früh ins Bett zu gehen. Therese versprach ihm bald nachzukommen, sie wollte nur noch ein halbes Stündchen aufbleiben, um noch etwas im »Lokal-Anzeiger« zu lesen. Als sie später an sein Bett trat, war August Scherl tot.

Den »Lokal-Anzeiger«, den sie an diesem Abend las, und auch den des nächsten Tages mit dem Nachruf, der sein Leben und Schaffen würdigte, legte sie ihrem Mann in den Sarg, bevor dieser neben seiner ersten Frau Flora auf dem Friedhof der Luisenstadt-Kirche am Südstern versenkt wurde. Zwei Jahre später starb Therese Scherl in ihrem Haus am Tegernsee. Nach ihrer Überführung nach Berlin wurde auch sie an der Seite ihres Gatten beerdigt. So ruhen sie, sieben Fuß tief, alle drei nebeneinander. In der Mitte der Zeitungskönig, links die Schauspielerin und Theaterdirektorin wider Willen und rechts die einstige Tiroler Schützenkönigin. Der einen baute er ein Theater, das ihn in den Ruin führte, der anderen ein Schloß, das er nach der Fertigstellung abreißen ließ.

Nach dem Ableben der Eheleute wurde das riesige Grundstück an der Bismarckallee, das inzwischen durch den Bau der Taubertstraße erschlossen war, parzelliert und mit vielen Einzelwohnhäusern bebaut. 1940 wurde auch die große Scherl-Villa abgerissen und verschwand aus dem Stadtbild. Das einzige, was aus dieser Zeit noch erhalten blieb, ist die Zufahrt mit dem Portal, Bismarckstraße 42. Das kleine, mit einem Turm geschmückte Häuschen, hinter dem Tor, gehörte nicht mehr zur Scherl-Villa. Es ist als Chauffeurshaus errichtet worden und gehörte zu der Villa des Generaldirektors der Schuhfabrik »Salamander«, der ein kleines Stück des Scherlschen Grundbesitzes erwarb.

DIE KOPIE DES REICHSTAGS
Auf Richard Sommers Spuren

Sommerswalde liegt nordwestlich von Berlin, nur eine Autostunde vom Stadtzentrum entfernt, im Schwanter Forst. Von Oranienburg kommend, sind es nur noch acht Kilometer auf der Bundesstraße 273, bis in einer scharfen Linkskurve eine kleine Straße abzweigt. Wenn Sie die Straße sehen, ist es schon zu spät, dann sind Sie bereits vorbeigefahren. Wer jetzt noch versucht, im letzten Moment das Steuer seines Wagens herumzureißen, um mit zu hoher Geschwindigkeit doch noch abzubiegen, wird es bereuen: die kleine Strasse weist erstaunlich tiefe Schlaglöcher auf. Haben Sie sich von dem Schrecken erholt, öffnet sich nach zweihundert Metern der Wald zu einer Lichtung und gibt den Blick frei auf ein langgestrecktes, weißes Schloß.

Auch wenn Sie zuvor noch nie an diesem Ort waren, so kommt Ihnen das Schloß Sommerswalde irgendwie vertraut vor. Spätestens auf den zweiten Blick ist Ihnen klar, daß Sie hier vor einer Kopie des Berliner Reichstagsgebäudes stehen, auch wenn dieser Bau erheblich kleiner ist als das Original. Treten Sie ruhig näher, der Park ist zwar Privatbesitz, aber die heutigen Eigentümer haben nichts dagegen, wenn Sie sich im vorderen Bereich etwas umschauen. Aber bitte verhalten Sie sich ruhig, da das Schloß heute ein Ort stiller Einkehr ist. Bevor Sie den Park betreten, sehen Sie rechts der Straße das einstige Forsthaus von Sommerswalde. Sein derzeitiger Zustand ist schlecht, und es wird noch einige Jahre dauern, bis es restauriert und einer neuen Nutzung zugeführt werden kann. Es ist kein pompöser Eingang, durch den der Park betreten wird. Nach einigen Schritten steht rechts des Weges ein kräftiger Bau aus roten Klinkersteinen. Ein größerer Mittelturm wird umgeben von vier kleineren Ecktürmen. An den Schmalseiten des Gebäudes, das ursprünglich einmal als Pferdestall diente, sind die Initialen »RS« zu finden, die auf den Bauherrn und früheren Besitzer, Richard Sommer, hinweisen. Wenn Sie dieser rote Bau, der so gar nicht zu dem daneben stehenden Schloß passen will, ganz entfernt an das Rote Rathaus in Berlin erinnert, dann liegen

Sie nicht falsch. Steht man nun vor dem Haupteingang des Schlosses, ist noch ein weiteres Gebäude auf der anderen Seite zu erkennen. Der etwas exotisch wirkende Bau, der heute als Wohnhaus genutzt wird, diente dem früheren Schloßherrn als Orangerie. Hier allerdings werden Sie keine Ähnlichkeit zu einem anderen, wichtigen Berliner Gebäude erkennen.

Die drei im Halbkreis angeordneten Bauten wirken in dieser märkischen Waldlandschaft schon sehr ungewöhnlich und erwecken bei den Besuchern Neugier. Man fragt sich, was das wohl für ein Mensch gewesen sein mag, der diese ungewöhnlichen Gebäude für sich errichten ließ und nach dem diese Forstlandschaft benannt wurde?

Die Geschichte von Richard Sommer und seinem Sommerswalde beginnt in Berlin. Nicht irgendwo in der Stadt, sondern in bester Lage am Pariser Platz. Sein Urgroßvater war Bauer und besaß eigene Ländereien vor den Toren der Stadt. Über ihn ist nicht viel bekannt, man kann aber vermuten, daß er seinem Sohn Carl August Sommer ein ansehnliches Erbe hinterlassen hat, das diesem als Grundstock späteren Wohlstands hilfreich war. Carl August, der Großvater von Richard Sommer, trat nicht in die landwirtschaftlichen Fußstapfen seines Vaters und erlernte stattdessen den Beruf des Zimmermanns. Die Stationen seiner beruflichen Karriere sind beachtlich: Hofzimmermeister, ehrenamtlicher Stadtrat, Stadtältester und General-Feudalherr. Er erwarb in seinem Leben zahlreiche Grundstücke, darunter auch einige in direkter Umgebung des Brandenburger Tores. Offenbar hatte er bei der Auswahl seiner Besitzungen einen guten Riecher dafür, in welcher Lage nach einigen Jahren die größten Wertsteigerungen zu erwarten waren.

Zwischen 1842 und 1847 erwarb er auch die zu beiden Seiten an das Brandenburger Tor grenzenden Grundstücke, deren unscheinbare Häuser er von August Stüler repräsentativ umbauen ließ. Er selbst bezog mit seiner Familie nach der Fertigstellung das »Palais Sommer« genannte Gebäude. Den zweiten Stüler-Bau, auf der anderen Seite des Tores, Richtung Spree, verkaufte er 1857 an den Kaufmann Louis Liebermann, den Vater des Malers Max Liebermann. Sohn Max war damals gerade zehn Jahre alt, und sein Vater ging zu dieser Zeit noch davon aus, daß dieser einmal die väterliche Firma übernehmen würde.

Der Verkauf an Liebermann war ein glänzendes Geschäft mit hohem Gewinn für Carl August Sommer, der das Geld aber nicht den Banken überließ, sondern sofort neue Grundstücke erwarb, von denen er ebenfalls annahm, daß auch sie kräftige Spekulationsgewinne einbrächten. Dazu gehörte ein fünf Hektar großes Grundstück in Schöneberg, zwischen Großgörschenstraße, Neue Steinmetzstraße und Neue Kulmer Straße, das bis an den heutigen Kaiser-Wilhelm-Platz heranreichte. Dieses Gebiet in unmittelbarer Nähe zur Hauptverbindungsstraße nach Berlin war bald Gold wert, da aus dem Dorf

Schöneberg sehr schnell eine selbstständige Stadt werden sollte. Das große Anwesen diente zuvor als Königliche Gärtnerlehranstalt der Ausbildung von Gärtnern und Landschaftsgestaltern. Carl August Sommer ließ das bestehende Gebäude zu einer repräsentativen Villa umbauen, die nun von einem stattlichen Park umgeben war, der in dieser Zeit zu den Sehenswürdigkeiten Schönebergs zählte. Die Familie lebte dort in den Sommermonaten, in der kühleren Jahreszeit aber nach wie vor in ihrem Palais neben dem Brandenburger Tor.

Der heutige Platz der Republik war seit 1730 ein Exerzierplatz, angelegt unter Friedrich Wilhelm I. zur Ausbildung seiner Soldaten. Als das Gelände gut einhundert Jahre später vom Militär aufgegeben wurde, entstand zwischen 1844 und 1847, damals noch außerhalb der Stadtmauer, das Palais des Grafen Raczynski, der eine bedeutende Kunstsammlung sein eigen nannte, die er nun der Öffentlichkeit zugänglich machte.

Ein großer Teil der Grundstücke hinter seinem Palais an der heutigen Ebertstraße bis hin zum Brandenburger Tor gehörte zu dieser Zeit Carl August Sommer, der dort einen großen Holzplatz besaß. Da es im Polizeipräsidium Bedenken gab, daß zukünftige Holztransporte über den Pariser Platz führen könnten, bot Sommer an, die Dorotheenstraße von der Neuen Wilhelmstraße bis zu seinem Holzplatz an der heutigen Ebertstraße auf seine Kosten zu verlängern. Da Sommer nicht nur bereit war, die Baukosten zu übernehmen, sondern auch den Grund und Boden für die neue Straße zur Verfügung stellte, wurde als Gegenleistung der Stadtverwaltung die Straße zwischen Brandenburger Tor und Spree-Ufer (heute Ebertstraße), 1859 in Sommerstraße umbenannt.

Über Ludwig Sommer, den Vater von Richard Sommer, ist nur wenig bekannt. Er war wie sein Vater Zimmermeister und führte nach dessen Tod den erfolgreichen Betrieb weiter. Er heiratete Charlotte Ottilie, geborene Sommer, die sich so an keinen neuen Familiennamen gewöhnen mußte. Am 18. Dezember 1849 brachte Charlotte Ottilie einen gesunden Sohn zur Welt, der am 7. März 1850 in der St. Matthäuskirche auf den Namen Friedrich August Richard getauft wurde.

In den folgenden Jahren veränderte sich die einst trostlose Gegend vor dem Brandenburger Tor. Da wo sich einst der Exerzierplatz befand, stand auf der östlichen Seite das Raczynski-Palais und am westlichen Rand des Platzes das Krollsche Etablissement. Der große Platz dazwischen war von Peter Joseph Lenné als kostbare Gartenanlage umgestaltet worden und erhielt 1864, nach dem Sieg Preußens über Dänemark, den Namen Königsplatz. Trotz der immer noch bestehenden Stadtmauer war hier ein vornehmes und beliebtes Wohnviertel entstanden. Diese dritte und letzte Stadtmauer Berlins verschwand endgültig zwischen 1866 und 1869. Das einzige, was von ihr stehen blieb, war das Brandenburger Tor. Durch den Abriß der Mauer erlebten die Sommerschen Grundstücke nochmals einen erfreulichen Wertzuwachs.

Der Junge Richard Sommer zeigte nach dem Schulbesuch kein Interesse daran, den Beruf des Vaters und Großvaters zu erlernen. Seinen Wehrdienst leistete er im Ulanen-Regiment 4 und brachte es in dieser Zeit bis zum Leutnant. Nach dem Feldzug 1870/71, an dem er teilnahm, begann er mit dem Studium der Land- und Forstwirtschaft, das er aber nach einem Jahr abbrach. Ohne ihm Unrecht zu tun, kann man sagen: Richard Sommer war von Beruf Erbe. Hatte der Urgroßvater mit seinem landwirtschaftlichen Besitz den Grundstein gelegt, so gelang es dem äußerst tüchtigen Großvater den familiären Besitz durch geschickte Bodenspekulation zu vervielfachen. Der Vater hatte das bestehende Vermögen wohl nicht vergrößert, aber immerhin für die nächste Generation erhalten. Richard Sommer war sein einziger Erbe und sah es offenbar als seine vornehmste Aufgabe an, das in mehreren Generationen angehäufte Geld wieder in den Wirtschaftskreislauf zurückzuführen.

Schon in jungen Jahren unternahm er ausgedehnte Orientreisen, in die Türkei, nach Ägypten und auch Indien. Richard Sommer soll ein äußerst lebensfroher Mann gewesen sein, der sich gern mit Menschen umgab und den Freuden des Lebens stets zugetan war. Er heiratete Luise Scharbius, eine junge Frau aus guter Familie, die in den folgenden Jahren zwölf Kinder, neun Töchter und drei Söhne, zur Welt brachte.

Mit der Gründung des Deutschen Reichs 1871 wurde in der Hauptstadt der Bau eines Gebäudes für den Deutschen Reichstag erforderlich. Bevor es aber dazu kommen konnte, entbrannten selbstverständlich heftige Diskussionen über einen geeigneten Neubau und dessen zukünftigen Standort. Bis zur Fertigstellung dieses Bau, einigten sich die Parlamentarier auf eine Zwischenlösung in der Leipziger Straße 4. Ein zur Königlichen Porzellan-Manufaktur gehörender Bau wurde abgetragen, um anschließend, in einer Bauzeit von nur 116 Tagen, an gleicher Stelle einen Tagungsort zu errichten, der dann einige Jahre nach Fertigstellung des Reichstagsgebäudes wieder abgerissen wurde.

Obwohl die Standortfrage noch nicht entschieden war, fand 1872 ein erster internationaler Architektenwettbewerb statt. Die Wettbewerbskommission erkannte Ludwig Bohnstedt den 1. Preis zu, sein Entwurf kam aber nicht zur Ausführung. Das ungelöste Problem der Grundstückswahl war, daß man den Reichstag gern am Königsplatz, gegenüber der Kroll-Oper, errichten wollte, genau an der Stelle, an der das Palais des Grafen Raczynski stand. Der dreiundachtzigjährige Graf weigerte sich aber strikt, sein Grundstück an das Deutsche Reich zu veräußern. Er hatte das Palais bereits 1854 in eine Familienstiftung eingebracht. Nach dem Stiftungsvertrag war es allen Familienmitgliedern verboten, das Grundstück zu verkaufen. Auch eine Enteignung des Grafen kam nicht in Betracht, da ihm das Gelände 1847 durch einen Vertrag zuerkannt wurde, den der damalige König Friedrich Wilhelm IV. selbst unterzeichnet hatte.

So zogen sich die Verhandlungen über ein geeignetes Grundstück zehn Jahre dahin, bis es endlich doch noch zu einer Lösung am gewünschten Ort kam. Mit dem Sohn des inzwischen verstorbenen Grafen Raczynski einigte man sich auf sehr trickreiche Weise. Da ein Verkauf nach den Bestimmungen der Familienstiftung nicht möglich war, wurde das neue Familienoberhaupt, mit eigener Billigung, vom Deutschen Reich enteignet, wobei aber nur das Berliner Grundstück von der Enteignung betroffen war. Das Reich zahlte im Gegenzug eine außerordentlich hohe Entschädigung. In der letzten Phase der Verhandlungen wurde nun eilig ein zweiter Architektenwettbewerb durchgeführt, aus dem Friedrich Thiersch und Paul Wallot als erste Preisträger hervorgingen. Den Bauauftrag erhielt letztlich der Frankfurter Wallot, der seinen Siegerentwurf allerdings nochmals so grundlegend überarbeiten mußte, daß das später ausgeführte Gebäude mit seinem ursprünglichen Entwurf relativ wenig gemeinsam hatte.

Dreizehn Jahre nach der Reichsgründung kam es am 9. Juni 1884 endlich zur feierlichen Grundsteinlegung am Königsplatz. Die nicht endenwollenden Grundstücksverhandlungen hatten dazu geführt, daß in der Zwischenzeit die Preise für alle Grundstücke um den Reichstag herum in die Höhe geschnellt waren. Die Grundbesitzer wußten nur zu genau, daß zusätzlicher Baugrund für Verwaltungsgebäude und für den Ausbau der Sommerstraße benötigt wurden. Wieder einmal schlug die Stunde der Spekulanten. Auch der Wert des Sommerschen Grundbesitzes war enorm gestiegen. Allein der große Holzplatz, nah dem Neubau, war nun ein stattliches Vermögen wert.

1888 beschloß Richard Sommer, sich mit seiner Familie außerhalb von Berlin niederzulassen. Er erwarb von den Nachfahren der Familie von Redern das Rittergut Schwante, das sich seit 500 Jahren in deren Besitz befand und zu dem insgesamt 7000 Morgen Wald und Heidelandschaft gehörten. Das bestehende Schloß hatte Richard Sommer zuvor umbauen und renovieren lassen. Trotzdem scheint er nach der Fertigstellung nicht zufrieden gewesen sein, da er nur Wochen später beschloß, einen Neubau mitten im Wald für sich errichten zu lassen. Seine Pläne dafür waren äußerst ungewöhnlich, denn das Schloß sollte nach seiner Fertigstellung genau so aussehen wie der Berliner Reichstag, dessen Rohbau am Königsplatz gerade Form annahm. Sommers Reichstag sollte allerdings genau so aussehen, wie es der Wallot-Entwurf ursprünglich vorsah.

Sommer beauftragte die Berliner Architekten Hans Abesser und Jürgen Kröger mit den Bauausführungen nach seinen Vorstellungen. Um das Baugeschehen gut verfolgen und kontrollieren zu können, bezog er mit seiner Familie das neben der Baustelle gelegene Forsthaus. Es entstand nun ein weißer langgestreckter Schloßbau im Stil der Neorenaissance, gekrönt mit einer pompösen Kuppel. Die Formen entsprachen dem Wallot-Entwurf, nur die Proportionen wurden auf ein Drittel verkleinert. 1891, nach nur dreijähriger Bauzeit, waren die Schloßarbeiten weitgehend abgeschlossen, und die Familie bezog ihr neues Domizil. In Berlin dauerte die Fertigstellung des Originals erheblich länger. Erst am 5. Dezember 1894 wurde zehn Jahre nach Baubeginn, feierlich der Schlußstein für den Reichstag eingesetzt. Auch im Innern wollte der Bauherr stets an Berlin erinnert werden. So wurde im Festsaal eine Decke eingebaut, die der des Weißen Saales im Berliner Stadtschloß entsprach, und auch die korinthischen Säulen des Säulensaals wurden für den gleichnamigen Saal in Sommerswalde abgekupfert. Die Inneneinrichtung der einzelnen Räume war ein Gemisch der unterschiedlichsten Stilrichtungen. Sommers Geschmack schwankte zwischen Klassizismus, Barock und Renaissance. In Anlehnung an die Schinkelsche Architektur waren die meisten Türen des Festsaals mit griechischen Dreiecksgiebeln versehen. Das große Jagdzimmer war holzgetäfelt und mit unzähligen Geweihen, Degen und Gewehren an den Wänden geschmückt. Von der stuckbeladenen Decke, die mit barocken Rundungen verziert war, hing ein ausschließlich aus Geweihen gefertigter Kronleuchter, der durch seine enorme Größe den Raum dominierte.

Die Baulust von Richard Sommer war mit dem Schloß noch nicht befriedigt, denn sofort nach dessen Fertigstellung folgten zwei weitere Bauten, die er zu beiden Seiten des Schlosses im Halbkreis errichten ließ. Da Sommer ein Liebhaber edler Pferde war, ließ er einen Stall bauen, der bis zu zwanzig Tieren Platz bot. In seiner äußeren Erscheinung hat der Bau, obwohl heute in seiner Form etwas verändert, eine verblüffende Ähnlichkeit mit dem Roten Rathaus in Berlin. Es sind nicht nur die roten Ziegel, sondern auch die Rundbogenfenster, die kubische Formgebung und der hohe Turm, der an das Rathaus erinnert. Die Turmzinnen wurden in den dreißiger Jahren entfernt, nachdem zuvor einige brüchige Teile abfielen. Auch eine außen vorgesetzte Treppe, die in die erste Etage führte, wo sich damals die Bedienstetenwohnungen befanden, fehlt heute. Oben im Mittelturm war ein Wasserspeicher untergebracht, der das gesamte Anwesen mit Trinkwasser versorgte. Unter dem Treppenaufgang befand sich eine mit Moos und Farnen bewachsene Grotte, von der ein kleiner Wasserfall, ebenfalls gespeist durch das Wasserreservoir, herunterplätscherte. Im Erdgeschoß des Gebäudes waren die Stallungen untergebracht.

Das zweite Gebäude, links vom Schloß gelegen, diente als Orangerie und Gärtnerhaus. Seine heutige Gestalt läßt nicht mehr erahnen, wie kurios dieser Bau ursprünglich einmal aussah. Errichtet wurde es als orientalische Moschee mit vier Zwiebelkuppeln und hohen Minaretten. Ein großer Teil der darin verbauten Steine und Fliesen wurde in der Türkei angefertigt und nach Sommerswalde transportiert. Einige der noch erhaltenen Wandreliefs zeigen maurische Architekturdetails, während die nicht mehr vorhandenen Laternen, die einst die Minarette zierten, vermutlich aus Indien stammten. Das Dach der Zentralkuppel zierte ein buntes Windrad, das über eine Welle einen großen Ventilator im Palmensaal antrieb. Dieses orientalisch anmutende Gebäude inmitten der märkischen Landschaft erinnerte an die lebhaften Bauphantasien des Bayernkönigs Ludwig II.

Im großen Palmensaal fand die Trauung von Sommers Tochter Hedwig mit dem Oberleutnant im Infanterie-Regiment Nr. 131 und Adjudanten der Technischen Institute der Infanterie, Walther Freude statt. Die zahlreichen Trauungsgäste wurden von Berlin mit einem Extrazug nach Schwante befördert und von dort mit Equipagen zum Schloß gebracht.

Die extravaganten Bauten verschlangen einen beträchtlichen Teil des Sommerschen Vermögens. Um sie zu finanzieren, hatte er 1889 den Schöneberger Sommersitz der Familie für 4 Millionen Goldmark verkauft, für damalige Zeit eine riesige Summe. Mit dieser Baufinanzierung im Hintergrund brauchte er nicht zu sparen, und so scheint auch folgende Anekdote vorstellbar: Es heißt, daß Sommer geplant hatte, einen Zimmerfußboden seines Schlosses mit Golddukaten auszulegen, selbstverständlich mit dem Kopf des Kaisers nach oben. Sommer soll beim Schatzamt in Berlin nachgefragt haben, ob sein Vorhaben gegen ein bestehendes Gesetz verstößt. Die Antwort war negativ, allerdings mit der Einschränkung, daß die Münzen ausschließlich senkrecht anzuordnen seien. Da unter dieser Voraussetzung ein Vielfaches an Dukaten erforderlich gewesen wäre und außerdem die Wirkung nicht seinen Vorstellungen entsprach, soll Sommer auf sein Vorhaben verzichtet haben.

Nach Abschluß aller Bauarbeiten wurde der vordere Parkteil in barockem Stil mit viel Blumenschmuck angelegt, während der Bereich hinter dem Schloß als Landschaftsgarten in englischem Stil gestaltet wurde. Eine gepflegte Teichanlage mit Holzbrücke bildete den Übergang von der hinteren Terrasse zum Landschaftspark. Nah dem Schloß, dicht bei dem alten Forsthaus, entstand ein großer Wildpark mit einer Vielzahl an heimischen und exotischen Tieren.

Als eine seiner Töchter, sie sollte auf den Namen Brunhilde getauft werden, kurz nach der Geburt verstarb, ließ Richard Sommer im Park ein Mausoleum mit einer Familiengruft errichten. Selbstverständlich wählte er auch für diesen Bau ein historisches Vorbild. Als Verehrer der Königin Luise kam dafür nur das von Schinkel entworfene Mausoleum im Schloßpark Charlottenburg in Betracht.

Der Schloßherr, Reichstagspräsident, Stadtoberhaupt und Muezzim in Personalunion, soll ein lebensfroher, umgänglicher, aber skurriler Mann gewesen sein, der trotz oder gerade wegen seines ererbten Reichtums unter Minderwertigkeitskomplexen litt. Mit den ungewöhnlichen Bauten im Schwanter Forst verwirklichte er seine Träume und wollte natürlich auch Aufsehen erregen. Ein junger Leutnant beschrieb in der »Berliner Illustrierten Nachtausgabe«, wie er bei einem Rückmarsch vom Manöver das Schloß entdeckte und dessen Besitzer kennenlernte: »Wir wußten nicht, über was wir mehr staunen sollten, über die seltsamen Bauten (…) oder den Besitzer, der uns, einen roten Fez mit wallender schwarzer Troddel auf dem Kopf, in roten Pantoffeln mit strahlender Gastfreundlichkeit begrüßte! Er führte uns durch die Flucht seiner Gemächer, öffnete die Türen sämtlicher Fremdenzimmer: ›Suchen Sie sich die besten heraus, meine Herren!‹ Später, im Speisesaal empfing uns eine Schar reizender Kinder. ›Alles meine eigenen‹, meinte der Hausherr.«

In einem Zeitungsartikel aus dem Jahr 1938 kam Irmgard Dortschy, eine der Töchter Sommers zu Wort: »Wir Kinder, wir waren elf, acht Töchter und drei Söhne, sahen in unserem Vater, der uns ein so zauberhaftes Schloß erbaute, einen ganz außergewöhnlichen Menschen. Er war streng und dabei herzensgut (…) Bei allem hatte er seine Eigenart und Neigungen: er liebte einen guten Tropfen, wie er rassige Pferde liebte und seine Gemäldesammlung war von Kennern ebenso geschätzt wie – sein Weinkeller mit der idyllischen kleinen Weinstube. Als wir nach Sommerswalde zogen, war ich fünf Jahre alt. Wir wohnten zunächst in dem heute noch stehenden Forsthaus. So sah ich denn in meiner frühesten Kindheit die Prachtbauten aus der Erde wachsen, den Reichstag, das Rathaus, die Moschee und alles andere um uns herum – es war für uns eine herrliche Zeit! (…) Vater ist viel gereist. (…) Immer nahm er einige von uns Kindern mit und wenn er gesagt hätte: ›Morgen reisen wir auf den Mond!‹ – kein Kind von uns hätte daran gezweifelt! Einmal sagte er: ›Morgen fahren wir in die Türkei, Pferde kaufen!‹ Leider nahm er nur ältere Geschwister mit und seinen Leibkutscher. Er erwarb sechs ›Araber‹, die völlig ungezähmt und wild in Sommerswalde ankamen.«

Richard Sommer hatte gerne Besucher in seinem Schloß, und er liebte es, ihnen alle Bauten ausführlich zu zeigen. Zu einem seiner zahlreichen, großen Feste erschienen sogar zwei echte türkische Prinzen, die als Offiziere nach Berlin kommandiert waren. Auch der noch junge Mustafa Kemal Pascha, der später, als Schöpfer der modernen Türkei, den Ehrennamen Atatürk (Vater der Türken) erhielt, war zweimal in Schloß Sommerswalde zu Gast. Jeden Herbst lud Sommer zur großen Dam- und Schwarzwildjagd ein. Er tat dies aber mehr für seine Gäste, da er selbst, nach den Aussagen seiner Tochter Irmgard, die freilebenden Tiere liebte und somit die Jagd eigentlich ablehnte.

Ein ganz besonderer Wochentag war für Richard Sommer der Montag, sein »Berliner Tag«. Egal, wie schlecht das Wetter auch war, an diesem Tag fuhr er schon morgens früh um sechs nach Berlin. Gegen neun Uhr traf er in seinem

Stammlokal ein und empfing dort den ganzen Tag über seine alten Freunde und Bekannten. Sie kamen und gingen wie bei einer Audienz, und er blieb, bis auch der letzte erschienen war. Mit jedem Besucher wurde geredet und getrunken, bis zum späten Abend. Dann ließ er sich mit der Kutsche zurückbringen, um am nächsten Morgen den Kindern zu berichten:»Es war wieder mal schön in Berlin!«

Natürlich fragt sich jeder, der einmal in Sommerswalde war, warum hat Richard Sommer sich gerade den Reichstag und das Rote Rathaus in verkleinerter Form errichten lassen, und was bedeutete die Moschee? Mit letzter Genauigkeit ist diese Frage nicht zu beantworten, da auch seine Kinder, so weit sie später befragt wurden, den Grund nicht kannten. Irmgard Dortschy äußerte sich 1938:»... was ihn dazu letztlich bewog, eine Art zweiten Reichstag oder zweites Rathaus zu erbauen, darüber habe ich auch leider nie Näheres erfahren. Als Kinder interessierte es uns nicht, und nachher – war's zu spät! Sicher wird er schon seine ganz bestimmten Gedanken dabei gehabt haben (...) Auf jeden Fall: diese Baupläne füllten ihn ganz aus, und ihre Verwirklichung war sein Lebenswerk.«

Von mir befragte Bewohner aus der Umgebung von Schwante berichteten, daß ihre Eltern oder Großeltern ihnen erzählt hätten, daß dieser etwas merkwürdige Herr Sommer sein Schloß in Form des Reichstages errichten ließ, weil dieser Bau durch die enorm gestiegenen Grundstückspreise dazu beigetragen hatte, sein Vermögen erheblich zu vergrößern. Sollte es so gewesen sein, wäre auch eine mehrfach gehörte Erklärung für den Pferdestall in Form des Roten Rathauses plausibel, weil ein oder mehrere Verträge (z.B. über die Erweiterung der Sommerstraße) im Berliner Rathaus unterzeichnet worden waren.

Andere meinen, daß Sommer auch nach seinem Umzug in den Schwanter Forst auf den Anblick der beiden wichtigsten Berliner Gebäude nicht verzichten wollte, was aber äußerst zweifelhaft ist, da der Reichstag sich zur Zeit seines Umzugs noch im Rohbau befand. Außerdem könnte man in diesem Fall vermuten, daß er seinen Landsitz eher als Nachbildung des Berliner Stadtschlosses errichtet hätte.

Das Vorbild für den Bau der Orangerie ist mit seiner Geburtsstadt Berlin nicht in Zusammenhang zu bringen. Die einleuchtendste Erklärung wäre eine Erinnerung an seine ausgedehnten Auslandsreisen in jungen Jahren, vielleicht an die Türkei, die er mehrfach besuchte. Der Enkel eines bei Sommer angestellten Forstarbeiters hörte von seinem Vater folgende Geschichte. Richard Sommer soll auch einmal eine Indien-Reise unternommen haben. Nur wenige Tage nach ihrer Ankunft wurde die Reisegruppe von Räubern überfallen und vollständig ausgeplündert. Ohne Geld und Reisedokumente mußte sich die Gruppe nun durchschlagen und suchte daraufhin Hilfe bei der deutschen Botschaft. Dort soll den Ausgeraubten unbürokratisch geholfen worden sein, so daß sie ohne größere Probleme zurück nach Deutschland reisen konnten. So soll Sommer ursprünglich vorgehabt haben, daß seine Orangerie so aussehen sollte wie das Gebäude der diplomatischen Mission in Indien. Als der Bau im Rohbau schon fast fertig war, kündigte sich in Sommerswalde hoher Besuch aus der Türkei an (vielleicht die zuvor erwähnten türkischen Prinzen). Sommer soll daraufhin die Architekten angewiesen haben, den begonnenen Bau nun mit Kuppeln und Minaretten zu versehen, so daß er wie eine orientalische Moschee aussehen sollte, damit seine Gäste sich heimisch fühlen konnten.

Was sich Richard Sommer nun genau gedacht hat, als er das ungewöhnliche Ensemble plante, ist nach wie vor ungewiß, aber wer vermag schon genau zu sagen, was sich Ludwig II. dachte, als er Schloß Neuschwanstein für sich errichten ließ, knapp zwei Jahre, bevor Sommer seine phantastischen Pläne umsetzte.

Am 15. Juni 1904 starb Luise Sommer und wurde im Beisein einer großen Trauergesellschaft, gebettet in einen goldverzierten Zinksarkophag, im Mausoleum hinter dem Schloß beigesetzt. Der Schloßherr überlebte seine Ehefrau um zwölf Jahre. Die Montagsbesuche in seiner Berliner Stammkneipe behielt er bis wenige Wochen vor seinem Tod bei, nur die trinkfreudigen Freunde wurden in den letzten Lebensjahren weniger. Sommer nutzte nun diesen Tag, um im »Verein für die Geschichte Berlins«, dem er seit 1912 angehörte, aktiv mitzuarbeiten. Im Alter von 66 Jahren verstarb Richard Sommer am 8. September 1916. Zwei Tage später wurde er im Beisein vieler Menschen aus Berlin und Schwante an der Seite seiner Frau und Tochter Brunhilde beigesetzt. Eine Marmortafel zeigte in goldener Schrift seine Lebensdaten: »Richard Sommer / Rittergutsbesitzer, Leutnant a.D. / geboren am 18. Dezember 1849 / gestorben am 8. September 1916«.

Nach seinem Tod kam es zu heftigen Erbstreitigkeiten zwischen den elf Kindern. Da man sich untereinander nicht einigen konnte, wurde Schloß Sommerswalde und sämtlicher Grundbesitz an einen Berliner Immobilienmakler verkauft und der Erlös auf die Erben verteilt. Große Teile der Ländereien, außerhalb von Schwante, wurden von der Siedlungsgenossenschaft »Freie Scholle« erworben, deren Genossenschaftler hier Gemüse und Blumen anpflanzten, mit denen sie hauptsächlich den Berliner Norden versorgten. 1922 zog der Jurist und Industrielle Dr. Erich Lübbert als neuer Schloßherr in die Gebäude. Er hatte sein beträchtliches Vermögen mit Diamantenfeldern in Südwestafrika erworben.

In den kommenden Jahren zeigte sich, daß die Architekten der Anlage zu wenig auf die sorgfältige Ausführung der Bauten geachtet hatten. Die Stützen der »Reichstagskuppel« wurden brüchig, so daß aus Sicherheitsgründen die gesamte Kuppel entfernt werden mußte. Auch der Dachstuhl der Orangerie wollte das Gewicht der Zwiebelkuppeln nicht länger tragen, so daß der Bau, dem schon zuvor die baufälligen Minarette genommen waren, nun ein schlichtes Dach erhielt und seither einer Moschee nicht mehr ähnelt.

Der Todesmarsch der Häftlinge aus dem nur zehn Kilometer entfernten Konzentrationslager Sachsenhausen, führte 1945 direkt an Sommerswalde vorbei. Flucht, Erschießungen und Angst waren in dieser Zeit an der Tagesordnung. Einige der KZ-Häftlinge konnten in dem sumpfigen Gelände fliehen und flüchteten sich unbemerkt in den Keller des »Reichstagsgebäudes«. Oben wohnte der überzeugte SA-Mann Erich Lübbert mit seiner Tochter und wartete auf das Ende des Krieges, unten im Keller, versteckten sich ohne sein Wissen mehrere Häftlinge vor den Nazis.

In den letzten Kriegstagen des Jahres 1945 flüchtete die Familie Lübbert vor den anrückenden sowjetischen Truppen nach Westen. Am 30. April stürmte die Rote Armee das leere Gebäude. Für vier Jahre wird Sommerswalde nun Sitz der sowjetischen Kommandantur. In dieser Zeit wurde der Schloßpark zum größten Teil abgeholzt. Nach Augenzeugenberichten brachen Soldaten das Mausoleum auf, die kostbaren Zinksärge wurden gestohlen und die einbalsamierten Leichen einfach in den Wald geworfen. Der stark beschädigte Grabtempel wurde 1959 endgültig abgerissen. Noch nicht einmal Fundamentreste sind heute im Wald aufzufinden. Letzte Spuren dieses Baus finden sich im Ort Schwante bei der örtlichen Feuerwehr. Sie nutzte die Steine zum Bau eines kleinen Turmes, an dem noch heute die Feuerwehrschläuche zum Trocknen aufgehängt werden.

Als die Sowjets Sommerswalde aufgaben, ging das Schloß an die FDJ, die Jugendorganisation der DDR, über. Ihr diente es bis zur politischen Wende 1989 zur Ausbildung des Pionierleiter-Nachwuchses. Die Seminarteilnehmer reisten aus der gesamten DDR nach Sommerswalde, wo auf dem Lehrplan Marxismus-Leninismus, Friedenssicherung, Freizeitgestaltung und Kindererziehung stand. An den Wochenenden ließ sich auch die politische Prominenz sehen. Es heißt in Schwante, daß außer Honnecker alle wichtigen Personen der Partei hier vertreten waren, darunter Hager, Mittag, Axen und Krenz, stets begleitet von einigen Herren in Ledermänteln. Bei gutem Wetter wurde im abgeschlossenen Schloßgarten gegrillt.

Am Tag der Feierlichkeiten zum 40. Jahrestag der DDR sollte sich die bisherige politische Landschaft verändern. Im Pfarrhaus von Schwante trafen sich am 7. Oktober 1989 DDR-Bürger, um eine alte Partei neu zu gründen – die Sozialdemokratische Partei. Zum Vorsitzenden wurde an diesem Tag Ibrahim Böhme gewählt, der dann einige Zeit später als Mitarbeiter der Staatssicherheit enttarnt wurde. Nach der Auflösung der Pionierleiter-Schule nutzte das Institut für Bildung der Ingenieurschule Velten die freigewordenen

Räume, allerdings nur für kurze Zeit. Dann sollte Schloß und Park verkauft werden an die Müll-Firma »Alba«. Diese wurde aber mit der Gemeinde nicht handelseinig, so daß Sommerswalde bis in das Jahr 2000 leerstand und ungenutzt blieb.

Im Januar 2000 gelang es endlich, für die komplette Schloßanlage einen Käufer und neuen Nutzer zu finden. 84 Jahre nach dem Tod von Richard Sommer wird es wieder exotisch in Sommerswalde. Eine buddhistische Gemeinschaft, bestehend aus nahezu einhundert Nonnen und Mönchen hat Sommerswalde erworben, um hier eine Klosterschule mit angeschlossenem Sozialprojekt in der Gelugpa-Tradition einzurichten. Der Verein, der bis dahin seinen Sitz in Berlin-Rudow hatte, unterhält einen Kindergarten und betreut seit Jahren Süchtige sowie seelisch Kranke. Erfreulich ist, daß Sommerswalde auch für Nicht-Buddhisten zugänglich bleibt, so wie es in einer kleinen Broschüre steht: »Deshalb ist jeder, der etwas Offenheit und Toleranz mitbringt, bei uns immer herzlich willkommen!«

EINE URNE AUF REISEN
Nachruf

Schon seit meiner Kindheit besuche ich gerne Friedhöfe. Nahezu 290 Be-
gräbnisorte sind in Berlin erhalten, von denen der größte Teil bis heute für
Bestattungen genutzt wird. Diese stattliche Anzahl wird von keiner anderen
europäischen Großstadt erreicht. Die Berliner Friedhöfe kenne ich und darüber hinaus auch die der Städte im In- und Ausland, die ich in der Vergangenheit irgendwann einmal besucht habe. Wenn ich einen mir noch fremden Ort
erkunde, dann führt mich einer meiner ersten Wege auf die Friedhöfe. Sind
diese mit ihren Gräbern und Grabsteinen uninteressant, so ist es meist auch
die Stadt. Wenn ich gefragt werde, warum bei mir dieses Interesse so ausge-
prägt ist, antworte ich, daß Friedhöfe offene Geschichtsbücher sind. Hier
trifft man sie alle wieder, den Bürgermeister, den Pfarrer, den Lehrer, Maler,
Musiker oder Wissenschaftler. Auf kirchlichen oder städtischen Friedhöfen
weist das »Geschichtsbuch« große Lücken auf, da die Ruhezeit die den Toten
vergönnt ist, begrenzt ist. Natürlich bleiben die Ehrengrabstätten der großen
und berühmten Persönlichkeiten meist erhalten, da sich die Stadt oder die
Denkmalbehörde dafür einsetzen. Für die Gräber vieler interessanter und
einst verdienstvoller Personen der »zweiten Reihe« trifft das leider nicht zu,
ihre Gräber werden häufig aus Unwissenheit von den Friedhofsverwaltungen,
nach Ablauf der Liegedauer, eingeebnet – und das, obwohl auf den meisten
Begräbnisplätzen durch die starke Zunahme an platzsparenden Urnengräbern
derzeit kein »Platzmangel« herrscht. Anders ist das auf jüdischen Friedhöfen,
wo die Gräber auf Dauer den Toten gehören und so die Geschichte der jüdischen Gemeindemitglieder fast lückenlos zu entdecken ist.

Wer heute in eine europäische Großstadt reist und einen Bummel durch die
Fußgängerzone und ihre Konsumtempel macht, kann feststellen, daß vieles
dort genau so aussieht wie zu Hause. Die Neubauten, Grünanlagen und die
Einkaufszentren mit all den uns bekannten Einkaufs- und Fastfood-Ketten
gibt es auch in allen anderen Städten. Besuchen Sie aber die Friedhöfe, dann

sind die Unterschiede zwischen den Ländern und ihren Kulturen noch deutlich zu erkennen. Die Friedhofsanlage, ihre Gräber, die Bepflanzung und die Grabmalsgestaltung ist in Mailand, Paris, Madrid, London oder Moskau völlig unterschiedlich.

In Deutschland machten sich nach dem Abbau der das Land teilenden Grenze viele Menschen auf die Suche nach ihren Wurzeln, die oft in dem Teil des Landes waren, den sie viele Jahre gar nicht oder nur sehr umständlich erreichen konnten. Als sie dann in den Orten ihrer Kindheit oder Jugend ankamen, war die Enttäuschung häufig groß, da sie feststellen mußten, daß die Orte nicht mehr den Bildern ihrer Erinnerung entsprachen. Geburtshäuser, Schulen und andere Gebäude, an die sie sich noch erinnern konnten, waren nicht mehr erhalten. Nur auf den Friedhöfen fanden viele noch Spuren ihrer persönlichen Vergangenheit.

Als ich dabei war, die Geschichten dieses Buches zu schreiben, fiel mir auf, daß meine Beziehung zu Friedhöfen weitaus mehr Gründe hat, darunter einige, über die ich bis zu diesem Zeitpunkt noch nie nachgedacht habe. Ich bin in der Großbeerenstraße im Berliner Bezirk Kreuzberg aufgewachsen und habe dort die ersten achtzehn Jahre meines Lebens gelebt. Als die Ehe meiner Eltern zerbrach, war ich gerade vier Jahre alt. Meine Mutter blieb mit meiner älteren Schwester und mir in der Wohnung zurück. Zur Familientradition gehörte, wie bei vielen anderen Familien auch, der wöchentliche Sonntagsspaziergang, egal wie gut oder schlecht das Wetter auch war. Häufig besuchten wir die alten Friedhöfe vor dem Halleschen Tor, die seit 1735, weit von ihren Kirchen entfernt, vor den Toren der Stadt angelegt wurden.

Ich weiß eigentlich gar nicht genau, warum wir diese Friedhöfe so häufig besuchten, da sich dort kein Grab unserer Angehörigen befand. Vermutlich spielte eine Rolle, daß der Weg dahin kurz war, es kostete keinen Eintritt und man war nur wenige Meter von der Straße entfernt plötzlich im Grünen. Für mich als Kind war dieser Ort faszinierend, da sich dort in den fünfziger Jahren noch deutlich die Verwüstungen des Krieges zeigten. Viele Grabsteine wiesen Einschußlöcher auf und ein großer Teil der Wandgräber war vollständig oder teilweise zerstört. Einige der gemauerten Grüfte waren nach Bombentreffern nun offen und man konnte die Särge sehen, von denen viele ebenfalls zerstört oder aufgebrochen waren.

Mit dem heutigen Blick eines Erwachsenen eine furchtbare Sache, für mich als Kind aber höchst interessant. Märchen und Gruselgeschichten wurden an diesem Ort lebendig, und ich war bei jedem Spaziergang immer wieder aufs Neue begeistert. Der Grund für die besonders starken Kriegszerstörungen war übrigens ein in der Mitte des Friedhofs erbauter Flak-Bunker, der von den gegnerischen Flugzeugen gezielt unter Beschuß genommen wurde.

Im Alter von fünf Jahren wurde ich eingeschult und besuchte die folgenden sechs Jahre, äußerst ungern, die 5. Grundschule in der Baruther Straße, genau gegenüber dem Friedhof. Meine Schulbank befand sich direkt neben einem der Fenster des Klassenzimmers, so daß ich stets eine hervorragende Aussicht über die gesamte Friedhofsanlage hatte. Das schönste Geräusch des Tages war für mich der Klang der Schulglocke am Ende der letzten Stunde. Mit einigen Klassenkameraden wählten wir dann den Weg quer über den Friedhof, den wir vom Eingang in der Zossener Straße betraten und später zum Mehringdamm wieder verließen. Dem damaligen Friedhofsverwalter gefiel der lebhafte Besuch gar nicht, und er verbot uns mehrfach das Betreten des Friedhofs, was uns aber nicht sehr beeindruckte.

Im letzten Grundschuljahr hatte ich meine erste Freundin. Es war eine Schülerin der Nachbarklasse, die ebenfalls in der Großbeerenstraße wohnte und mich nun häufig auf dem Nachhauseweg über den Friedhof begleitete. An einem dieser Tage wurden wir, vermutlich war es ein Fingerzeig von ganz oben, von einem kräftigen Gewitterregen überrascht, worauf wir uns in einem großen Wandmausoleum der Familie Friedländer-Fuld unterstellten. Da der Regen an diesem Tag längere Zeit anhielt, kam es dort, die Besitzer des Grabes haben mir das hoffentlich verziehen, zu meinem ersten Kuß. Ich kann mich noch gut erinnern, daß damals das Mausoleum von der Friedhofsverwaltung genutzt wurde, um Briketts und Brennholz für die kalte Jahreszeit zu lagern.

Diese erste Freundin ist heute schon längst vergessen, an die Grabanlage mit den ordentlich gestapelten Briketts erinnere ich mich noch sehr gut. Erst vor wenigen Jahren habe ich durch Zufall erfahren, wer der Mann war, für den dieses Mausoleum einst errichtet wurde. Als Fritz von Friedländer-Fuld, im Alter von 59 Jahren, 1917 verstarb und seine Ehefrau den Messel-Schüler William Müller mit der Errichtung eines Mausoleums für ihren Gatten beauftragte, zählte Friedländer-Fuld zu den reichsten Männern Deutschlands. Womit hatte dieser Mann zu Lebzeiten sein großes Vermögen verdient? Mit Kohlen! Er war Besitzer zahlreicher Kohlegruben in Niederschlesien und bewohnte ein stattliches Palais am Pariser Platz Nummer 6. Seine Tochter war verheiratet mit dem ebenfalls sehr wohlhabenden Staatssekretär Kühlmann.

Ein weiteres Schlüsselerlebnis gehört ebenfalls zu meiner frühen Kindheit. Es war eine unglaubliche Geschichte, die mir »Omi Auguste« erzählte und die mich viele Jahre lang beschäftigen sollte. Auguste war die von meiner Mutter nicht sehr geliebte Stiefmutter. Nach dem frühen Tod meiner Großmutter, sie verstarb, als meine Mutter siebzehn Jahre alt war, schickte mein Großvater seine Tochter auf eine Internats-Hausfrauenschule in Berlin, was sie ihm viele Jahre nicht verzieh. Als der Vater nach anderthalb Jahren dann erneut heiratete, war das Verhältnis zur Stiefmutter vorhersehbar schlecht. Meine Mutter verglich beide Frauen miteinander und urteilte äußerst hart. In ihren Augen war die leibliche Mutter schön, intelligent, kunstsinnig und geistreich. Die neue Frau war in ihren jugendlichen Augen ein Monstrum. Fast einen Kopf größer als mein Großvater, vollschlank, wenig elegant und selbstverständlich ganz und gar anders in ihrer Art und Lebensweise.

Mein Großvater, Otto Glantz, starb, als ich gerade zwei Jahre alt war, und es dauerte noch einige Jahre, bis sich das Verhältnis zwischen meiner Mutter und Auguste halbwegs normalisierte. Ich war damals ungefähr sechs Jahre alt, als »Omi Auguste«, sie lebte in Bad Gandersheim, uns erstmals in Berlin besuchte. Auf mich hat diese Frau von Anfang an einen gewaltigen Eindruck gemacht, und ich habe sie seit der ersten Begegnung immer sehr bewundert. Dabei war sie von ihrer Erscheinung her tatsächlich monströs. Sie war groß gewachsen und kräftig gebaut; wäre sie nur wenig kleiner gewesen, hätte man sie als dick bezeichnen können. Ihre aufrechte Körperhaltung ließ sie noch größer wirken und paßte nicht so recht zu ihrem walzenartigen Schritt. Gekleidet war sie wie die legendäre Miss Marple-Darstellerin Margaret Rutherford in den alten Agatha-Christie-Verfilmungen. Zu ihrer Ausstattung gehörte stets eine überdimensionierte und gut gefüllte Handtasche, auf die ich noch zurückkommen werde. Eine Schönheit war sie wahrlich nicht, aber ich habe nie erlebt, daß sich jemand über ihre Erscheinung lustig gemacht hätte, ganz im Gegenteil: sie war eben eine Persönlichkeit. Wenn Auguste Glantz ein Restaurant betrat, eilte sofort ein Kellner auf sie zu, führte sie zu einem der bestgelegenen Plätze und half ihr mit den Worten »Gnädige Frau« aus dem Mantel, was für so manchen kleingewachsenen Kellner eine echte Herausforderung war. Oft habe ich dabei beobachtet, daß derselbe Kellner mit anderen Gästen ganz anders, meist viel nachlässiger umging. »Omi Auguste« war auch kein sanfter »Oma-Typ«, der Kinder als niedliche, aber unreife Wesen ansah. Wenn sie mit uns Kindern sprach, war das nicht viel anders als im Gespräch mit Erwachsenen. Man fühlte sich von ihr für voll genommen und als kleiner Mensch akzeptiert. So habe ich sie seit ihrem ersten Besuch in mein Herz geschlossen.

Nun zu der Geschichte, die ich mir bei jedem Besuch von »Omi Auguste« mindestens einmal erzählen ließ. Meine Großeltern lebten seit den dreißiger Jahren in Schönebeck an der Elbe, wo mein Großvater als Augenarzt eine Praxis eröffnet hatte. Als er im Februar 1948 an Schwindsucht, in Folge der schlechten Ernährung der Nachkriegszeit, verstarb, wurde er auf dem Alten Friedhof in Schönebeck begraben. Wenige Monate nach seinem Tod beschloß meine Großmutter, nach Bad Gandersheim, ihrem Geburtsort, zurückzukehren, wo ihre Geschwister und weitere Familienmitglieder lebten. Nun befand sich seit Kriegsende Schönebeck in der sowjetisch besetzten Zone und Bad Gandersheim in britischer Besatzungszone, was einen Umzug in dieser Zeit schwierig machte. So nach und nach, in mehreren Etappen, hatte sie mit dem Zug alle persönlichen Dinge und auch fast den gesamten Hausrat über die Grenze nach Bad Gandersheim transportiert. Das was noch blieb, was sie aber in keinem Fall zurücklassen wollte, war die Urne meines Großvaters. Sie hatte sich bereits um eine Überführung bemüht, die aber nicht genehmigt wurde. Tatkräftig, wie sie war, gab sie nicht auf, sondern griff zur Selbsthilfe und zum Spaten. Sie wählte eine mondlose Nacht, kletterte über das verschlossene Friedhofstor und grub die Urne ihres Mannes aus der Erde Schönebecks. Am nächsten Morgen fuhr sie dann, zum letzten Mal, mit dem Zug von Schönebeck nach Bad Gandersheim. Die Urne trug sie direkt bei sich, in einer ihrer riesigen Handtaschen. Bevor der Zug die Demarkationslinie überfahren durfte, kontrollierten sowjetische Soldaten alle Reisenden mitsamt ihrem Gepäck. Als Auguste ihre Handtasche öffnen mußte und dabei die Urne entdeckt wurde, gab es erwartungsgemäß Schwierigkeiten, da sie keine Überführungsgenehmigung vorweisen konnte. Ihr wurde die Weiterreise verweigert und sie mußte den Zug verlassen. Es soll dann eine längere Auseinandersetzung zwischen ihr und einem sowjetischen Offizier gegeben haben, den sie letztlich mit dem Argument überzeugte: »Würden Sie Ihre Mutter allein in fremder Erde zurücklassen?« Das war eine sehr heikle Frage, da sie damit zugab, daß sie ihren Wohnort wechselte und auch dafür keine Umzugsgenehmigung besaß. Ihre Überzeugungskraft reichte aber offensichtlich aus, da man sie nach einigen Stunden mit dem nächsten Zug weiterreisen ließ, selbstverständlich nicht ohne die Asche ihres Ehemannes.

So gelangte mein Großvater nach Bad Gandersheim, wo er seine letzte Ruhe im Grab der Familie meiner Großmutter fand. In einem Brief an meine Mutter schrieb Auguste im Oktober 1948: »In der vergangenen Woche wurde die Urne Deines Vaters auf dem Friedhof unserer St. Georgskirche beigesetzt.« Ich habe dort später mehrfach sein Grab besucht, aber erst nach vielen Jahren – »Omi Auguste« ruhte schon an seiner Seite – beschäftigte mich immer wieder eine Frage: da sie damals die Urne heimlich des Nachts ausgegraben hatte, wäre es doch denkbar, daß sie auch in Bad Gandersheim selbst zum Spaten gegriffen hatte. Da ich sie nun selbst nicht mehr sprechen konnte, blieb diese Frage lange Zeit unbeantwortet.

Erst 1992, zwei Jahre nach der Wiedervereinigung, machte ich mich auf den Weg nach Schönebeck, um den Wahrheitsgehalt dieser schönen Geschichte zu überprüfen. Das erwies sich als nicht so einfach, wie ich es mir vorgestellt hatte, da ich in Schönebeck den Alten Friedhof nicht fand und auch die Befragung hilfsbereiter Passanten keine Erkenntnisse brachte. So suchte ich das Rathaus auf, wo ich einen großen Teil der vorhandenen Büros durchwanderte, bis ich letztlich erfuhr, daß dieser Alte Friedhof in den siebziger Jahren zugunsten eines neuen Busbahnhofs eingeebnet worden war.

Auch die Auskünfte der städtischen Friedhofsverwaltung halfen mir nicht weiter, da niemand wußte, wo die alten Friedhofsakten nach der Schließung Einlagerung fanden:»… seit der Wende hat sich ja alles verändert«. Allerdings konnte mir auf Nachfrage auch keiner sagen, wo sich die Akten vor der »Wende« befanden.

Nächste Station war das am Ende des 19. Jahrhunderts eingerichtete Stadtarchiv. Ein im Rathaus ausgelegtes Faltblatt mit dem Hinweis:»Hier wird die Geschichte der Stadt und ihrer Bürger dokumentiert« hatte mich hoffnungsvoll gestimmt. Allerdings schwand meine Hoffnung bald, da mir die Leiterin des Archivs erklärte, daß sie keine Ahnung hätte, wo die Akten des Alten Friedhofs geblieben sind:»Nach der Wende haben wir zwar neue fahrbare Archivschränke bekommen, aber sonst …«. Ich verließ Schönebeck, ohne irgendetwas erreicht zu haben, und nahm mir vor, bei nächster Gelegenheit in Bad Gandersheim meine Nachforschungen fortzusetzen.

Erst 1998 kam ich dazu, Bad Gandersheim zu besuchen. Inzwischen war dort die Friedhofsverwaltung von der Kirche an die Stadt übergeben worden, die zu meinem Glück die über Jahre geführte Kartei mit übernommen hatte. Aus der Gräberkarte ging hervor, daß Dr. Otto Glantz im Familiengrab Dr. Zimmer beigesetzt worden ist. Wann die Beisetzung erfolgte, ging aus den Angaben nicht hervor, es gab aber einen handschriftlichen Vermerk ohne Datum»Eine Genehmigung für die Überführung von Schönebeck nach Bad Gandersheim liegt nicht vor.«

Von der Stadtverwaltung führte mich der nächste Weg zur Kirche. Im Kirchenbuch fand ich im Jahr 1948 keinen entsprechenden Eintrag, suchte aber, da das Lesen in alten Kirchenbüchern stets interessant ist, trotzdem weiter. Meine Neugierde wurde belohnt, da ich unter dem Datum 27. Dezember 1949, den gesuchten Eintrag entdeckte, der die Beisetzung der Urne meines Großvaters auf dem St. Georgsfriedhof bestätigte. Das Datum war allerdings merkwürdig, da Auguste meiner Mutter ja bereits zehn Monate vorher die erneute Beerdigung in ihrem Brief mitgeteilt hatte. Ich sah mir daraufhin den Eintrag im Kirchenbuch genauer an. Das Begräbnisregister war in vier Spalten aufgeteilt. In der ersten Spalte eine fortlaufende Nummer für jede Beisetzung des laufenden Jahres. Merkwürdig war, daß der Eintrag vor meinem Großvater die Nummer 61 trug und der ihm folgende Eintrag die Nummer 62, nur bei ihm war diese Spalte mit einem Querstrich gefüllt. In der nächsten Spalte der Begräbnistag»der siebenundzwanzigste Dezember in der Stille«. Daneben das Sterbedatum»den 22. Februar 1948, 4.45 Uhr in Schönebeck (Elbe)«. In der breitesten Spalte die Personenangaben»Glantz, Otto Hermann Max Emil, Augenarzt, Doktor der Medizin in Schönebeck (Elbe), Ehemann von Auguste Karoline Mathilde Glantz, geborene Zimmer, geboren in Klein Wokern, Kreis Mecklenburg, eingeäschert im Krematorium zu Magdeburg.«

Die letzte Spalte des Buches zeigt das Sterbealter »70 Jahre (geboren am 15. März 1877).«

So weit waren alle Angaben richtig, unklar blieben nur die fehlende Numerierung und das Beerdigungsdatum. Weitere Nachfragen waren nicht mehr möglich, da der damalige Pfarrer, wie auch alle Verwandten meiner Großmutter, inzwischen verstorben waren. Auf der Rückreise nach Berlin hatte ich Zeit, über alles noch einmal nachzudenken.

Ich war mir ziemlich sicher, daß »Omi Auguste«, tatkräftig und resolut wie sie war, im Oktober 1948 die Urne ihres Mannes persönlich auf dem Friedhof in Bad Gandersheim vergraben hat. Vermutlich wollte sie bürokratischen Auseinandersetzungen wegen der fehlenden Überführungsgenehmigung aus dem Wege gehen. Spätestens bei der Aufstellung eines zusätzlichen Grabsteines wird die Gemeindeverwaltung nachgefragt haben und hat, so könnte ich es mir vorstellen, mit dem Eintrag vom 27. Dezember 1949 den Vorgang nachträglich legalisiert. Das würde erklären, warum diesem Eintrag keine fortlaufende Beerdigungs-Nummer zugeordnet wurde.

»Omi Auguste« verstarb im Juni 1966 und wurde an der Seite meines Großvaters beigesetzt. Ganz legal übrigens. Daß sich ihr Enkel nach vielen Jahren noch immer an diese von ihr erzählte Urnen-Geschichte erinnert und sie sogar noch auf ihren Wahrheitsgehalt überprüft hat, sollte allen ein Ansporn sein, Kindern eher zu viel als zu wenig zu erzählen. Denn wer weiß schon, was im Gedächnis der Nachwelt hängen bleibt ...

Abdulla, Muhammad: Halbmond unter dem Preußenadler, Berlin 1984

AG für Berlin-Brandenburgische Kirchengeschichte: Jahrbuch für Berlin-Brandenburgische Kirchengeschichte; Berlin 1991

Arenhövel, Willmuth: Das Brandenburger Tor; Berlin 1991

Arnim, Bettine: Dieses Buch gehört dem König; Frankfurt a.M. 1982

A.V. Motiv (Hrsg.), Unser Motiv. Festschrift zum fünfzigjährigen Bestehen des akademischen Vereins Motiv; Berlin 1897

A.V. Motiv (Hrsg.), 125 Jahre A. V. Motiv 1847-1972; Berlin 1972

Berliner Illustrierte Nachtausgabe (15.3.1938)

Bieber, E.; Kritzinger, J.: Der Königliche Dom zu Berlin; Berlin 1911

Blanck, von: Worte der Liebe, gesprochen am Sarge des verewigten General-Polizei-Direktors Herrn von Hinckeldey; Berlin 1856

Brecht, Carl: Der Türkische Friedhof bei Berlin, in »Der Bär«, 1.10.1875; Berlin

Borrmann, Richard: Die Bau- und Kunstdenkmäler von Berlin; Berlin 1893

Brozat, Dieter: Der Berliner Dom und die Hohenzollerngruft; Berlin 1985

Conrad, Andreas: Dichter, Diven und Skandale; Berlin 1990

Cullen, Michael: Der Reichstag; Berlin 1983

Das Pferd Nr. 13, 15, 17, 20, 21, 22, 23: Dresden 1892

Demps, Laurenz: Das Brandenburger Tor; Berlin 1991

Dressler, Torsten: Neue archäologische Untersuchungen im Bereich des ehemaligen Dominikanerklosters in Alt-Cölln (Manuskript); Berlin 1999

Eckhardt, Ulrich: Der Moses Mendelssohn Pfad; Berlin 1987

Edition Rieger (Hrsg.): Brandenburgs Kurfürsten Preußens Könige; Karwe 1998

Erman, Hans: August Scherl; Berlin 1954

Fontane, Theodor: Wanderungen durch die Mark Brandenburg (5 Bde.); Berlin 1862-1882/1889

GBBB e. V. (Hrsg.): Berliner Friedhöfe Teil 1, Eines Schattens Traum ist der Mensch; Berlin 1997

Geyer, A.: Geschichte des Schlosses zu Berlin: Berlin 1936

Häker, Horst: Kleists Berliner Aufenthalte; Berlin 1989

Hassel, Ludwig: Die letzten Stunden des General-Polizei-Direktors v. Hinckeldey, Leipzig 1856

Haushofer, Albrecht: Moabiter Sonette; München 1976

Höpp, Gerhard: 1798: Tod eines Diplomaten, in »inamo«, Nr. 16; Berlin 1998

Homfeld, Wolfgang: Friedhof Grunewald Forst (unveröffentliches Manuskript)

Hoth, Rüdiger: Der Berliner Dom; Berlin 1998

Hoth, Rüdiger: Die Gruft der Hohenzollern im Dom zu Berlin; Berlin 1995

Institut für Denkmalpflege (Hrsg.): Die Bau- und Kunstdenkmale in der DDR, Berlin Bd. I; Berlin 1983

Kähne, Volker: Gerichtsgebäude in Berlin; Berlin 1988

Kisch, Egon Erwin: Razzia auf der Spree, Berliner Reportagen, Berlin 1986

»Kleine Chronik« Berliner Beobachter, Nr. 11 (6.2.1864)

Klingenburg, Karl-Heinz: Der Berliner Dom, Berlin 1992

Knobloch, Heinz: Berliner Grabsteine; Berlin 1988

König, Anton B.: Leben und Thaten Jakob Paul Freiherrn von Gundling; Berlin 1795

Kohut, Oswald: Ein Stimmungsbild aus dem Grunewald, in Grunewald Echo; 14.7.1901

Krokotsch, Brigitte: Tierhaltung und Veterinärmedizin im Berlin des 19. u. 20. Jh.; Berlin 1991

Lange, Heinrich: Auf den Spuren der »schwarzen Brüder« (Manuskript); Berlin 1997

Löwenthal, Heinrich: Der goldene Galgen; Berlin 1951

Maass, Joachim: Kleist, die Geschichte seines Lebens, Berlin 1977

Mast, Peter: Die Hohenzollern; Wien 1988

Meister, Friedrich: Ein Schuß in der Jungfernheide, in »Der Bär«, 17. Jg.; Berlin 1890

Mischke, M.; Steinmann, C.-P.: 200 Jahre Morgenland im Abendland, in »Top Berlin International«, Nr. 12; Berlin 1998

Mischke, M.; Steinmann, C.-P.: Der Mann mit dem Turban beschämte den König, in »Der Tagesspiegel« v. 31.10.1998; Berlin

Müller, Nikolaus: Der Dom zu Berlin, in: Jahrbuch für Brandenburgische Kirchengeschichte, 2. u. 3. Jg.; Berlin 1906

Nicolai, Friedrich: Beschreibung der Königlichen Residenzstädte Berlin und Potsdam; Berlin 1786

Pomplun, Kurt: Pomplun's Großes Berlin Buch; Berlin 1985

Porsch, Rudolf: Die Beziehungen Friedrichs des Großen zur Türkei, 1897

Reimérdes, Ernst Edgar: Auf dem Friedhof der Namenlosen, in Grunewald Echo; 21.11.1909

Reschke, Karin: Verfolgte des Glücks; Berlin 1982

Resmi Ahmet Efendi; Nicolai, Friedrich: Gesandschaftliche Berichte von Berlin im Jahre 1763, Berlin 1809

Richter, Manfred: Bornstedt-Friedhof und Kirche; Berlin 1993

Rothkirch, Gräfin Malve: Prinz Carl von Preußen; Osnabrück 1981

Schäche, Wolfgang: Das Zellengefängnis Moabit; Berlin 1992

Schmiede, H. Achmed: Intuitionen des Herzens; Istanbul 1990

Schmiede, H. Achmed: 120 Jahre Türkischer Friedhof zu Berlin, in »Islam Aktuell« Nr. 2; Berlin

Schneider, Julius: Die Geschichte des Berliner Doms; Berlin 1993

Schneider, Louis (Hrsg.): Ist Gundling in einem Weinfasse begraben? Mitteilungen des Vereins für die Geschichte Potsdams; Potsdam 1867

Schniewind, Carl: Der Dom zu Berlin; Berlin 1905

Schrill: Wo es am stillsten ist, in: Berlin-Wochenspiegel; Dez. 1925

Schümann, Carl-Wolfgang: Der Berliner Dom im 19. Jahrhundert; Berlin 1980

Schütze, Karl-Robert: Die Geschichte des Garnisonfriedhofs; Berlin 1986

Sembdner, Helmut (Hrsg.): Heinrich v. Kleists Lebensspuren, Dokumente und Berichte der Zeitgenossen; Frankfurt a. M. 1984

Sperlich M.; Börsch-Supan, H. (Hrsg.): Festschrift für Margarete Kühn; Berlin

Staengle, Peter: Heinrich von Kleist; München 1998

Streckfuß, Adolph: 500 Jahre Berliner Geschichte; Berlin 1886

Streckfuß, Adolph: Berlin im neunzehnten Jahrhundert; Berlin 1867

Stübs, Detlef: Schloß Sommerswalde; Henningsdorf 1992

Uhlitz, Robert: Heimatliches aus dem Teltow u. dem Bezirk Wilmersdorf (unveröffentliches Manuskript)

Ulreich, Walter: Die Distanz-Radfahrt Wien-Berlin 1893; Hinterbrühl (A) 1993

Verw. d. Staatlichen Schlösser und Gärten Berlin (Hrsg.): Schloß Glienicke; Berlin 1987

Vossische Zeitung vom 12. 3. 1856

Wahren, Reinhard: Lieber Litfaß! Eine Begegnung mit dem Berliner Reklamekönig. Berlin 1998

Wiesinger, Liselotte: Das Berliner Schloß; Darmstadt 1989

Winz, Helmut: Es war in Schöneberg, 700 Jahre Schöneberger Geschichte; Berlin 1964

Wirth, Ingo: Tote geben zu Protokoll, Augsburg 1998

Wirth, Irmgard: Die Bauwerke u. Kunstdenkmäler von Berlin, Charlottenburg; Berlin 1961

Wohlberedt, Willi: Grabstätten bekannter u. berühmter Persönlichkeiten in Groß-Berlin und Potsdam mit Umgebung; 4 Bde.; Berlin 1932-52

Wolff, Maximilian: Auf dem Friedhof der Selbstmörder, in: Grunewald Echo; Berlin 1900

Seite 7: Pieter Schenk, Schloß und Dominikanerkirche um 1700 (Ausschnitt)

Seite 14: Tabakskolleguim König Friedrich Wilhelms I. von Preußen. Ölgemälde von Georg Lisiewski, 1737/38 (Ausschnitt)

Seite 26: Denkmal für Christian Koppe, Foto: Manfred Hamm, 1997

Seite 31: Ansicht des Friedhofsportals um 1875

Seite 42: Links: Henriette Vogel, rechts: Heinrich von Kleist, Kreidezeichnung nach Miniaturporträt, ca. 1831

Seite 57: Zellengefängnis Moabit, Lageplan um 1896

Seite 68: Uniformen der preußischen Armee, 1796

Seite 78: Karl Ludwig Friedrich von Hinckeldey, Gemälde 1850

Seite 87: Schreibzeug mit Huf des Pferdes Agathon, ca. 1854

Seite 103: Grabmal, Foto: Manfred Hamm, 1997

Seite 114: Der Friedhof der Namenlosen, Zeichnung von C. Koch (Ausschnitt)

Seite 127: August Scherl, um 1898

Seite 139: Nicht realisierter Reichstagsentwurf von Paul Wallot, 1872

Seite 151: Auguste und Otto Glantz, 1937

CARL-PETER STEINMANN, 1946 in Lerbeck/Westfalen geboren, in Berlin aufgewachsen. Studium der Elektrotechnik. 1997 veröffentlichte er »Tatort Berlin« (3. Auflage 2001). Er lebt friedlich, veranstaltet Touren und mitreißende Lesungen – und ist immer unterwegs, auf der Suche nach neuen Geschichten.